왕PD의 토크멘터리

조선왕조실록

왕PD의 토크멘터리

조선왕조실록

초판 인쇄 2021년 11월 5일
초판 발행 2021년 11월 10일

지은이 왕현철
일러스트 김영곤
펴낸이 유해룡
펴낸곳 (주)스마트북스
출판등록 2010년 3월 5일 | 제2021-000149호
주소 서울시 영등포구 영등포로5길 19, 동아프라임밸리 611호
편집전화 02)337-7800 | **영업전화** 02)337-7810 | **팩스** 02)337-7811
원고투고 www.smartbooks21.com/about/publication
홈페이지 www.smartbooks21.com

ISBN 979-11-90238-67-0 04910
979-11-90238-66-3 04910 (세트)

왕PD의 토크멘터리

왕현철 지음

조선

왕조

실록

스마트북스

머리말

드라마는 역사가 될 수 없다, 반면 역사는 드라마가 될 수 있다

화려한 TV 속 국왕의 즉위식은 없었다

TV 드라마에서 조선 국왕의 즉위식은 화려하다. 왕은 최고의 예복인 곤룡포를 입고 면류관을 쓰고 왕비는 적의翟衣, 꿩 무늬를 넣어 만든 옷를 입고 머리를 화려하게 장식한다. 왕과 신하들의 형형색색 옷만으로도 궁궐의 너른 뜰은 화려함의 극치를 이룬다. 풍악이 울려퍼지고 홍양산을 받쳐 쓴 왕과 왕비가 어좌를 향해서 걸어가 신하들의 하례축하인사를 받는다. 이것이 바로 드라마에서 흔히 볼 수 있는 왕의 즉위식이다.

그러나 조선시대에 이런 왕의 즉위식은 없었다. 조선시대 국왕의 즉위식은 있는 듯 없는 듯 조용하게 치러졌고, 대부분은 눈물

바다였다. 즉위식이 눈물바다였다니 뚱딴지같이 들릴지도 모르겠다. 하지만 이것은 사실이다.

드라마는 역사적 인물이나 사건에 허구를 보태고 극적인 완성도를 높여 판타지를 만든다. 허구가 역사적 사실로 둔갑하는 것이다. 따라서 드라마는 역사가 될 수 없다. 하지만 역사는 드라마가 될 수 있다. 역사 속의 수많은 인물과 사건들은 드라마보다 더 드라마틱하다.

진실을 찾아가는 과정

다큐멘터리는 사적인 감정이나 선입관을 빼고 철저한 사실을 근거로 객관적 시각을 전달하는 것이 생명이다. KBS PD로 입사해 〈KBS 스페셜〉, 〈역사추리〉 등 다큐멘터리 프로그램을 만들면서 그런 훈련을 받았고, 그를 바탕으로 역사 프로그램 〈TV 조선왕조실록〉을 만들었다.

조선왕조실록을 보면서도 객관적인 관점에서 원전을 정확하게 이해하려고 노력했다. 읽으면 읽을수록 흥미진진했고 시간 가는 줄도 몰랐다. 다큐멘터리 PD로서 객관적 사실을 통해서 진실을 찾아내려는 직업적 소명이 꿈틀거렸다.

조선왕조실록은 기록의 보물창고이다. 우선 양이 어마어마하다. 제1대 태조부터 제25대 철종까지 472년간 1,894권, 888책국사편찬위원회 기준으로 이루어져 있으며 내용이 매우 알찬 것이 특징이다. 왕의 업적뿐만 아니라 실책, 반성도 기록돼 있고, 나라를 운영하는 왕과 신하들의 고뇌, 신하들의 정책 제언과 쓴소리를 담은 상소, 백성들의 삶 등이 담겨 있어 조선시대를 그대로 재현할 수 있는 시나리오라고 할 만하다. 정치, 경제, 외교, 군사, 사회, 풍속, 천문, 지리, 문학, 음악, 사상, 윤리까지 조선의 거의 모든 것이 망라되어 있다. 세계에서 유례를 찾아보기 어려운 소중한 역사 기록물로서 1997년 훈민정음과 함께 유네스코 세계기록유산에 오르기도 했다.

시공간을 초월한 대화

어느 순간 이 소중하고 방대한 기록물을 전부 읽고 싶다는 생각이 들었다. KBS를 퇴직한 후 제2의 인생을 투자할 충분한 가치가 있다고 판단했다. 2018년, 그 도전을 시작했다.

현역 PD일 때는 프로그램 제작에 필요한 부분만 발췌해서 읽었으나, 이번에는 첫 장부터 무조건 읽어나가기로 했다. 조선왕조실록이 한글로 번역돼 있긴 하지만 내용을 이해하기 위해서는 여러 난관을 극복해야 했다. 조선의 문물과 제도를 자세하게 알아야 했고, 번역된 한문의 의미를 다시 살펴봐야 했다. 처음에는 진도가 좀처럼 나가지 않아 '무모'와 '포기'라는 단어가 늘 머릿속에 맴돌았다.

그러나 한 발 나아가야 또 다른 발을 뗄 수 있다는 각오로 정진했다. 차츰 내용이 눈에 들어오기 시작했고, 어려움이 컸던 만큼 즐거움도 커졌다. 새롭게 알게 된 역사적 사실이 수두룩했고, TV 드라마 등에서 잘못 알려진 내용도 발견했다. 무엇보다도 조선의 왕, 수많은 신하들과 시공간을 초월해서 대화를 나누는 것에 희열을 느꼈고, 역사의 진실을 찾아가는 것이 즐거웠다.

이 기쁨을 주변과 나누고 싶었던 필자에게 인터넷 신문은 좋은 친구가 되었다. 처음에는 〈왕현철의 궁궐 이야기〉로 시작해서 〈왕현철의 조선 이야기〉로 발전돼 갔다. 글이 쌓이면서 조선왕조실록의 내용을 처음부터 끝까지 읽고 싶다는 주변의 요청이 있었다. 이런 응원에 힘입어 내용을 좀더 자세하고 새롭게 다듬어 마침내 책으로 출간하게 됐다.

조선왕조실록을 '정확하게 해석'하겠다는 각오로 한 자 한 자 써 내려갔다. 필자의 글이 조선왕조실록을 해석하고 이해하는 데 도움이 되었으면 한다. 역사의 진실 찾기는 매우 어렵다. 조선왕조실록은 국가의 기록이지만 진실 그 자체라고 할 수는 없다. 이 책에도 '해석'의 영역이 있음을 밝혀둔다.

우리는 역사적 인물과 사건을 통해서 나를 반추할 수 있고, 역사의 거울을 통해서 세상을 바라볼 수 있다. 또한 현실의 해답을 찾기 위해서 역사에 질문을 던질 수도 있다. 역사의 거울을 통해서 우리는 무엇을 봐야 할까?

이 책은 그 해답을 조선왕조실록을 통해서 찾으려고 한다. 조선왕조실록 500년의 기록은 충분히 그에 대한 답을 줄 수 있다고 믿는다. 이 책은 네 가지 원칙을 바탕으로 썼다.

첫째, 역사를 현재로 불러내어 흥미진진하고 재미있게 재구성했다. 둘째, 역사를 통해서 새로운 사실을 발견하는 즐거움을 누릴 수 있도록 했다. 셋째, 유익한 내용을 전달해 우리의 지적인 삶을 더욱더 풍성하게 만들도록 했다. 넷째, 정확한 근거와 해석을 바탕으로 집필함으로써 역사를 왜곡하지 않도록 노력했다.

그럼, 이제부터 바다처럼 깊고 넓은 조선왕조실록의 세계로 떠나는 여행을 시작해보자. 먼저 TV 드라마에서 대표적으로 실제와 다르게 다뤄지는 조선 국왕 즉위식의 진짜 모습을 소개하는 것으로 역사의 문을 열고자 한다.

2021년 10월

왕현철 드림

차례

3장 세종의 지도력

4장 세조, 정치적 풍운아의 승부수

◆ **일러두기**

- 조선왕조실록은 제1대 태조부터 제25대 철종까지 472년간 1,894권, 888책으로 이루어져 있다. 권卷은 오늘날 1장, 2장 같은 '장'으로 이해하면 된다. 권은 '말다, 구부리다'란 뜻으로, 옛날에 글씨를 쓴 종이나 비단을 두루마리로 말아서 사용한 데서 유래했다. 책冊은 묶어서 하나로 제본해 놓은 형태를 말한다.
- 고종과 순종 실록도 있으나 조선총독부 주도로 조선사편수회가 편찬했기 때문에 활용하려면 주의가 필요하다.
- 원전의 이름은 태조는 『태조강헌대왕실록』, 정종은 『공정왕실록』, 태종은 『태종공정대왕실록』, 세종은 『세종장헌대왕실록』 등이다. 그러나 이 책에서는 독자들이 쉽게 이해하도록 『태조실록』, 『정종실록』, 『태종실록』, 『세종실록』 등으로 표기했다.
- 단종은 『노산군일기』로 원전에 표기돼 있지만, 단종으로 복위되었기에 『단종실록』이라고 했다. 연산군과 광해군은 원전대로 『연산군일기』와 『광해군일기』로 표기했다.

1장

태조의 즉위와 조선의 탄생

화려한 즉위식은 없었다

: 왜 어좌 옆에 섰을까? :

조선왕조실록의 첫 문장은 이렇게 시작된다.

"태조가 수창궁에서 왕위에 올랐다."

수창궁은 개경현재의 개성에 있는 고려의 궁궐이다. 태조 이성계는 즉위식 날 잠저임금이 되기 전에 살던 집에서 말을 타고 수창궁으로 갔다. 그리고 수창궁 앞에서 말에서 내려 걸어서 전殿, 왕이나 왕비의 거처나 업무 공간으로 들어갔다.

어좌에 앉지도 않았다. 어좌 옆에 서서 신하들의 하례를 받았다. 그리고 즉위연설을 마친 후 신하들에게 평소대로 업무를 보라고 하고 자기 집으로 돌아왔다. 조선 창업군주의 즉위식은 이렇게 끝났다.

역성혁명으로 고려를 무너뜨리고 조선을 창업한 태조의 즉위식,

즉위식 날의 태조

이성계는 말을 타고 단출하게 즉위식에 갔던 것이다. 둘째 부인 신덕왕후 강 씨가 동행한 기록도 없다. 어보임금의 도장를 전달하는 의식도 없었고, 즉위식에 어울리는 풍악을 울리지도 않았다. 외국에서 파견된 축하사절도 없었고, 새로운 나라가 시작됨을 알리는 선포식도 없었다. 더군다나 어좌에 오르지도 않았다.

왜 어좌에 오르지 않고 어좌 옆에 섰을까? 하늘의 뜻천명을 내세워 왕권을 억지로 빼앗지 않았음을 강조하고, 덕이 부족하다며 겸손한 태도로 일관한 것이다. 태조는 창업군주였지만 매우 낮은 자세를 취하느라 화려한 즉위식은 언감생심 생각지도 않았던 것이다.

: 고려 국새가 어떻게 이성계 집으로 왔을까? :

조선의 건국일은 1392년 7월 17일이다제헌절은 이날에서 비롯됐다. 조선왕조실록의 기록도 이때부터 시작된다.

태조 이성계가 왕위에 오르기 5일 전, 고려의 시중오늘날 국무총리 배극렴 등이 고려 공민왕의 정비였던 왕대비 안 씨에게 고했다.

"지금의 왕공양왕은 도리를 잃었고 백성의 민심도 떠났습니다. 사직과 백성을 다스릴 수 없으니 폐하십시오."

왕대비 안 씨는 신하들의 의견을 받아들여 공양왕을 폐하는 교지를 내렸다. 밀직사고려 때 왕명의 출납과 궁궐 경호를 맡은 관청의 종2품 동지밀직사사 남은과 문하부의 종2품 문하평리 정희계가 공양왕이 머무는 궁으로 가서 왕을 폐하는 교지를 전했다. 공양왕은 두서너 줄기 눈물을 흘렸다고 한다.

"나는 원래 왕이 되고 싶지 않았다. 여러 신하들이 강제로 왕으로 세웠다. 내가 어리석어 조정이 돌아가는 형편을 잘 몰랐다. 어찌 신하들의 심정을 거슬린 일이 없었겠는가."

고려의 마지막 왕 공양왕은 국새와 왕위를 물려주고 원주로 추방당했다. 500여 년간 한반도를 다스렸던 고려는 이렇게 역사의 무대에서 사라지게 된다. 왕의 자리가 빈 것이다. 왕대비는 공양왕으로부터 넘겨받은 국새를 보관하고, 그다음 날 교지를 내려 실질적으로 이성계가 국사를 맡게 했다. 이성계는 즉위하기 4일 전에 사실상 국정을 손아귀에 넣었던 것이다.

즉위식 하루 전인 16일, 배극렴, 조준, 정도전 등 조정대신 50여 명과 2품 이상으로 70세가 넘어 퇴직한 한량기로들이 고려의 국새를 받들고 이성계의 집으로 찾아갔다. 사람들이 골목을 빼곡히 메우고 있었다.

이성계는 둘째 부인 강 씨와 물에 만 밥을 먹고 있었다첫째 부인 한

씨는 1년 전에 세상을 떠난 터였다. 이날 친척 부인들도 문안인사를 드리러 와 있었는데, 사람들이 집 주변에서 웅성거리자 놀라서 달아나 버렸다고 한다.

이성계는 대문을 걸어 잠그고 집 안으로 들어오지 못하게 했다. 조정대신들은 집 밖에서 기다리다가, 해질 무렵이 되자 대문을 밀치고 마당으로 들어갔다. 그리고 고려의 국새를 마루 위에 올려놓고 국새를 받으라고 청했다. 이성계는 두려움에 떨며 어찌할 바를 몰랐다고 한다.

이윽고 이성계는 조카이자 부하였던 이천우의 부축을 받으며 침실 밖으로 나왔다. 밖에서 기다리던 조정대신들이 줄줄이 늘어서서 절을 올리고 북을 치면서 만세를 불렀다. 그리고 이성계에게 왕위에 오르기를 청했다.

"고려는 건국 이래 500년이 되어 그 운이 다했습니다. 공양왕은 사직나라, 조정, 왕조과 백성을 다스릴 수 없음을 알고 스스로 사저로 물러났습니다. 나라의 정치와 군에 관한 일은 매우 번거롭고 중요하므로 왕의 자리는 하루라도 비워둘 수 없습니다. 왕위에 올라서 신하들과 백성의 기대에 따르십시오."

이성계는 여러 번 거절하다가 이윽고 입을 열었다.

"예로부터 제왕이 일어나는 것은 하늘의 뜻이 있어야 한다. 나는 덕이 없는 사람인데 어찌 감히 이를 감당하겠는가."

어떤 신하들이 이것을 이성계의 진심으로 믿고 물러나겠는가. 신하들이 다시 간절하게 왕위에 오르라고 권하자, 그제야 이성계는 마지못한 듯 수창궁으로 가겠다고 했다.

: 즉위연설을 하다 :

즉위일인 7월 17일, 신하들은 수창궁으로 먼저 가서 이성계를 맞았다. 이성계는 말에서 내려 수창궁으로 걸어 들어가 어좌 옆 마루에 선 채로 하례를 받았다.

"나는 고려의 수상이 되어서도 소임을 다하지 못할까 두려워했다. 어찌 오늘 이 자리에 오를 것이라고 생각했겠는가? 내가 만약 몸이 건강하다면 한 필의 말을 타고도 적의 칼날을 피할 수 있겠지만, 지금은 병에 걸려 손발을 제대로 쓸 수 없는 지경에 이르렀다. 경들은 마음과 힘을 합쳐 덕이 부족한 나를 보좌하라."

이성계는 사실상 무력으로 조선을 세웠지만, 하늘의 뜻과 덕을 내세웠다. 하늘의 부름천명으로 건국의 명분을 명확히 했고, 자신의 덕이 부족하다며 낮은 자세를 취했다. 고려의 수상이 될 때도, 국새를 받을 때도 두려운 마음이었다고 했다. 왕의 자리를 억지로 빼앗지 않았음을 누누이 강조한 것이다.

이로부터 열흘 후 7월 28일, 태조는 즉위교서를 반포한다.

"나라 이름은 그전대로 '고려'라고 하고, 의장과 법과 제도는 고려에서 전해오는 예에 따른다."

이성계는 고려의 국새를 받아서 고려의 왕으로 즉위했고, 고려의 제도를 이어간다고 밝힌 것이다. 그는 급격한 변화를 바라지 않았다.

: 500년 조선 왕조의 시작 :

태조는 즉위식 한 달 정도 후인 8월 11일에야 비로소 어좌에 앉아

태조의 어진(국보 제317호, 전주시 경기전 어진박물관) | 어진은 임금의 얼굴을 그린 그림이나 사진이다. 태조가 익선관과 곤룡포를 입고 용상에 앉아서 정면을 바라보고 있다. 고종 9년(1872년)에 낡은 원본을 그대로 옮겨 그렸다고 한다.

조선은 '초상화의 나라'라고 할 만큼 초상화를 많이 그렸다. 조선 사람들은 좋은 초상화에는 인물의 인의예지가 잘 드러나야 한다고 믿었다. 또한 조선의 초상화는 매우 사실적이었다.
"터럭 한 올이라도 다르면 그것은 그 사람이 아니다."
태조 어진을 확대해서 보면 눈 옆에 반점이 있다. 명나라를 건국한 주원장은 주걱턱에 곰보지만 초상화에서는 그런 모습을 찾아볼 수 없는데, 우리는 창업군주라도 반점 하나, 털 하나까지도 그대로 그린 것이다.

조선 왕들의 어진은 임진왜란과 한국전쟁 때 대부분 불타서 없어졌고, 몇 개 남은 것 중 태조, 영조, 고종의 어진이 유명하다.
임진왜란 때 왜적이 전주에 침입하자, 경기전 참봉 홍여울은 태조 어진을 받들고 바닷길을 이용해서 의주까지 갔다. 선조는 의주의 피난처에서 태조 어진을 마주하자 울고 제사를 올렸다고 한다. 궁궐과 백성을 버리고 의주로 피난한 선조는 창업군주 태조 어진 앞에서 무슨 생각을 했을까? 선조는 홍여울의 공을 인정해서 6품으로 올려준다. 품계가 무려 5 내지 6단계나 뛰어오른 것이다.

서 조회를 했다. 자신을 낮추는 겸양의 덕을 최대한 보여주려 한 것이다.

조선의 국호가 정해진 것은 즉위교서 반포 약 7개월 후이다.

태조는 즉위 며칠 후 밀직사의 조임을 명나라에 보내 공양왕을 대신해서 나라를 다스리게 된 배경을 설명하고, 황제의 재가를 바라는 표문외교문서을 전달했다. 이때 태조가 사용한 직명은 '권지고려국사權知高麗國事'였다. '임시벼슬'이라는 뜻으로 '권지'라는 말을 쓰고, 자신을 '왕' 대신 '국사'라고 일컬은 것이다.

조임은 3개월 후 명나라 황제의 외교문서를 가지고 돌아왔다.

"고려는 산이 경계를 이루고 바다가 가로막아 하늘이 동이東夷를 만들었으므로, 우리가 통치할 곳이 아니다. 나라의 국호를 어떻게 바꿀 것인가를 빨리 알려달라."

태조는 국호를 가지고 명나라로 갈 적임자를 고민했는데, 마침 예문관 학사 한상질한명회 할아버지이 가겠다고 나섰다. 한상질은 신하들이 모여서 논의한 '조선', '화령'의 두 가지 국호를 가지고 갔다. 조선은 단군조선과 기자조선에서 따왔고, 화령은 이성계의 고향 동북면현재 함경도 영흥의 옛 이름이다. 이에 황제는 다음과 같은 문서를 보냈다.

"'조선'이라는 이름이 전해져 내려온 지 오래되었고 아름답다."

태조는 나라 이름을 조선으로 바꾸고 1393년 2월 15일 선포했다. 즉위 약 7개월 후 나라 이름이 정해진 것이다. 국호를 정한 기쁨에 전국에 사면령을 내렸다.

남은 이야기

조선 국왕의 즉위식은 왜 조용히 치러졌을까?

조선 국왕의 즉위식은 왜 조용히 치러졌고, 대부분은 눈물바다였을까? 조선에서 왕이 되는 경우는 네 가지가 있었다. 태조처럼 창업군주로서 왕이 된 경우, 살아 있는 왕으로부터 세자가 왕위를 물려받은 선위양위, 왕을 쫓아내고 정권을 잡은 반정, 그리고 왕이 승하하면 세자가 왕위를 이어받는 사위嗣位이다. 조선의 왕은 마지막 순종을 포함해서 27명이다. 우리의 손으로 편찬되지 않은 『고종실록』과 『순종실록』은 제외하고 25명의 즉위과정을 보자.

창업군주의 즉위식

앞에서 말했듯, 이성계는 즉위식 날 잠저에서 말을 타고 단출하게 수창궁으로 갔고, 수창궁 앞에서 말에서 내려 걸어서 전으로 들어갔으며 어좌에 앉지도 않았다. 어좌 옆에 서서 하례를 받고, 즉위연설을 마친 후 신하들에게 평소대로 업무를 보라고 하고 잠저로 돌아왔다. 어보를 전달하는 의식도, 풍악도, 새로운 나라가 시작됨을 알리는 선포식도 없었다. 조선 창업군주의 즉위식은 이렇게 끝이 났다. 태조는 창업군주였지만 매우 낮은 자세를 취했다.

선위를 받은 왕의 즉위식

현재의 살아 있는 임금으로부터 왕위를 물려받는 것을 '선위', '양위', 또는 '전위'라고 한다. 조선에서 선위로 왕위에 오른 왕은 2대 정종, 3대 태종, 4대 세종, 7대 세조, 8대 예종 등 다섯 명이다.

정종은 제1차 왕자의 난으로 불과 열흘 사이에 세자가 되었다가 왕이 되었다. 대부분의 신하들은 다섯째 정안대군 이방원이 세자가 되고 왕위에 오를 것으로 기대했고, 실제로 그렇게 권했다. 하지만 이방원은 왕자의 난을 일으켜 이복동생 세자 방석과 방번을 죽인 명분으로 '세자는 적장자가 되어야 한다'는 원칙을 내세웠기에 이를 받아들이지 않았다. 하지만 맏형 진안대군은 이미 병사한 까닭에, 결국 둘째이자 사실상 적장자가 된 영안대군이 세자로 추천되어 왕위에 올랐다.

태조는 막내아들 방석과 방번이 살해당했을 때, 병으로 몸져누워 아무런 조치도 취할 수 없었다. 조선 건국의 기둥 정도전 등이 살해된 것도 묵인할 수밖에 없었다. 태조는 왕자의 난이 있은 지 열흘 후 나이 많고 병들어 국사를 살필 수 없다며 세자영안대군에게 전국보조선 초기 옥새를 넘겨주었다. 정종은 경복궁 근정전에서 왕위에 올랐다. 즉위식을 체계적으로 준비한 기록도 없고, 화려한 즉위식을 올릴 분위기도 아니었다.

제3대 태종도 정종으로부터 왕위를 물려받아 왕이 되었다정종 2년, 1400년 11월 13일. 그 이틀 전인 11일에 정종은 국보를 넘겨주려 했으나, 방원은

조선 왕이 되는 네 가지 경우

울면서 받지 않았다. 그러자 정종은 다음 날 의정부와 신하들을 데리고 가서 정사를 맡아달라고 청했고, 방원은 권유를 받아들여 그다음 날 개성의 수창궁에서 즉위식을 올렸다. 즉위 이틀 전에 울면서 대보를 받지 않은 태종이 즉위식 날 온 얼굴에 웃음을 띠고 화려한 즉위식을 올릴 수 있었을까?

제4대 세종도 아버지 태종이 살아 있을 때 왕위를 물려받았다. 태종 18년, 왕이 경복궁 경회루에서 지신사 이명덕과 승지들을 불러서 선위하겠다고 했다.

"옳지 않습니다."

"18년 동안 호랑이를 탔으니 이것으로 족하다."

신하들은 놀라 일제히 상소를 올리고, 궁궐 뜰에 엎드려 선위를 뒤집으라고 청했다. 2개월 전 세자가 된 충녕대군세종은 어쩔 줄 몰라했고 받은 대보를 도로 갖다놓았다.

세종의 즉위식은 태종과 신하들 간에 치열한 공방전이 벌어지는 와중에 열렸다. 태종은 왕위에 오를 수 없다고 버티는 세자에게 충천각모익선관를 씌워주고, 경복궁으로 가서 즉위하라고 떠밀었다. 즉위식 당일까지 태종과 신하들 간의 팽팽한 줄다리기가 이어진 것을 볼 때, 세종의 즉위식도 체계적으로 준비해서 치러진 것 같지는 않다.

제7대 세조는 단종에게 왕위를 물려받았다. 형식은 선위였으나 실제로는 찬탈과 마찬가지였다. 세조는 경복궁 경회루에서 단종에게 대보를 넘겨받고, 그날 경복궁 근정전에서 즉위했다. 집현전 부제학 김예몽 등은 단종의 선위교서와 세조의 즉위교서를 동시에 써야 했다. 세조도 화려하게 즉위식을 올릴 형편이 아니었음을 짐작할 수 있다.

제8대 예종도 선위로 왕위를 물려받았으나, 역시 죽음을 바로 앞둔 부왕세조을 병상에 두고 떠들썩하게 즉위식을 할 수는 없었을 것이다.

왕이 살아 있을 때 세자로서 왕위를 물려받는 선위의 경우에는 이처럼 즉위식이 있는 듯 없는 듯 조용히 치러졌다.

반정의 경우

연산군과 광해군을 쫓아내고 왕위에 오른 중종과 인조의 즉위식은 어땠을까?

제11대 중종은 즉위 바로 전날까지 자신이 왕위에 오르리라고는 짐작도 못했다. 반정세력은 연산군을 몰아내고 진성대군성종의 비 정현왕후의 아들, 연산군의 배다른 동생을 왕으로 세우기 위해서 집으로 찾아갔다. 하지만 정확한 정세를 모르던 진성대군은 문을 닫아걸고 나오지 않으려고 했다. 반정세력과 사전에 교감이 없었던 것이다. 진성대군은 거듭된 요청에 마지못해 준비된 연을 타고 경복궁으로 갔다. 즉위식이 급작스럽게 이루어진 까닭에 격식을 제대로 갖추지 못했다. 곤룡포는 입었으나 면류관*을 미처 준비하지 못해서 익선관**을 써야 했다.

제16대 인조는 창덕궁에 있는 광해군을 몰아내고 반정에 성공했다. 광해군 15년 3월 13일 새벽 선조의 다섯째 아들 정원군의 장남인 능양군후에 인조은 군사를 이끌고 궁궐에 진입했다광해군은 대궐 뒷문으로 달아났다. 능양군은 날이 저물자 경운궁현재의 덕수궁에 유폐되어 있던 인목대비에게 갔다. 조선에서 왕의 자리가 빌 때 왕위에 오르기 위해서는 왕실의 최고 웃어른 대비의 윤허가 필요했다.

인목대비는 자신을 유폐시킨 광해군을 죽여서 원수를 갚고 싶어 했으나, 능양군은 발을 뺐다. 옥신각신하느라 시간이 흘러갔다. 결국 인조는 그날 밤 늦게 경운궁 별당에서 부랴부랴 즉위식을 올렸다. 그리고 즉위식 날 밤에 별당에서 칼을 차고 호위하는 군사들에 둘러싸여 잠을 잤다. 경복궁의 넓은 뜰에서 화려한 즉위식을 올린 것도 아니었고, 축하 분위기도 아니었다.

사위의 즉위과정

조선의 왕 대부분은 임금이 죽은 다음 왕위를 물려받았다. 이를 사위嗣位라 한다. 사嗣는 '잇는다'는 뜻이다.

사위는 보통 선왕이 승하한 6일 후에 이루어진다. 즉, 세자가 즉위할

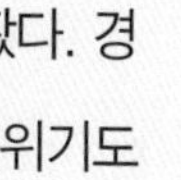

• **면류관**(冕旒冠) : 동양에서 왕이 쓰던 왕관의 일종. 모자 위에 직사각형의 판이 있고 오색의 구슬꿰미를 늘어뜨렸는데 즉위식 때 썼다.

•• **익선관**(翼善冠) : 임금이 평상시에 쓰는 관. 모자 뒤쪽에 매미의 날개 모양 뿔이 달려서 매미 선(蟬) 자를 써서 익선관(翼蟬冠)이라 쓰기도 한다.

때 선왕의 주검이 궁궐에 모셔져 있는 상태이다. 일반적으로 왕의 주검은 대궐에 5개월간 모신다. 왕릉을 만드는 산릉도감이 설치되고 터를 잡고 능을 만드는 시간이 그 정도 걸리기 때문이다.

조선왕조실록에는 제18대 현종과 제19대 숙종의 사위과정이 비교적 자세하게 기록돼 있다. 두 왕의 즉위식은 창덕궁 인정전의 넓은 뜰이 아니라 인정문 앞의 좁은 공간에서 열렸다. 다른 왕의 사위도 이와 비슷했다.

왕세자는 인정문 앞에 마련된 어좌 옆에 동쪽이나 서쪽을 보고 선 뒤 차마 어좌에 오르지 못하고 소리내어 슬프게 운다. 『논어』의 "군주는 남쪽으로 본다"는 말에 따라 왕은 북쪽에 앉아서 남쪽을 보고 정사를 보는데, 세자가 어좌 옆에 동쪽이나 서쪽을 보고 서는 것은 아직 왕이 아니라는 의사 표시이다.

먼저 도승지가 꿇어앉아 어좌에 오를 것을 청한다. 하지만 세자는 오르지 않는다. 다음에는 예조판서가 꿇어앉아 다시 오르기를 청하지만 여전히 오르지 않는다. 끝으로 삼정승영의정, 좌의정, 우의정이 종종걸음으로 나와 두세 번 더 청하면, 비로소 어좌에 올라 남쪽을 향하여 선다. 말 대신 몸짓으로 왕위에 오르겠다는 의사표시를 하는 것이다. 세자는 슬픈 분위기 속에서 신하들의 하례를 받은 후 왕의 빈소가 마련된 임시거처로 돌아간다. 왕의 즉위식이라고 하면 연상되는 아름다운 음악이나 화려한 장식물도 없었고, 세자와 신하들이 흘리는 눈물만 가득했던 것이다.

찬궁 | 임금의 관을 임시로 모셔두는 집 모양의 구조물. 찬궁 내부의 네 면에는 청룡, 백호, 주작, 현무의 사수도가 그려져 있다.

조선 국왕이 즉위식을 가장 많이 올린 곳은

창덕궁 인정문 앞뜰 | 조선 왕의 즉위식이 가장 많이 열린 곳으로 효종, 현종, 숙종, 영조, 순조, 철종, 고종 등 일곱 왕의 즉위식이 열렸다.

창덕궁 인정문 앞으로, 이곳에서 7명 왕의 즉위식이 열렸다. 조선 중·후기 대부분의 왕이 창덕궁에서 정치를 하고 그곳에서 승하했기 때문이다 경복궁과 창덕궁은 모두 임진왜란으로 불탔으나 재정문제로 창덕궁만 복원했다. 경복궁은 이후 고종 때 대원군이 중건한다.. 경복궁 근정문 앞에서도 3명의 왕이 즉위했다. 경복궁 근정전이나 창덕궁 인정전의 넓은 뜰에서 즉위식을 한 왕은 6명에 불과했다.

경복궁 근정문이나 창덕궁 인정문을 들어갈 때, 어좌를 옆에 두고 짐짓 망설이면서 슬프게 통곡하는 왕세자와 덩달아 우는 신하들을 떠올려 보자. 풍악소리 대신 울음소리 가득한 조선 국왕의 즉위식 풍경이 그려질 것이다. 이렇듯 드라마처럼 화려한 조선 국왕의 즉위식은 없었다. 드라마는 드라마일 뿐이다.

남은 이야기

단종의 즉위식

『단종실록』에 기록된 즉위식을 보자. 단종은 부왕 문종이 세상을 떠난 지 4일 뒤에 경복궁 근정문 앞에서 즉위했다. 세자는 상복을 벗고 면복으로 갈아입고, 종친과 신하들도 조복으로 갈아입었다. 대보를 전달하는 의식을 갖추었고 향을 피웠다. 국궁, 사배, 흥, 평신의 절차도 진행했다. 음악은 갖추지만 연주는 하지 않았다. 종친과 신하들은 '천세', '천세', '천천세'를 순서에 따라서 외쳤다.

모든 절차가 끝나고, 의식을 이끄는 판통례가 어좌 앞에 엎드려서 "예필인사를 마침"이라고 소리 높여 외친 후 즉위식이 끝났다. 이어서 단종과 신하들은 다시 상복으로 갈아입었다. 근정문 앞에는 허위虛位, 임금이 나오지 않는 빈자리를 설치하고, 신하들은 동서로 나누어 섰으며, 교서를 반포했다. 왕비 송 씨를 맞이한 것은 단종 2년으로, 단종은 왕비도 없이 홀로 즉위했던 것이다.

도읍을 정하라

새 나라의 새 터전을 찾아서

태조 이성계는 왕조가 왕 씨에서 이 씨로 바뀌었지만 급격한 변화를 원하지 않았다. 1392년 7월 17일 고려의 국왕으로 즉위했고, 열흘 뒤 발표한 즉위교서에서도 국가의 기본방침은 고려의 예를 따른다고 했다. 그러나 고려로부터 물려받고 싶지 않은 것이 있었다. 바로 '땅'으로 고려의 도읍지 개경태조의 한양 천도 후 '개성'으로 불림을 벗어나고자 했다.

태조는 즉위 한 달 후 국가의 최고 정무기관 도평의사사에 도읍을 한양으로 옮기도록 지시했다. 천문과 책력을 담당하는 서운관은 고려 말부터 개경 땅의 기운이 약해졌으니 한양으로 도읍을 옮기자고 여러 차례 주장해 왔다. 태조는 이염에게 한양에 있는 궁궐을 수리하게 했다.

당시 한양에는 고려의 궁궐이 있었다. 고려는 개경 외에 동경경주, 서경평양, 남경한양에도 도읍을 두었는데, 한양남경에는 왕이 임시로 머무는 행궁이 현재의 청와대 터에 있었다. 20여 일 후, 시중 배극렴, 조준 등은 한양 천도를 보류하자고 청을 올렸다.

"한양에는 아직 궁궐, 성곽 등이 제대로 갖춰지지 않았습니다. 신하들이 백성들의 집을 빼앗아 들어가야 합니다. 궁궐과 성곽, 관사를 지은 후에 옮겨야 합니다."

태조는 이 건의를 받아들였다. 그의 한양천도에 대한 첫 구상은 실현되지 못했다.

: 한양을 버리고 계룡산으로 :

태조는 다시 도읍지 후보를 물색해야 했다. 그 윤곽은 즉위 2년차 새해에 드러나게 된다.

태조는 그 전에 즉위 4개월 후인 1392년 11월, 권중화를 양광도경기 남부, 충청도, 강원도 일부. 경기도 양주와 광주에서 따온 말, 경상도, 전라도에 보내 왕자들의 태를 묻을 곳을 살펴보게 한 바 있다. 권중화는 전라도 진동현현재 충남 금산군에서 태실 후보지를 찾아서 보고하고, 이듬해 1월 2일 양광도 계룡산을 조선의 도읍 후보로 지도를 그려서 바쳤었다.

태조는 계룡산의 지세를 직접 보고자 개경에서 출발했다. 도중에 경기도 양주 회암사를 지나며 왕사왕의 스승 무학대사를 동행시켰다. 출발 후 4일 만에 한강에 도착했으나 몸이 아파 며칠 동안 머물렀다. 이윽고 계룡산으로 출발하려 했으나 도평의사사에서 좋지 않은 보

고가 올라왔다.

"중전께서 병으로 몸이 편치 않고, 지방에 도적떼가 들끓고 있습니다."

태조는 역정을 냈다.

"재상들은 오랫동안 개경에 살아서 도읍을 옮기고 싶지 않을 것이다. 이런 구실을 대는 것은 천도를 중지시키려는 것이다."

동행한 남은이 왕의 마음을 달랬다.

"공신이 되어 은혜를 입었는데 개경의 땅과 집이 어찌 아깝겠습니까? 계룡산에 다 왔으니 도읍을 건설할 땅을 보시지요."

"예로부터 왕조가 바뀌면 하늘의 뜻을 받은 군주는 반드시 도읍을 옮기게 마련이었다. 그래서 내가 직접 도읍지를 결정하고자 한다. 후대의 왕이 도읍을 옮기려고 해도, 신하들의 반대로 옮길 수 있겠는가."

태조는 개경을 떠난 지 20여 일 후 계룡산에 도착했다. 서운관 책임자 권중화는 종묘, 사직, 궁궐, 시장터를 도면으로 그려서 바쳤다. 태조는 계룡산의 터를 돌아보면서 신하들에게 뱃길, 도로, 성곽 터를 살펴보게 하고, 풍수학자 이양달 등에게 땅의 형세를 알아보게 했으며, 판내시부사 김사행에게 먹줄로 땅을 측량하도록 했다. 도읍지로 정하기 위한 매우 구체적인 조치를 취한 것이다.

태조가 높은 언덕에 올라 땅의 모양을 살펴보고 어떠냐고 묻자, 무학대사가 답했다.

"쉽게 알 수 없습니다."

아마도 무학대사는 계룡산이 도읍지로 적당하지 않다고 판단한 것 같다. "알 수 없습니다"라는 답에는 부정의 의미가 담겨 있다. 그럼에도 태조는 계룡산을 도읍지로 정하고, 일부 신하들을 남겨서 도읍지 건설을 감독하게 하고 개경으로 돌아왔다.

: 두 번째 좌절 :

태조는 40여 일 후 계룡산을 중심으로 한 81개의 주현, 부곡, 향소의 행정구역을 개편했다. 계룡산이 제도적으로도 조선의 도읍으로 확정된 것이다. 도읍지 공사도 착착 진행되고 있었다.

그러나 계룡산 신도읍지는 10개월 후 운명이 바뀌었다. 경기 좌·우도 관찰사 하윤이 올린 상소가 발단이었다.

"도읍은 나라의 중앙에 있어야 합니다. 계룡산은 남쪽에 치우쳐 있습니다. 나라의 동쪽, 서쪽, 북쪽 지역에서 너무 멉니다. 또한 계룡산은 산줄기가 건방위북서쪽에서 오고, 물은 손방위남동쪽에서 흘러오니, 이는 송나라 음양지리학자 호순신이 말한 '물이 오랜 생명을 다해서 쇠하고 패망이 곧 닥치는 땅'입니다. 도읍지로 적당치 않습니다."

태조는 하윤의 주장을 조사할 검증단을 꾸렸다. 검증단은 고려 왕조 여러 능의 길흉을 조사하여 그 결과가 하윤의 주장과 일치한다고 보고했다. 결국 태조는 새 도읍의 공사를 중지시켰다. 도읍을 옮기기 싫어했던 중앙과 지방의 관리들은 기쁨을 감추지 못했다. 두 번째 도읍지 후보 계룡산도 이렇게 좌절됐다.

한양과
경복궁의 탄생

: 첫 번째 명당은 부소, 그다음은 남경 :

태조는 천도를 포기하지 않았다. 태조 3년 천도에 대한 세 번째 불을 지폈다. 조준, 권중화, 하윤 등 11명과 서운관 관리 등을 무악서울 서대문구으로 보내 땅의 모양이 지리의 비서로 알려진 『비록촬요』의 내용과 들어맞는지 살펴보게 했다. 일주일 후 이들은 현장을 돌아보고 왔고, 하윤은 무악 천도에 찬성했다.

"무악은 명당입니다."

태조는 무악을 직접 둘러보고 어느 정도 마음이 기울었다. 그러나 대부분의 신하가 반대했다.

"지리의 법으로 보면 무악은 도읍이 될 수 없습니다."

"여기가 좋지 못하면 어디가 좋으냐?"

유한우가 말했다.

"신은 알지 못하겠습니다."

"네가 서운관 관리인데 모른다니 누구를 속이려는 것인가! 너는 개경 땅의 기운이 쇠했다는 말을 듣지 못했는가?"

"개경의 지기가 약해졌다고 하는 것은 도참신라 말 승려 도선이 음양오행, 풍수지리 등으로 길흉화복을 예언하는 설로 제창함입니다. 신은 지리만 배워서 도참은 모릅니다."

"도참도 지리에 근거한 것이 아닌가!"

화가 단단히 난 태조는 좌시중 조준과 우시중 김사형을 불러 지시했다.

"고려 말에 서운관에서 개경 땅의 기운이 쇠하고, 한양과 계룡산이 좋다고 해서 도읍을 옮기고자 백성을 동원해서 공사까지 했다. 또 무악이 좋다고 해서 여기에 왔다. 그런데 서운관에서 반대한다. 그들을 징계해야겠다. 경들은 서운관에게 도읍이 될 만한 곳을 다시 추천하게 하라."

서운관은 외부인사로서 서운관 책임자를 겸하고 있는 최융과 함께 문서로 의견을 올렸다.

"우리나라에서 첫 번째 명당은 부소이고, 그다음은 남경한양입니다."

개경에 있는 부소가 으뜸이고, 고려 궁궐이 있는 남경이 그다음이라는 것이다. 서운관 내부에서조차도 의견이 나누어져 있었다. 내심 개경을 떠나기 싫어하는 신하들이 상당수 있었음을 알 수 있다. 태조는 무악에서 하룻밤을 보냈다. 도읍지를 결정하는 데는 아직도 여러 난관이 남아 있었다.

: 정도전의 시기상조론 :

태조는 왕사 무학대사를 무악으로 부르고, 신하들에게는 의견을 올리라고 지시했다. 조선의 장자방으로 자부하던 판삼사사 정도전이 가장 먼저 의견을 올렸다.

"무악은 나라의 중앙에 있고, 뱃길이 통해 좋습니다. 하지만 골짜기를 낀 좁은 곳입니다. 궁궐, 종묘, 사직, 시장을 세울 만한 자리가 없습니다."

또한 사람들이 음양술수에서 벗어나지 못했다며 안타까워했다.

"주나라가 800년이나 계속된 것은 지리의 운수에 달린 것이 아닙니다. 한고조 유방은 항우가 버린 관중 땅에 도읍을 세웠지만, 오히려 나라가 번창했습니다."

나라를 잘 다스리는 것은 땅의 성쇠가 아니라 사람에게 달려 있다고 주장한 것이다. 또한 정도전은 지금은 도읍을 옮기기보다 무너진 기강을 세우고 백성들의 힘을 길러 나라의 터전을 굳건히 하고 때를 기다려야 한다며, 이렇게 결론을 맺었다.

"인사人事를 다한 후에도 불길함이 있다면 점을 치십시오."

인재의 중요성을 강조하면서도, 불길하면 점을 치라고 한 것이 이채롭다.

성석린과 정총 등은 여전히 개경에 미련을 갖고 있었다.

"개경의 부소는 명당으로 고려만을 위한 땅이 아닙니다. 후대 왕의 도읍지로 이치에 맞습니다."

반면 하윤과 이직은 무악에 무게를 두고, 특히 우리나라 비결에서 예언한 '삼각산 남쪽으로 하라', '한강에 임하라', '무산毋山이라'는 곳이 무악이라고 주장했다. 하지만 많은 신하들과 서운관은 이에 반대했다. 이처럼 새 도읍지를 둘러싼 주장은 각양각색이었다.

: 마침내 한양을 도읍으로 결정하다 :

태조는 새 도읍지를 둘러싸고 신하들의 의견이 분분한 데는 도읍을 옮기기 싫은 마음이 깔려 있다고 보았다.

"개경으로 돌아가 소격전에서 의심을 해결할 것이다."

소격전은 해·달·별 신에게 제사를 지내는 도교 사당이다. 그러나 태조는 소격전으로 가지 않고, 바로 남경한양으로 행차해 고려의 옛 궁궐터를 둘러보고 산세도 살폈다. 왕이 동행한 서운관 책임자 윤신달에게 물었다.

"여기가 어떠냐?"

"우리나라에서는 개경이 으뜸이고 남경은 그다음입니다. 이곳의 단점은 북서쪽이 낮아서 물이 마른 것입니다."

태조가 말했다.

"개경도 어찌 부족한 점이 없겠는가? 이곳의 땅이 뻗어나가는 모양을 보니 도읍이 될 만한 곳이다. 더욱이 한강을 통해 배로 물건을 실어나를 수 있고, 동서남북에서 사람이 오가는 거리가 같아 국토의 중심이니 백성들이 편리할 것이다."

태조는 동행한 무학대사의 조언도 구했다. 무학대사가 말했다.

"남경은 사면이 높고 수려하며 중앙이 평평하니 성을 쌓아 도읍으로 정할 만합니다. 그러나 여러 사람의 의견을 따라서 결정하소서."

대부분의 대신들은 조건부 찬성을 했다.

"꼭 도읍을 옮기려면 남경이 좋습니다."

그러나 하윤과 양원식은 소수의견을 냈다.

"남경의 산세는 볼 만하지만 풍수지리는 좋지 못합니다."

"광실원경기도 파주 적성 동쪽의 계족산이 도참비결의 주장과 비슷합니다."

태조는 도읍을 독단적으로 정해 밀어붙이지 않았다. 서운관, 풍수지리학자, 무학대사, 여러 신하들과 논의를 거쳤고 찬반의견도 낱낱이 들었다. 지리책도 공부했고, 계룡산, 무악, 남경을 답사했으며, 소수의견이 나온 광실원 동쪽, 개경, 도라산경기도 파주 비무장지대 소재 등도 살펴봤다. 조선 초기의 지혜를 모두 모았고 할 수 있는 일은 다한 것이다. 이제 지도자로서 결정을 내려야 했다.

결국 태조는 즉위 3년1394년 8월 13일, 남경, 즉 한양을 도읍으로 정한다. 조선 초기 최고 정무기관 도평의사사는 태조의 결정에 호응했다. 태조가 천도를 결심하고 3년의 노력 끝에 결실을 맺은 것이다.

여기서 도읍을 정한다는 것은 좁은 의미로는 궁궐터를 정하는 것이다. 현재의 경복궁은 태조가 정한 남경청와대 터이 아니라 약간 남쪽으로 내려와 있다. 여기에는 이유가 있다.

: 경복궁이 남쪽으로 내려온 이유 :

태조는 신도궁궐조성도감을 설치했다. '○○도감'은 어떤 목적을 이루기 위해서 설치하는 임시기구이다. 예를 들어 왕의 무덤을 조성하는 것은 산릉도감이다. 신도궁궐조성도감은 말 그대로 새 도읍지의 궁궐을 짓기 위한 임시기구이다. 도읍을 건설하기 위한 본격적인 준비작업에 들어간 것이다.

태조는 종묘, 사직, 궁궐, 시장, 도로의 터를 구체적으로 정하기 위해 판문하부사 권중화, 판삼사사 정도전, 신도궁궐조성도감의 판사 3명 심덕부, 김주, 이직, 그리고 좌복야 남은 등을 한양으로 다시 보냈다. 그런데 이들 준비단은 태조가 정한 남경의 궁궐터가 너무 좁다고 판단하고, 그 남쪽의 평탄하고 넓은 곳을 궁궐터로 정했다. 이곳을 선정한 데는 북쪽의 백악산북악산을 주맥으로 하고, 여러 산맥이 굽어 들어와서 지세가 좋은 것도 한몫했다. 풍수지리를 충분히 고려한 것이다. 이렇게 지어진 것이 현재의 경복궁이다태조가 처음으로 정한 터는 경복궁 후원으로 사용해서 정자 등을 지었다.

: 드디어 한양으로 옮기다 :

태조는 도읍을 정한 2개월 후 한양으로 거처를 옮겼다. 태조 3년

경복궁과 청와대의 모습 | 백악산(북악산), 청와대, 경복궁이 일직선상으로 한눈에 들어온다. 청와대는 고려의 남경(고려 행궁)→경복궁 후원(조선)→총독관저(일제강점기)→미군정 장관 관저(광복 후)→경무대(대한민국 정부수립 후)→청와대(윤보선 대통령 이후~현재)의 역사를 간직하고 있다. 경무대(景武臺)는 경복궁(景福宮)의 '경'과 경복궁의 북문인 신무문(神武門)의 '무'에서 따왔고, 청와대는 '푸른 기와집'이라는 뜻이다.

10월 25일 개경을 떠나 사흘 후인 10월 28일에 도착해서 한양부 객사를 별궁으로 삼아 거주했다서울 시민의 날인 10월 28일은 태조가 개경을 출발해서 한양에 도착한 날이다. 아직 궁궐 건설은 시작하지 않았다. 태조는 도평의사사, 서운관이 신도궁궐조성도감과 함께 도면으로 그려 올린 종묘와 사직 터를 둘러보았다.

그해 12월 4일, 드디어 종묘와 궁궐 공사가 동시에 시작되었다. 궁궐의 터파기를 시작한 것은 승려들이었다. 공사 초기에는 백성들을 동원하지 않았고, 관청에서 승려들을 모집해서 옷과 먹을 것을 주고 터를 파게 했다.

대사헌 박경은 당시 상소에서 승려들을 이렇게 분류했다.

"백성의 10분의 3이 승려이고, 세 등급이 있습니다. 불당에서 마음을 수양하는 자는 상, 불경을 강론하고 말을 타고 돌아다니는 자는 중, 종교의식이나 초상집에 찾아가서 의식을 구하는 자는 하입니다."

박경은 이 중에서 하등의 승려들을 공사에 동원하고, 백성은 농사에 전념하도록 해야 한다고 주장했다.

그러나 승려들만으로는 한계가 있었다. 태조 4년, 농번기가 끝난 음력 8월에 백성들을 대대적으로 동원했다. 경기좌도에서 4,500명, 경기우도에서 5천 명, 충청도에서 5,500명 등 총 1만5천 명이 동원됐다. 약 50일 후 종묘와 경복궁이 완공됐다. 공사를 시작한 지 10개월 만이었다.

태조 즉위 4년, 드디어 경복궁이 탄생했다. 태조는 비로소 제대로 된 거처를 마련했고, 조선은 궁궐의 정문을 통해서 나라의 명령을 내리게 됐다.

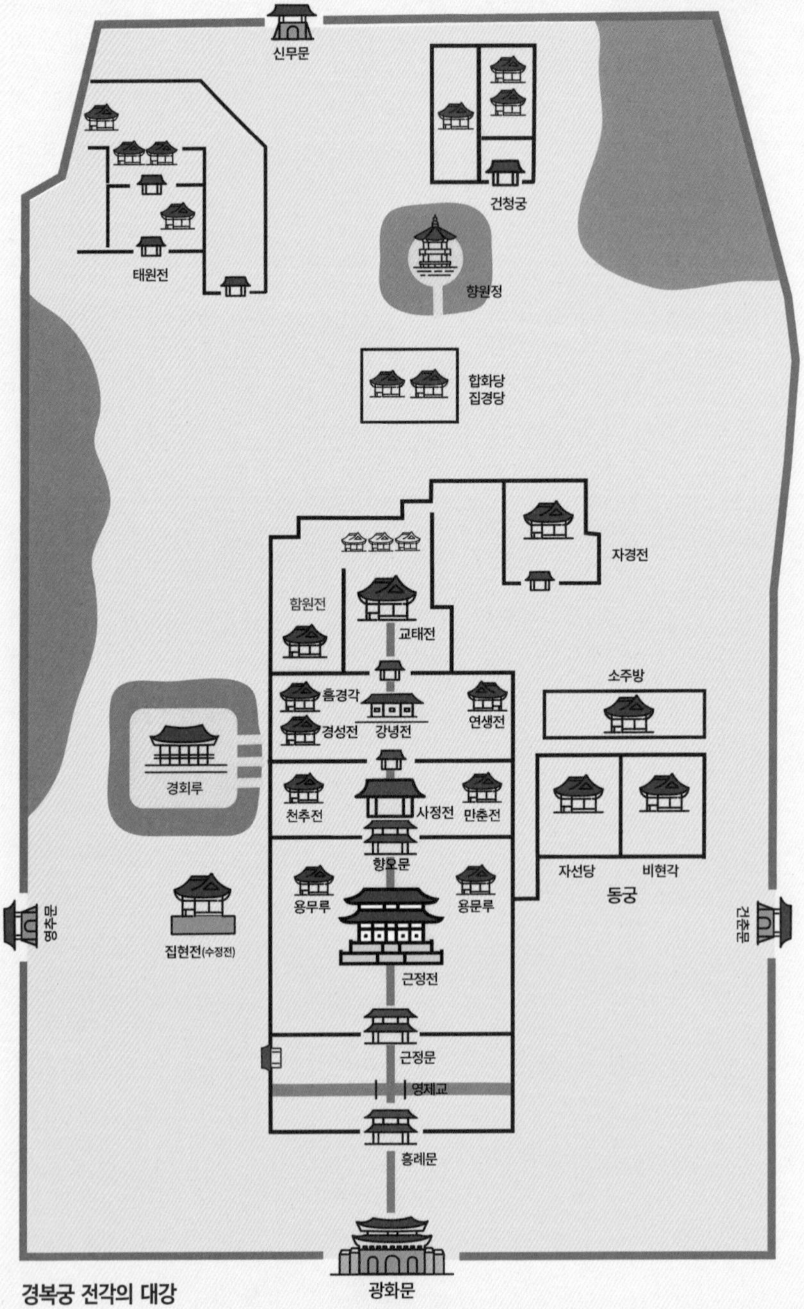

신무문
건청궁
태원전
향원정
합화당
집경당
자경전
함원전
교태전
흠경각
경성전
강녕전
연생전
소주방
경회루
천추전
사정전
만춘전
향오문
자선당
비현각
동궁
용무루
용문루
영추문
건춘문
집현전(수정전)
근정전
근정문
영제교
흥례문
광화문

경복궁 전각의 대강

남은 이야기

경복궁의 탄생, 무학대사와 정도전

궁궐터를 둘러싼 야사

태조가 3년여의 노력 끝에 도읍을 한양으로 결정하는 과정은 조선왕조실록에 상세히 기록돼 있는데도 다양한 야사가 끈질기게 전해진다. 경복궁 터를 정할 때 무학대사와 정도전의 의견이 달랐고, 그로 인해 200년 후 임진왜란이 일어났다는 얘기다. 차천로의 『오산설림』에 등장하는 경복궁 궁궐터를 둘러싼 야사를 보자이긍익의 『연려실기술』도 이 책의 내용을 소개하고 있다.

태조는 왕위에 오른 후 경기도, 황해도, 평안도의 세 관찰사에게 무학대사를 찾아오게 했다. 이들이 황해도 고달산의 조가집에 홀로 숨어 살던 무학대사를 찾아오자, 왕은 도읍을 정할 땅을 물었다. 무학대사는 한양을 가리키면서 말했다.

"인왕산을 진산나라를 지키는 주된 산으로 삼고, 백악과 남산을 청룡과 백호로 삼으십시오."

무학대사 비(경기도 유형문화재 제51호, 경기도 양주시 회암동) | 무학대사의 행적을 담은 비다. 생애와 업적, 중건비를 세우게 된 경위 등이 상세하게 기록돼 있다. 무학대사는 태조의 왕사로서 조선 도읍을 정하는 답사에 세 번이나 동행했다.

궁궐을 인왕산을 뒤로 두고 동쪽을 바라보게 짓자는 것이었다.

정도전은 난색을 표했다.

"예로부터 '제왕은 모두 남쪽을 바라보고 다스렸다'는 말은 있어도, '동쪽을 바라보고 다스렸다'는 말은 듣지 못했습니다."

『논어』위령공 4장에서 순임금의 예에 따라 '군자는 남면南面한다'는 사상이다. 정도전은 유학자답게 공자의 말씀에 따른 주장을 폈다.

무학대사는 물러서지 않았다.

"200년이 지나면 내 말이 생각날 것입니다."

무학대사는 신라 고승 의상대사의 『산수비기』를 인용하기도 했다.

"'도읍을 정할 때 승려의 말을 믿으면 나라가 오래 갈 희망이 있으나, 정 씨가 시비를 건다면 5대를 못 가서 왕권다툼이 일어나고, 200년이 못 가서 나라가 흔들리는 난이 일어날 것이니 조심하라' 했습니다."

결과적으로 경복궁은 정도전의 주장대로 남쪽을 향해 지어졌는데, 이로써 200년 후 임진왜란이 일어났다는 내용이다.

그런데 조선왕조실록을 보면, 무학대사는 도읍을 정할 때 태조의 질문에 답하는 자문에 그쳤으며, 궁궐을 인왕산을 주산으로 해서 동쪽을 향해

경복궁 근정전(국보 제223호) | 경복궁은 백악산을 병풍으로 해서 오른쪽은 인왕산, 왼쪽은 낙산을 품고서 남쪽을 바라보고 있다. 근정전은 경복궁의 중심 전각이다.

지어야 한다고 주장한 내용은 없다. 또한 『오산설림』의 얘기와는 달리, 무학대사를 어디 있는지 수소문해 찾을 필요가 없었다. 조선왕조실록을 보면, 태조는 즉위 3개월 후 무학대사를 왕사로 삼았고, 개경 연복사, 양주 회암사에서 열린 법회에 함께 참석하거나 그를 궁궐로 초대했고, 도읍지 후보 계룡산으로 갈 때 동행했으며, 한양을 도읍으로 정할 때는 사람을 보내서 모셔오게 했다. 차천로의 개인문집 『오산설림』에 실린 무학대사와 정도전의 이야기는 출처를 찾을 수 없다.

임진왜란 책임을 정도전에게 돌린 이유

차천로는 『오산설림』에서 무학대사는 나랏일을 미리 예측한 승려로 높이 평가하고, 정도전은 역심을 품은 자로 깎아내렸다. 임진왜란을 초래한 책임을 200년 전 경복궁의 방향을 남쪽으로 정한 정도전에게 돌리고 있다. 왜 그랬을까?

차천로1556~1615년는 선조와 광해군 대의 문신으로, 문장이 뛰어나고 외교문서를 잘 썼지만 벼슬길은 평탄하지 못했다.

선조 19년, 같은 고향 출신 여계선의 시험을 대리로 쳐서 장원급제를 하도록 한 사실이 발각되어 크게 지탄을 받았다. 선조는 "유림들이 천만 년 동안 씻을 수 없는 수치", "여우나 쥐 같은 것을 용서하지 마라"며 3년간 유배를 보냈다. 차천로는 벼슬아치 명부인 사판에서도 삭제되어 벼슬길이 영영 막혔다.

그러나 선조는 유배가 끝난 후 그를 다시 발탁했다. 마음가짐이 좋지 않다면서도 문장력을 높이 산 것이다. 외교문서를 담당하는 승문원, 이후 봉상판관, 교서관 교리로 임명했지만, 후에도 뇌물을 요구하거나 본처를 버리고 종실의 딸에게 다시 장가드는 등 풍속을 문란하게 해, 선조는 파직과 재임명을 반복했다.

차천로에게는 또 다른 이력이 있다. 임진왜란 발생 2년 전, 통신사 정사 황윤길은 선조에게 문장이 뛰어난 인물을 데려가고 싶다고 요청했고, 차천로가 일본으로 가는 통신사 일행이 되었다.

"나는 국내를 통일했고, 남은 소원은 명나라로 쳐들어가서 일본의 풍속과 제도를 억만 년 시행하는 것이다. 조선이 앞장서 달라."

도요토미 히데요시는 조선 국왕에게 보내는 답서에서 침략의도를 분명하게 드러냈지만, 통신사 일행은 이를 서로 다른 시각으로 받아들였다. 차천로는 종사관으로 직급은 낮았으나 책임이 없다 할 수 없다.

차천로는 『오산설림』에서 임진왜란의 책임을 자신을 거듭 발탁한 선조, 그리고 당파싸움과 안위를 지키는 데 급급했던 권력자들이 아니라, 200년 전 정도전의 탓으로 돌렸다. 차천로의 문집에 실린 경복궁을 둘러싼 무학대사와 정도전의 야사에 더욱더 신뢰가 가지 않는 이유이다.

때때로 야사는 사람들의 귀를 쫑긋하게 만든다. 임진왜란처럼 큰 전쟁이 일어나 나라가 혼란스러울수록 더더욱 그렇다. 참으로 우리가 경계해야 할 부분이다. 개인과 그 집단에게 유리하게 이야기를 전개하고 근거를 제시하지 않은 개인문집의 내용이 정사로 둔갑할 수 없다. 야사는 정사가 될 수 없다.

한양도성 공사를 시작하다

: 도성공사를 시작하다 :

한양도성의 둘레는 6만2,200척으로 오늘날의 단위로 계산하면 18.6킬로미터 정도 된다. 경복궁을 중심으로 그를 둘러싼 인왕산서쪽, 백악산북쪽, 낙산동쪽, 남산남쪽 등 네 개의 산으로 연결돼 있다. 태조가 쌓기 시작해서 수십만 명의 백성들이 동원됐고, 세종과 숙종이 개축했다. 청나라와의 외교문제도 고려해야 했다. 한양도성을 쌓는 것은 험난한 길이었다.

먼저 도성의 터를 둘러보고, 도성조축도감을 설치한 후 판삼사사 정도전에게 성터를 정하게 했다. 태조 5년, 농번기를 피해 음력 1월에 백악산과 5방의 신에게 제사를 지내고 도성공사를 시작했다. 경상도, 전라도, 강원도와 서북면평안도, 동북면함경도의 백성 11만 8,070여 명

한양도성(사적 제10호) | 조선시대 한양을 지키기 위해서 쌓은 성곽으로, 경복궁을 중심으로 인왕산, 백악산, 낙산, 목멱산(남산)을 연결하였으며 전체 둘레는 18.6킬로미터 정도이다. 조선 백성 50여 만 명의 힘든 노역의 결과였음에도 임진왜란과 병자호란 때 방어수단으로 활용하지 못했다. 성곽의 튼튼함보다 더 중요한 정치의 역할이 부족했기 때문이다.

이 동원됐다. 경기도와 충청도는 경복궁 건설에 이미 동원됐기 때문에 도성을 쌓을 때는 제외됐다.

태조는 공사를 직접 둘러봤다. 성터가 높고 험한 곳은 돌로 된 석성, 평탄한 산에는 흙으로 된 토성을 쌓았다. 석성은 1만9,200척이었고, 토성은 4만3,000척으로 모두 합해 6만2,200척이었다. 백성들은 한겨울의 혹독한 추위와 싸워야 했다. 처음 공사를 할 때는 밤낮을 가리지 않았지만, 후에 야간공사를 중지시켰고, 바람 불고 눈 내리는 날에는 공사를 하지 못하게 했다.

특히 흥인문동대문의 공사는 다른 곳보다 곱절이나 힘들었다. 안동과 성산의 백성들이 맡았는데 땅이 낮아서 아래쪽에 돌을 포개 올린 후에 성을 쌓아야 했다. 마감일보다 10여 일을 더 일해야 공사를 마칠 수 있을 것 같았다.

경상도 관찰사 심효생은 공사기간을 연장해서 마치는 것이 두 번 올라오는 것보다 좋겠다고 건의했다. 그러나 판한성부사 정희계의 생각은 달랐다. 그는 도성공사가 시작된 40여 일 후 태조가 다음과 같이 명했을 때, 백성들이 기뻐하던 모습을 기억하고 있었다.

"씨 뿌릴 때가 되었으니 모두 돌려보내 농사를 짓게 하라."

동대문(흥인문)**과 옹성**(보물 제1호) | 동대문이 세워진 곳은 지세가 낮아 돌을 포개어 올려 성을 쌓아야 했기에 다른 곳보다 곱절의 수고가 들었다. 동대문의 특징은 다른 문들과 달리 방어를 든든히 하기 위해 성문 밖에 원형으로 옹성을 지은 것이다. 태조 6년 완공했으나, 현재의 옹성은 고종 6년 다시 쌓은 것이다. 옹성은 고려 궁궐 수창궁의 서소문에도 있었다.

정희계는 백성들과의 약속을 지켜야 한다고 했다. 태조는 안동과 성산의 백성들도 마감일로 정한 날짜에 돌려보냈다. 이렇게 처음 동원된 11만8,000여 명은 50여 일을 추위와 싸우면서 성을 쌓고 고향으로 내려갔다.

: 두 번째 공사를 시작하다 :

8월에 다시 도성공사를 시작했다. 경상도, 전라도, 강원도에서 7만 9,400명이 동원됐다. 첫 번째 공사에서 물이 솟아나거나 빗물로 무너진 곳을 다시 쌓았고, 가능한 돌로 쌓은 석성으로 바꾸었으며, 낮게 쌓은 석성은 더 높이 올렸다. 또한 도성으로 연결된 팔대문의 누합을 지었고, 태조 5년 9월에는 이름도 붙였다. 서북쪽의 문은 창의문, 정북쪽은 숙정문, 동북쪽은 홍화문동소문, 혜화문, 정동쪽은 흥인문동대문, 동남쪽은 광희문수구문, 정남쪽은 숭례문남대문, 남서쪽은 소덕문서소문, 정서쪽은 돈의문서대문이다.

태조 때의 도성공사에는 제도상의 미비점이 있었다. 부상을 당하면 나라에서 치료해주지 않았기에 개인이 감당해야 했다. 다만, 사

서울의 팔대문

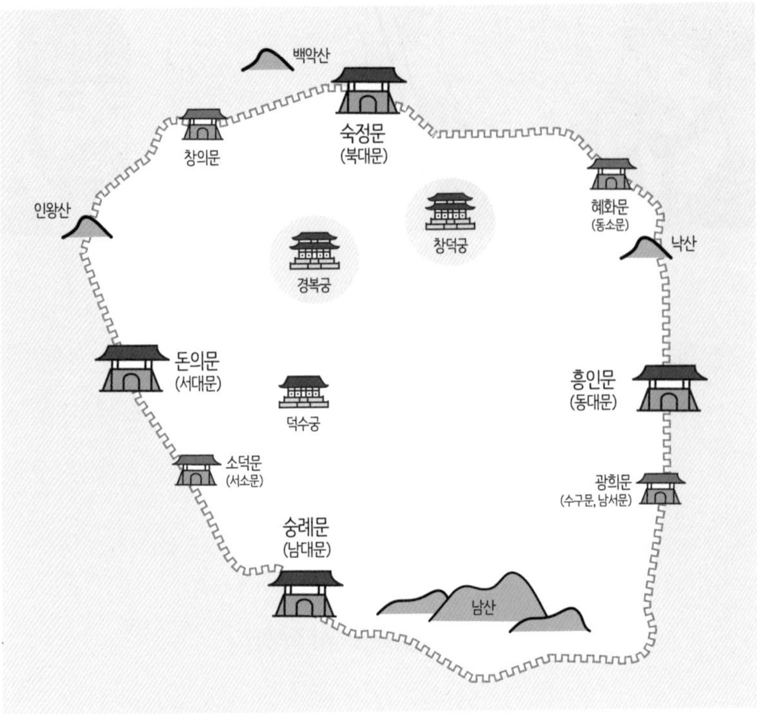

망자는 나라에서 가족에게 쌀과 콩을 내리고 3년 동안 부역과 세금을 면제해줬다. 이에 자은종 법천대사와 전 판사 윤안정은 판교원을 짓고, 의원을 데리고 와서 부상자를 간호하고, 치료가 끝나면 양식도 주어 보냈다. 승려와 전 관리가 나라를 대신해서 부상자들을 돌본 것이다.

진원군현재의 전남 장성군에 사는 백성의 외동딸 도리장은 도성공사에 동원된 아버지가 병이 들었다는 소식을 듣고 남장을 하고 한성으로 길을 나섰다. 길거리에 병들어 누워 있는 사람들을 하나하나 확인했고 마침내 판교원에 있는 아버지를 찾았을 때는 위독한 상태였다. 그녀는 아버지를 정성껏 간호한 뒤 회복되자 부축해서 고향으로 돌아갔다. 이 소식이 조정에 알려지자 면포를 내리고 고향에서는 효녀로 칭송했다.

백성들의 숙식은 어떻게 해결했을까? 조선왕조실록에는 숙박에 대한 기록은 없다. 한겨울의 추위를 어떻게 견뎠는지 안타깝지만 알 수가 없다. 빈집이나 헛간, 천막 등 아주 열악한 환경에서 난방도 없이 한겨울을 났을 것으로 추측할 뿐이다.

또한 50여 일치 식량을 가지고 와서 손수 밥을 지어 먹는 것도 여간 어려운 일이 아니었다. 도의 관찰사를 통해서 미리 식량을 지급했는데, 경상도나 전라도에서 한성까지 올라오는 데는 10일 이상 걸렸다. 식량과 솥단지를 지고 올라오다가 도적떼를 만나 빼앗기기라도 하면 보통 낭패가 아니었다. 풍해도황해도는 자연재해로 흉년이 들어 조와 묵은 콩을 지급하기도 했다.

남은 이야기

한양도성 개축

세종, 한양도성을 개축하다

한양도성은 이후 몇 차례 개축했다. 세종 때는 공조판서 최윤덕의 건의로 시작됐다. 그동안 토성은 절반 정도가, 석성도 상당 부분이 허물어졌다. 세종은 다른 일을 처리할 때와 마찬가지로 매우 치밀하게 일을 진행했다. 도성수축도감을 설치하고 우의정과 좌의정을 책임자로 임명하여 수리할 곳을 면밀하게 조사하게 했다.

도성수축도감은 현장조사를 거쳐 수리에 약 40일 동안 43만 명의 인원이 필요하다고 했다. 병조는 약 10만 명을 줄여 전국에서 32만2,400명의 장정을 징발했고, 석공 2,211명, 군사를 부릴 수령 등 115명을 별도로 뽑았다.

무엇보다도 세종은 부상에 대한 대비를 철저히 했다. 기존의 혜민국과 제생원으로는 감당할 수 없다고 판단하고, 각 고을의 의학생들도 약재를 가지고 올라오게 했다. 의원 60명과 간호 인력으로 승려 300명을 동원해 네 곳의 진료소를 운영했다. 양식은 40일치를 가져오도록 했고, 별도로 각 도에서 술과 고기를 넉넉하게 챙겨주도록 했다. 그럼에도 38일 동안 600여 명의 사망자가 나왔다. 부상자에 대한 기록은 없지만, 사망자의 수로 봤을 때 상당수였을 것으로 추측된다. 한양도성을 쌓기 위한 조선 백성들의 노고를 짐작할 수 있다.

세종은 도성을 전부 석성으로 바꾸어 쌓았는데, 산지는 성의 높이가 16척, 평지는 23척이 되도록 했다. 이는 5~7미터 정도의 높이로 많은 돌이 필요했다. 그렇다면 돌은 어디서 가져왔을까?

세종 때까지는 성곽 주변에서 일부 돌을 캤다는 기록밖에 없다. 문종 때에는 규정을 엄격하게 해서 성곽을 둘러싼 인왕산·백악산·낙산·남산이나 성 밖의 보제원·노원역·벌아현·청파역·사현의 산등성이에서는 지맥을 보호하기 위해 돌을 캐지 못하도록 했다. 숙종 대의 기록을 보면 돌을 노원과 주암 등에서 가져왔다. 노원은 동대문 밖 4리 떨어진 곳『동국여지승람』, 주암은 한자로 봐서 배가 다니고 바위가 많은 곳으로 한강이 가까운 곳이 아닐까 한다. 둘 다 한양도성과는 어느 정도 떨어진 곳이어서 돌을 운반하는 과정에서 사상자가 가장 많이 나왔다.

숙종, 한양도성의 대미를 장식하다

네 번째로 한양도성을 수리하고 쌓은 것은 숙종 때이다. 숙종은 군사를 동원해서 돌을 캐고 개축을 시작했으나 공사 도중 암초에 부딪혔다. 병자호란으로 청나라와 맺은 약조에 '새것이든 옛것이든 도성을 쌓는 것은 허락하지 않는다'는 문구가 있었던 것이다.

"외교문서를 보내 허락을 받아야 한다."

"이미 시작한 공사를 그만둘 수 없다."

의견이 팽팽하게 대립했지만 숙종은 청나라에 알리지 않고 공사를 밀어붙였다. 평소 감정에 휩쓸리는 성격과 달리 과감한 결단력을 보여주었다.

숙종 31년1705년, 도성의 동쪽은 수어청이 120보를 개축하고, 서쪽은 어영청이 75보를 개축했다. 태조가 첫 삽을 뜬 이래 312년 만에 한양도성 건설의 대미를 장식한 것이다. 이후 영조 22년 무너진 곳을 개축하기도 했다.

백악산북한산 정상에서 뒤로 돌아서 1968년 1·21사태김신조를 비롯한 북한 무장 게릴라 31명의 청와대 습격사건 때 총에 맞은 소나무를 지나 아래로 내려가면, 태조, 세종, 숙종 대에 쌓은 성이 어떻게 다른지 볼 수 있다. 시대의

성곽 축조 관리의 이름과 관직 등을 새긴 각자성석 | 한양도성은 공사실명제를 도입해서 책임 소재를 명확히 했다. 사진의 각자성석은 동대문 옆 성곽에 전시돼 있다.

변화에 따른 성 쌓기를 보는 것도 역사공부의 즐거움이다.

조선은 한양도성을 쌓을 때 공사실명제를 도입했다. 공사를 감독하는 장교와 석공의 이름을 돌에 새겼고, 성이 무너지면 군법으로 처리했다. 한양도성을 둘러보다 보면 그 이름들을 새긴 돌들을 볼 수 있다.

청와대 뒤편 백악구간은 1968년 1.21사태로 통제됐다가 노무현 정부 때 개방되어 신분증을 제시하고 출입했으나, 지금은 누구나 자유롭게 신분증 제시 없이 모든 구간을 돌아볼 수 있다.

세계의 대도시에는 대중교통을 이용해서 갈 수 있는 산이 그리 많지 않다. 하지만 서울은 다르다. 아침에 일어나서 가벼운 등산복 차림으로 버스나 지하철로 갈 수 있는 산들이 많다. 한양도성을 둘러싼 백악산, 타락산낙산, 남산, 인왕산 등이 그렇다. 요즈음 한양도성을 순성돌아보며 구경함하는 사람들이 늘어나고 있다. 돌에 새겨진 장인의 이름도 찾아보고, 시대에 따라서 다르게 쌓은 성곽의 차이도 확인할 수 있다. 전국에서 봇짐지고 올라와서 땀흘린 이름 없는 조선 백성들의 숨결을 느낄 수 있다면 역사공부의 길에 들어섰다고 할 수 있을 것이다.

무엇보다도 600여 년 전 한양을 도읍으로 정하고 성곽을 쌓은 조선의 지혜와 안목도 느낄 수 있을 것이다. 서울은 비록 높은 건물로 뒤덮인 국제도시로 바뀌었지만 한양도성에서는 조선의 숨결을 그대로 느낄 수 있다. 역사의 향기는 그 값어치를 알면 더욱더 진하게 다가온다.

왕 씨를 제거하라

: 박위가 불러온 나비효과 :

왕 씨에서 이 씨로 왕조가 바뀌었지만 고려를 추종하는 세력은 잠재해 있었다. 조선 건국을 주도한 공신들은 그들을 언제든 되살아날 수 있는 불씨로 여겼고 제거할 구실을 찾고 있었다. 그리고 그 구실은 점卜에서 시작됐다.

태조 3년 참찬문하부사 박위는 동래 현령 김가행과 소금무역을 담당하는 염장관 박중질을 시켜서 장님 점쟁이 이흥무에게 점을 쳤다.

'공양왕과 지금 임금 중 누가 명운이 좋은가?'

'왕 씨 중 명운이 귀한 사람은 누구인가?'

태조와 왕 씨들의 명운을 비교하다니, 왕조가 바뀐 나라에서 목숨이 오갈 수 있는 위험천만한 점이었다. 그런데 어쩐 일인지 그 내용이 새나갔다.

태조는 사헌부와 형조, 순군만호부에 이 일을 조사하도록 했다. 점쟁이 이흥무는 점을 친 사실과 내용을 자백했다. 한양에 있던 박위는 체포되어 순군옥조선 초기의 감옥에 갇혔고, 경상도에 있던 김가행과 박중질은 한양으로 압송됐다. 이흥무가 점에서 명운이 귀하다고 한 왕화와 왕거는 영문도 모른 채 감옥에 갇혔다. 사헌부와 형조는 심문 결과를 왕에게 알리고 엄히 벌하라고 청했다.

"나라의 사직과 관계되므로 증거를 찾아서 처단하십시오."

"내가 박위에게 높은 벼슬을 주고 후하게 대접했는데, 어찌 역모를 꾀하겠는가. 박위와 같은 인재는 쉽사리 얻을 수 없다."

왕은 박위를 풀어주고 술을 내리고 복직시켰다. 박위의 부탁을 받고 점을 본 김가행, 박중질, 점쟁이 이흥무는 곤장을 때리고 변방으로 귀양을 보냈다. 점을 치라고 명령을 내린 사람은 벌을 주지 않고, 그 명령을 따른 사람들만 벌을 준 것이다. 어쨌든 왕은 이 정도에서 사건을 마무리지으려고 했다.

그러나 사헌부와 형조는 따르지 않았다. 불똥이 다른 왕 씨들에게 옮겨갔다.

"왕 씨를 제거하십시오."

왕은 상소를 받아들이지 않았다. 사헌부와 형조는 물러서지 않고, 다시 점에서 거론조차 되지 않은 다른 왕 씨들까지 걸고 넘어졌다.

"왕강과 왕격은 지략이 뛰어나고, 왕승보와 왕승귀는 용맹이 남다릅니다. 개경에 있으면 반드시 반란을 선동할 것입니다. 제거해서 훗날의 근심을 미리 막으십시오."

왕은 이번에도 상소를 받아들이지 않고, 오히려 왕강 등을 불러

왕 씨의 혈통과 집안의 역사를 기록한 『개성왕씨세보』 | 왕(王) 씨는 고려 태조 왕건을 시조로 한다. 2015년 통계청 자료에 의하면 왕씨는 2만5,565명이 등록돼 있다.

서 안심을 시켰다.

"사헌부와 형조에서 경들을 섬으로 유배를 보내라고 청하고 있다. 경들은 모두 쓸 만한 인재이며, 나는 경들을 신임한다. 두려워하지 말고 예전처럼 자유롭게 궁궐을 출입하라."

하지만 사헌부와 형조는 끈질겼다. 사건이 발각된 이래로 한 달 동안 상소를 무려 10여 차례나 올렸다.

"김가행과 박중질이 점을 친 것은 공양왕이 살아 있기 때문입니다. 형제, 조카들도 모두 반란의 불씨가 될 수 있습니다. 왕 씨들을 섬으로 내쳐서 훗날의 근심거리를 없애십시오."

사헌부와 형조는 업무를 보지 않는 태업으로 왕을 더욱 압박했다. '열 번 찍어 안 넘어가는 나무 없다'고 왕은 결국 태도를 바꿨다.

"경들의 공로를 잊지 않겠다."

태조는 왕강 등을 불러 이렇게 말하고는, 왕 씨들을 공주, 영흥, 안변 등으로 나누어 유배를 보냈다. 개국 초부터 강화도로 유배를 보낸 또 다른 왕 씨들도 철저히 감시했다.

한 번 풀린 왕의 빗장은 일사천리였다. 공양왕은 두 아들과 함께 삼척으로 거처를 옮겨야 했으며, 결국 목 졸라 죽이는 교살형에 처했다. 태조는 최종 결정권자이면서도, 공양왕에게 보낸 교서에서 모든 것을 사헌부와 형조 탓으로 돌렸다.

"사헌부와 형조에서 왕 씨들을 제거하자고 열두 번을 청했고, 대소신하들도 같은 요구를 했다. 내가 마지못해서 그 청을 따르니, 그대는 이 사실을 잘 아시오."

점에서 명운이 좋다고 거론됐던 왕화와 왕거도 참수했다. 영문을 알 수 없는 죽음의 범위는 점점 커졌다. 전국에서 증거도 없이 왕 씨들의 씨를 말렸다.

> 윤방경 등이 왕 씨를 강화나루에 던졌다. 『태조실록』 3년 4월 15일
>
> 손흥종 등이 왕 씨를 거제 바다에 던졌다. 『태조실록』 3년 4월 20일
>
> 중앙과 지방에 명령하여 왕 씨의 남은 자손을 대대적으로 수색하여 모두 목을 베었다. 『태조실록』 3년 4월 20일

이와 더불어 고려 때 임금으로부터 성을 하사받은 왕 씨는 원래의 성씨로 돌아가거나 어머니 성으로 바꾸게 했다.

용케 살아남은 왕 씨가 있었으니 바로 왕우이다. 왕우는 공양왕의 동생으로, 딸이 이성계의 아들 방번과 결혼해 사돈지간이 됐다. 태조는 왕우에게 경기도 마전군현 연천군을 주고 왕 씨의 제사를 받들게 했다. 왕우의 아들 왕조와 왕관은 어머니 성 노盧를 따라 노조와 노관으로 이름을 바꿨다. 왕 씨의 일부가 이처럼 성을 바꾸어 핏줄을 이어갈 수 있었다.

조선 초기에 왕 씨는 한 줌의 땅도 설 곳이 없었다. 왕조가 바뀐 역성혁명을 주도한 조선 건국세력의 끔찍한 보복이었다.

남은 이야기

조선, 왕 씨를 복권하다

태조 이후의 왕들은 태조 대에 저질렀던 잔혹사에 대한 죗값을 치르려 했다. 정종은 경기도 마전현현 연천군에 사당을 세우고 고려 태조를 비롯 8명 왕의 위패를 모시고 제사를 지내게 했다. 이 사당은 현재 경기도 연천군 숭의전의 모태가 됐다.

태종도 왕 씨를 보호하려고 했다. 태종 13년, 공주 사람 이밀충이 누이가 왕휴의 첩으로 거을오미라는 아들을 낳았는데, 태조 3년 전국에서 왕 씨를 죽일 때 자신의 집에 숨어살며 목숨을 부지했다고 조정에 알렸다. 조정은 왕휴와 관련된 친척 24명 포함 60여 명을 심문한 후, 왕에게 거을오미를 죽이라고 청했다. 하지만 태종의 생각은 달랐다.

"비록 거을오미가 왕휴의 아들이라도 죄를 주고 싶지 않다. 나는 왕 씨의 후예를 보전하겠다."

태종은 이전에 다른 사건에서 어린아이까지 죽이라는 조정의 요구를 받아들였는데, 때늦은 후회를 털어놓은 적이 있다.

"왕 씨는 어린아이까지 모두 죽었다. 어찌 마음이 아프지 않으랴. 내가

경기도 연천군 숭의전(국가지정문화재 사적 제223호) | 숭의전은 고려 태조 왕건을 비롯 8명 왕의 위패를 모신 사당이었으나, 현재는 태조 왕건, 제8대 현종, 제11대 문종, 제24대 원종을 비롯 고려 충신 16명의 위패를 모시고 있다.
조선의 제5대 문종은 왕 씨를 죽인 것은 태조가 아니라 당시의 모신(謀臣) 정도전의 무리라고 했다(『문종실록』 1년 11월 1일). 문종은 왕 씨 조상의 신주를 모셔놓은, 경기도 마전현에 있는 고려의 사우(사당)를 숭의전으로 이름을 짓고, 공주에 살고 있는 왕 씨의 후손 왕우지(순례로 개명)를 찾아 마전현으로 이사하게 했다. 또한 그를 숭의전 부사로 임명하고, 토지와 노비를 내려서 제사를 받들게 했다. 이것이 오늘날 숭의전의 모태가 됐다.

그때 침묵을 지킨 것이 지금도 한이 된다."

태종은 공양왕을 군에서 왕으로 회복시키고, 제사도 지내게 했다.

세종은 공양왕의 능을 관리할 법규를 만들고, 숭의전의 은그릇을 바꿔주고, 왕 씨의 후손이 세자의 가례에 참여하게 했다. 조선은 세종 때에 비로소 왕 씨의 존재를 인정하고 국가행사에도 참여시킨 것이다.

정도전, 과연 조선의 장자방인가

: 정도전과 이성계의 첫 만남 :

한나라 고조 유방이 항우를 물리치고 천하를 통일하는 데 크게 기여한 세 명의 참모가 있었으니 바로 장량장자방, 소하, 한신이다. 장량은 책략, 소하는 행정, 한신은 군사에서 뛰어난 활약을 보였다. 이에 장자방은 책략이 뛰어난 참모를 일컫는 보통명사로도 사용된다.

조선에도 두 명의 장자방이 있었으니 바로 정도전과 한명회다.

정도전은 술에 취하면 이따금 태조 이성계를 한 고조, 자신을 장자방에 비유했다고 한다『태조실록』.

"한나라 고조가 장자방을 쓴 것이 아니라, 장자방이 한 고조를 쓴 것이다."

한편, 세조는 신하들과의 술자리에서 "한명회는 나의 장자방이다"

라고 이야기했다고 한다서거정의 『사가집』. 정도전은 스스로를 장자방이라 했고, 한명회는 그의 주군 세조가 불러준 장자방인 것이다. 정도전은 왜 자신을 장자방이라고 했을까?

정도전은 18세에 고려의 과거인 성균시에 합격하고, 2년 후에는 성균진사에도 합격하여 공민왕 때 충주사록으로 관직을 시작했다. 하지만 연이어 부모의 상을 당해 삼년상을 치른다. 상을 마친 후에는 성균박사에 임명됐는데, 이색, 정몽주 등과 함께 성리학을 강론할 만큼 학문적 재능이 뛰어났다고 한다.

정도전이 이성계를 처음 만난 것은 그의 나이 42세 때였다. 고려 우왕 9년, 정도전은 동북면 도지휘사 이성계의 막료로 부임해서 함주의 막사로 따라갔다. 이성계가 군사를 엄격히 지휘하고, 군대의 대오가 잘 정비된 것을 보고 조용히 말했다.

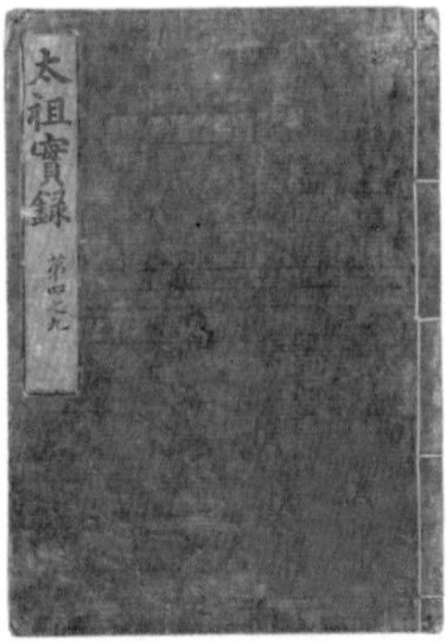

태조실록 | 조선왕조실록은 각 왕마다 이력과 특징을 간단히 요약한 총서가 있다. 『태조실록』 총서는 태조의 4대 조상과 고려에서 활약한 태조의 공을 모두 기록해서 내용이 매우 많다. 여기에 이성계와 정도전이 고려 때 만난 기록이 나온다.

"참으로 훌륭합니다. 이런 군대를 가지고 무슨 일이든 못하겠습니까?"

"그게 무슨 말이오?"

이성계가 되묻자 정도전은 둘러댔다.

"동남쪽의 왜적을 물리치는 것 말입니다."

그러고는 병영 문 앞의 늙은 소나무 껍질을 벗긴 뒤 하얀 부분에 시를 썼다.

"까마득한 세월의 한 그루 저 소나무
첩첩한 청산 속에서 잘 자랐도다.
잘 있어라. 이 다음에 다시 볼 수 있을는지

인간의 세월은 너무 쉽게 가는구나."

첩첩산중의 잘 자란 소나무는 이성계를 가리키는 말이다. 정도전이 하늘의 뜻이 이성계에게 있음을 알고 이런 시를 썼다는 말도 있다.

: 위화도 회군 :

우왕 14년1388년, 우왕과 최영은 명나라 요동을 정벌하기 위해서 군사를 일으켰다. 우군 도통사 이성계는 여름철에 군사를 동원하는 것, 작은 나라가 큰 나라를 거역하는 것은 옳지 못하고, 온 나라 병사를 동원해 정벌에 나서면 왜적이 우리의 허술한 틈을 노릴 수 있고, 장마철이어서 활의 아교가 풀어지고 병사들이 역질에 걸릴 수 있다고 반대했다.

그럼에도 왕의 명이 떨어지자, 이성계는 압록강 위화도까지 진군했다. 그런데 압록강에 홍수가 났다. 이성계는 강을 건너 전쟁을 벌일 상황이 아니라고 판단하고 군사를 철수시켰다. 왕의 명을 거역한 항명, 즉 반란으로 볼 수 있다.

이성계는 위화도 회군으로 당시의 최고 실권자 최영의 군대를 진압하고, 최영을 유배 보냈다. 최영이 무너지자 이성계에게 힘이 급속도로 기울기 시작했다. 목숨을 건 선택이 전화위복이 된 것이다.

공민왕은 든든한 후사가 없었다. 갑자기 죽을 당시 아들우왕은 겨우 아홉 살에 불과했다. 우왕과 그 아들 창왕은 왕 씨가 아니라는 논란에 휩싸여 있었고, 정치를 올바르게 하지도 못했다. 이에 고려의 중신 이성계, 정몽주, 심덕부, 조준, 정도전 등은 왕을 폐하기로 힘을 모으고 흥국사에 모였으며, 군사까지 동원해서 무력을 과시했다. 우왕을 강릉, 창왕을 강화로 내쫓고 폐하여 서인으로 삼고, 왕 씨 요를 세웠다. 그가 바로 고려의 마지막 왕 공양왕이다.

정도전은 흥국사 모임에 밀직부사의 자격으로 참여해서 공양왕을 세우는 데 기여했고, 그 공을 인정받아 봉화현 충의군으로 봉해졌다봉하는 정도전의 본관이다.

이후 이성계는 공양왕 즉위년에 수문하시중을 맡았다. 그런데 왕에게 이성계가 죄가 있는 것처럼 헐뜯고 고해바치는 이들이 많았다. 공양왕은 세력이 커지는 이성계를 꺼려했고, 권문세족들은 이성계를 위시한 신진세력을 경계했다. 이성계는 가솔을 데리고 개경을 떠나려고 했다. 정도전, 남은, 조인옥 등은 극구 말렸다.

"공은 거취를 경솔하게 옮기시면 안 됩니다. 나라 땅의 한 귀퉁이에 물러나 있으면, 오히려 헐뜯는 자들이 눈덩이처럼 불어나서 화가 더욱 커질 것입니다. 조정에 남아서 어질고 현명한 사람을 등용하고 기강을 바로잡으면 왕께 죄가 있는 것처럼 고해바치는 말이 사라질 것입니다."

이성계의 가신 김지경은 이들의 조언에 반대했다. 하지만 다섯째 아들 이방원은 아버지와 세 분은 근심과 기쁨을 같이하는 사람들이라면서 김지경을 나무랐다. 정도전이 이성계에게 조언을 할 만큼 매우 가까운 사이였음을 알 수 있다. 그렇다고 정도전이 단독으로 계책을 내놓은 것은 아니었다. 남은과 조인옥도 같이 있었다.

⁝ 이성계를 왕으로 세운 최초의 기획자는? ⁝

공양왕의 즉위 마지막 해, 이성계는 중국에 사신으로 갔다오는 세자를 마중하러 가는 도중에 해주에서 사냥을 하다가 말에서 떨어져 큰 부상을 입었다. 정몽주는 이를 계기로 이성계의 핵심 세력 조준, 정도전, 남은 등을 탄핵해 죽이려고 했다. 이에 이방원은 아버지의 반대에도 불구하고 선수를 쳐서 정몽주를 개경 선죽교에서 죽였다. 이로써 조준, 정도전, 남은 등은 살아돌아와서 이성계의 힘이 될 수 있었다. 이 사건을 계기로 이성계를 왕으로 추대하려는 움직임이 급물살을 탔다.

『태조실록』 총서에 의하면 최초의 모의자는 남은이다. 남은은 조인옥과 함께 이성계를 비밀히 왕으로 추대할 것을 논의하고, 차츰 이방원, 조준, 정도전 등까지 불러 모두 52명을 모았다. 정도전은 52명에 포함됐으나 최초의 모의자는 아니었다.

조선왕조실록과 정도전의 『삼봉집』을 보면, 정도전은 이성계와 밀접한 관계를 맺고 조언을 한 것은 사실이지만, 조선 건국까지 정도전이 스스로를 장자방이라고 할 만한 구체적인 계책을 내놓은 기록은 거의 없다. 그렇다면 정도전이 술에 취해 이따금 스스로를 '장자방'이라고 했던 것은 어떻게 받아들여야 할까?

정도전의 졸기사관이 어떤 인물의 사후에 업적이나 인물평을 기록한 것에는 "무릇 태조를 도울 만한 것은 모의하지 않은 것이 없었다"고 되어 있다. 신숙주도 『삼봉집』 후서에 이렇게 썼다.

"조선 개국 초기의 큰 정책은 다 정도전에게서 나왔다."

조선왕조실록을 봐도 건국 이후 조선의 기초는 정도전의 손이 거치지 않은 것이 없을 정도였다. 다만 조선 건국 때까지만 보면 자신이 '장자방'이라는 정도전의 주장을 뒷받침할 기록이 충분히 보이지 않는다.

정도전은 한나라 고조가 중국을 통일할 때까지 많은 계책을 낸 책략가 장자방이라기보다는, 조선 건국 이후 현실정치에 참여해서 많은 업적을 남긴 또 다른 장자방이라고 할 수 있다.

기록에 없는 것은 역사가 아닐까? 또는 기록에 없는 것을 역사라고 주장할 수 있을까? 참으로 어려운 문제지만, 꾸준히 스스로에게 질문하고 답을 찾아서 역사를 보는 안목을 키워나가야 할 것이다.

정도전,
조선의 설계사

: 조선의 기틀을 다지다 :

정도전은 스스로를 '장자방'이라고 했으나, 후대의 학자들은 그를 '조선의 설계사'라고 한다. 그는 조선 건국 이후 많은 업적을 남겼다. 태조의 즉위교서를 짓고, 조선을 경영하는 『조선경국전』을 썼으며, 경복궁 전각들의 이름에 임금이 정치를 하는 기본철학을 담았다. 건국 초기 그의 손을 거치지 않은 것이 없을 정도였다. 그 구체적인 내용을 살펴보겠다.

태조가 왕위에 올라 열흘 후 발표한 즉위교서는 정도전이 초안을 잡았는데, 국가운영의 큰 줄기를 14개 항목으로 밝히고 새로운 정치를 이루겠다는 의지를 담았다.

첫 항목에서는 예조는 법도와 예에 맞지 않는 고려의 제도를 조

사해 올바른 제도가 자리잡게 하라고 했다. 조선을 종묘와 사직, 즉 '예'를 최우선으로 하는 나라로 만들겠다는 의지를 밝힌 것이다. 조선은 정도전이 즉위교서에서 밝힌 대로 예를 중시하는 나라가 됐다.

두 번째 항목은 왕 씨를 포용하겠다는 뜻을 밝혔다. 왕 씨의 제사를 받들기 위해서 토지를 주고 편한 곳에 안정된 거처를 마련해주라고 했다. 그러나 이는 3년 후 왕 씨를 강화도나 거제도 바다에 빠뜨려 죽임으로써 지켜지지 않았다. 그 외에도 인재를 키우기 위한 국학 및 과거제도, 백성의 삶과 맞닿아 있는 수령제도, 충신과 효자를 권장하고, 세금과 형벌의 폐단을 바로 세워야 한다는 내용들이 있었다. 이는 조선의 주요 정책이 됐다.

마지막 조항은 조선 개국에 반대한 56명을 처벌하자는 것이었다. 태조는 동의하지 않았고, 후에 사관도 이에 대해 정도전의 사적 감정이 들어 있어 "실정에 맞지 않다"고 비판했다. 어쨌든 정도전은 태조의 즉위교서를 통해서 조선이 나아가야 할 전체적 틀을 제시했고, 조선은 상당 부분 그런 방향으로 나아갔다.

: 제도, 정책, 음악, 군사에서 법전까지 :

"새로운 시대에는 그 시대의 곡이 필요하다."

태조 2년, 정도전은 조선 건국이 하늘의 뜻임을 강조한 악사 3편과 태조의 무공을 칭송한 곡 3편을 지었다. 새로운 나라 조선의 정체성을 세우려고 한 것이다. 이 곡들은 태조 대부터 영조 대까지 궁궐의 잔치 등에서 연주됐다.

정도전은 군사훈련에도 관심을 가져 〈사시수수도四時蒐狩圖〉와 〈진도陣圖〉를 만들었다. 조선시대의 사냥은 군사훈련을 겸하고 있었는데, 〈사시수수도〉는 계절마다 사냥하는 방법을 그린 것이고, 〈진도〉는 북을 치고 나발을 불거나 군대의 깃발을 휘두르는 방법, 군사들이 앉거나 서고 전진하거나 후퇴하는 방법 등을 그린 것이다.

또한 군사제도를 개혁해 북쪽의 요나라와 동쪽의 여진, 일본을 막기 위해서 군을 엄격하게 관리하게 했다. 아울러 개국 이후 문반은 관직과 관직명을 바꾸고 책임을 지우니 공을 세우려 노력하는 데 비해, 무반은 고려의 관직이 그대로 이어져서 폐단이 많다고 생각해 무관의 관직명을 명확하게 바꾸었다. 예를 들어 임금을 '왼쪽에서 호위한다'는 뜻의 의흥친군좌위는 '모시어 호위한다'는 의미의 의흥시위사로, '오른쪽에서 호위한다'는 뜻의 의흥친군우위는 '충으로 보좌한다'는 뜻의 충좌시위사로 고쳤다. 그가 군사제도를 개혁한 것은 자신이 맡고 있는 의흥삼군부의 권한을 강화하고 반란에 대한 우려를 없애기 위한 목적도 있었다.

무엇보다도 정도전을 '조선의 설계사'라고 부르는 것은 『조선경국전』을 지었기 때문이다. 이 책은 이름 그대로 조선을 경영하기 위한 법전이다. 태조는 이를 보고 감탄해서 말 한 필, 비단, 명주 그리고 백은을 내렸다고 전해진다.

『조선경국전』은 치전, 부전, 예전, 정전, 헌전, 공전의 육전六典으로 구성돼 있고, 각 전 아래 모두 102개의 실천항목을 통해 나라를 경영하는 기본적 틀을 제시했다.

정도전은 치전의 '총서' 편에서 "국가를 관장하는 것은 임금이 아니라 재상총재"이라고 했다.

"임금은 어리석을 수도, 현명할 수도 있으며, 강력하거나 유약한 자질을 가질 수도 있다. 그래서 재상은 임금의 아름다운 점이나 옳은 일은 순종하며 받들고, 나쁜 점이나 옳지 않은 것은 바로잡고 막아서, 임금이 백성 속으로 파고들 수 있도록 해야 한다."

이 주장은 왕권보다 신권을 중시한 것으로 비춰졌고, 정도전은 나중에 왕권을 강조한 이방원과 충돌해서 죽임을 당하게 된다.

부전의 '판적' 편은 백성의 중요성을 역설하고 있다.

"나라의 빈부는 백성이 많고 적은 데 달려 있고, 부역을 고르게 하는 것은 인구를 정확하게 파악하는 데 달려 있다."

조선경국전

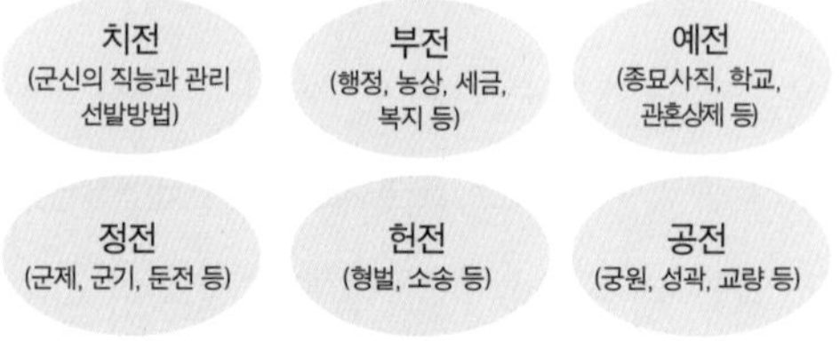

"임금은 나라에 의존하고, 나라는 백성에 의존하므로, 백성은 나라의 근본이며, 임금의 하늘이다."

『조선경국전』은 '백성'이라는 말이 146회나 나올 정도로 백성의 중요성을 누누이 강조한다. 백성의 인구 수를 조사해서 왕에게 바치면, 왕은 절하면서 받아야 한다는, 주나라 『주례』의 내용을 인용하기도 했다.

공전의 '궁원' 편에서는 궁과 후원을 짓는 기준을 내세웠다. 이는 조선에서 궁궐을 짓는 기본적인 사상이 된다.

"궁궐을 사치하게 지으면 백성을 수고롭게 하고 재정을 축낸다. 반대로 궁궐을 누추하게 지으면 조정의 존엄을 보여줄 수 없다. 궁궐은 검소하지만 누추하지 않고, 화려하지만 사치스럽지 않도록 하는 것이 아름다운 것이다."

경복궁이나 창덕궁 등을 둘러볼 때 '검소하지만 누추하지 않고, 화려하지만 사치스럽지 않다'는 말의 의미를 되새기면 궁궐의 정취를 더욱 깊이 느낄 수 있을 것이다. 이 외에 예전, 정전, 형전에서 밝힌 내용들도 상당 부분 조선의 기본적 토대가 된다.

정도전은 조선의 정궁 경복궁의 전각 이름도 직접 지었다. 태조 3년, 한양을 도읍으로 정한 후 정도전은 판문하부사 권중화 등과 함께 종묘, 사직, 궁궐, 시장, 도로의 터를 정하고, 경복궁과 그 전각들의 이름을 지었다. '경복궁'이라는 이름은 『시경』에서 따왔다.

"이미 술에 취하고 덕에 배부르니, 군자는 영원토록 그대의 크나큰 복경복, 景福을 모시리라."

경복궁의 중심 전각인 근정전은 임금이 부지런하게 정치하라근정, 勤政는 의미를 담고 있다.

조선 궁궐의 아름다움
검소하지만 누추하지 않고,
화려하지만 사치스럽지 않다.

"아침에는 정사를 듣고, 낮에는 어진 사람을 찾아보고, 저녁에는 법령을 닦고, 밤에는 몸을 편안하게 한다."

"어진 사람을 구하는 데에 부지런하고, 어진 사람을 쓰는 데 빨라야 한다."

정도전은 강녕전, 사정전, 연생전, 경성전, 융문루, 융무루, 정문광화문 등의 이름도 지었다각 의미는 하나씩 차차 설명하겠다.

기록은 역사를 쌓아가고, 역사는 정확한 기록에 의해서 정리된다. 정도전은 600여 년 전 경복궁 전각의 이름을 짓고 의미를 부여했으며, 오늘날 우리는 그 기록을 통해서 경복궁 전각들과 대화할 수 있고, 정도전이 남긴 이야기도 들을 수 있다. 조선의 제도에서 문화, 정신, 임금의 마음가짐, 전각의 이름에 이르기까지, 그의 손길이 닿지 않은 곳이 없을 정도다. 정도전은 그야말로 '조선의 설계사'라고 할 만하다.

남은 이야기

정도전,
그늘을 드러내다

우 씨 가문과의 원한

태조는 즉위 열흘 후, 도승지 안경공과 함께 정도전이 작성한 즉위교서 초안을 검토하다가 깜짝 놀랐다. 조선 건국에 뜻을 달리한 56명을 처벌하고, 이색, 우현보, 설장수 등 10여 명을 극형에 처해야 한다는 내용 때문이었다.

"이색 등을 어찌 극형에 처하겠는가. 죄를 묻지 말라."

그러나 정도전은 물러서지 않고 그보다 낮은 벌이라도 주어야 한다고 다시 청했다. 태조는 강경한 태도를 취했다.

"낮은 형벌이라도 줄 수 없다. 두 번 다시 거론하지 말라."

정도전은 세 명을 제외한 나머지를 장형에 처하자는 타협안을 내놓았다. 태조는 곤장을 맞아도 죽지는 않을 것이라고 여기고 마지못해서 타협안을 받아들였다. 즉위교서는 이색, 우현보, 설장수는 벼슬을 빼앗고 섬으로 유배를 보내는 것으로 수정됐다. 형벌은 가하지 않는 조건이었다.

나머지는 장 70대에서 100대를 때리고 전국으로 유배를 보냈다.

그러나 한 달여 후, 왕의 뜻과 전혀 다른 일이 벌어졌다. 우현보의 아들 우홍수·우홍명·우홍득, 이색의 아들 이종학 등 8명이 유배 도중 병으로 죽었다는 보고가 올라왔다. 태조는 불같이 화를 냈다.

"장 100대 이하를 맞은 사람이 모두 죽었으니, 무슨 까닭인가!"

병으로 죽었다는 보고는 거짓이었다. 유배 인솔자들이 때리거나 목 졸라 죽였던 것이다. 후에 태종 때 그 배후가 정도전과 남은이었음이 밝혀진다. 조선에서 생사여탈권은 오로지 왕에게 있었다. 정도전, 남은 등은 왕의 뜻과 달리 유배자들에게 생사여탈권을 행사한 것이다. 왜 그랬을까? 사관은 그 내용을 상세히 기록하고 있다.

정도전은 우 씨 가문에 오랜 원한을 갖고 있었다. 정도전은 고려에서 관리로 임명받을 때 사헌부에서 동의서경가 늦어져 제때에 임명받지 못했다. 사헌부가 임명 동의를 할 때는 친가와 외가의 내력도 참고하는데, 정도전은 우 씨들이 자신의 외조모가 노비 출신이라는 사실을 알려서 임명이 늦어졌다고 생각하고 원망했다.

이제 조선으로 시대가 바뀌었다. 우 씨 가문은 조선 건국에 협력하지 않아 패자가 되었고, 정도전은 승자로서 권력을 갖게 됐다. 정도전이 극형에 처하려 했던 우현보는 태조의 보호 아래 생명을 지켰으나, 그의 아들 세 명은 유배를 가서 죽임을 당한 것이다.

이색을 벌할 것을 청하다

이색은 고려와 원나라에서 벼슬을 한 대유학자로 정도전의 스승이기도 했다이색의 호는 목은으로 포은 정몽주, 야은 길재와 더불어 고려에 충성한 '삼은'으로 불린다. 정도전은 조선 건국에 협력하지 않은 이색을 극형에 처해야 한다고 했으나, 왕은 유배를 보내는 선에서 그치고자 했다. 그러자 정도전은 유배지를 자연도로 하고자 했는데, 경기계정사 허주가 무인도에서 어떻게 살겠냐고 하자 이렇게 말했다고 한다.

"섬으로 귀양 보내는 것은 바다에 밀어넣자는 것이다."

조선 건국에 대한 노선이 다르다는 이유로, 한때의 스승까지 죽이고자 한 것이다. 정도전의 계획을 알고 있었는지는 알 수 없으나, 왕은 이색의 유배지를 육지인 장흥으로 바꿨다. 이색은 태조의 보호 아래 수를 누렸으나 그의 아들은 유배지에서 죽임을 당했다. 정도전은 사사로운 감정으로 젊은 인재들에게 앙갚음을 한 것이다. '조선의 설계사'답지 않은 모습이다.

권근을 탄핵하다

태조 6년, 정도전은 명나라에 보낸 외교문서 때문에 곤란한 처지에 놓였다. 명나라 황제가 외교문서에 경박하고 모멸을 주는 '문자'가 있었다며 그 문서를 작성한 정도전의 송환을 요구했다. 명나라의 송환은 죽음으로 이어질 수도 있었다. 정도전은 병을 핑계 삼아서 가지 않았다. 조선은 명의 요구를 거절할 수도 없었고, 그를 명으로 보낼 수도 없었다. 이 어려움을 해결한 것은 권근이다. 권근은 자신도 그 외교문서 작성에 참여했으니 명으로 보내달라고 청했다. 태조는 받아들이지 않았다.

"경은 노모를 모시고 있는데다가, 황제의 명령이 없기에 차마 보낼 수 없다."

권근이 왕을 거듭 설득해서 허락을 받아냈더니, 정도전은 오히려 황제가 의심할 수 있으니 보내지 말라고 했다. 결국 권근은 명에 가서 외교문서 문제를 잘 해결하고 돌아왔지만, 정도전은 오히려 그를 의심하고 탄핵했다. 명으로 간 사신 중에 오직 권근만 살아 돌아왔고, 황제에게서 황금을 받았다는 것이 이유였다.

"황제가 진노를 풀었고 경을 다시 부르지 않으니, 권근은 나라에 공이 있고 경은 은혜를 입었다. 나는 권근에게 상을 주려 하는데, 경은 오히려 죄를 주려 하는가."

왕이 말하자, 정도전은 감히 다른 말을 할 수 없었다고 한다.

고려사 수정 사건

태조 4년, 정도전과 정총은 태조의 명을 받아 고려의 왕건에서 공양왕까지 37권의 『고려사』를 편찬했다. 태조는 교서와 함께 후한 상을 내렸다.

"지나간 시대의 흥망성쇠는 후대의 거울로 삼을 수 있다."

그러나 이 『고려사』는 몇 번의 수정을 거쳐야 했다. 그 처음은 태종 때였다. 태종은 이렇게 말했다.

"『고려사』의 뒷부분을 보니 태조 대의 사실이 달랐다. 또한 임금에게 직언을 올린 사람은 윤소종뿐이었고, 고을을 잘 다스린 자는 오직 정운경 정도전의 부친 한 사람뿐이었다."

하윤도 "우왕과 창왕 이후는 사실과 다르다"고 했고, 한상경도 조준이 "공민왕 이후의 사실은 모두 잘못 썼다"라고 했다면서 개정을 건의했다. 태종은 하윤, 한상경, 변계량에게 개정을 지시했으나 도중에 하윤이 죽어 실제로 이루어지지는 못했다.

그다음은 세종 때이다. 세종은 신하들과의 경연에서 이렇게 말했다.

“『고려사』에서 공민왕 이후는 정도전이 겪은 것을 보태고 빼고 했다. 사관이 쓴 초고와 맞지 않는 곳이 매우 많다. 이것을 어찌 후세에 믿으라고 전할 수 있겠는가. 차라리 없는 것만 못하다.”

세종 2년, 유관과 변계량은 사관의 사초와 다른 곳을 수정하고 실정에 맞지 않는 단어들을 교정했다. 세종 5년, 왕은 지관사 유관과 동지관사 윤회에게 다시 고치도록 했다.

“(정도전의 『고려사』는) 정도전의 부친 정운경이 별다른 재능과 덕행이 없음에도 별도의 전기를 실었다. 정몽주는 충신임에도 깎아내렸다. 선악을 자신의 잣대로 기준을 삼아서 옛 역사를 그르쳤다.”

이후에도 세종은 몇 번 더 보완하려고 했으나 마무리를 짓지 못하고, 문종 때 지춘추관사 김종서 등에 의해서 마침표를 찍었다. 이때 편찬된 『고려사』는 세가 46권, 지 30권, 연표 2권, 열전 50권, 목록 2권이었다.

세종이 없는 것만 못하다고 한 정도전이 쓴 『고려사』는 이렇게 수정을 거쳐서 다시 편찬됐다. 정도전은 조선을 성리학의 나라로 만들려고 했고 후학들로부터 존경을 받았다. 그런데 사관의 사초와 다르게 역사를 기록한 것은 어떻게 해석해야 할까? 또한 고려가 『고려사』를 스스로 편찬하지 못하고, 조선의 손에 맡겨진 것은 고려의 불행이자 역사의 불행이다.

정도전의 졸기

정도전은 제1차 왕자의 난으로 이방원의 세력에 의해서 남은, 심효생, 박위, 유만수와 함께 죽임을 당했다. 사관은 이들 모두의 졸기를 남겼는데, 특히 정도전의 인물평에는 장단점이 모두 기록돼 있다. 장점은 “타고난 자질이 총명하고 학문을 좋아해서 많은 책을 읽었으며 후배들을 가르치고 이단을 배척했다"라고 했고, 단점은 "도량이 좁고 시기가 많았다. 또한 겁이 많아서 자신보다 나은 사람들을 해쳐서 이기고자 했으며 그 묵은 감정을 보복하고자 했다"고 기록했다.

조선왕조실록에서 정도전에 대한 평은 패자에 대한 승자의 기록이다. 하지만 남은, 심효생, 박위 등 세 사람에 대해서는 장점만 기록했고, 유독 정도전에 대해서는 장점뿐만 아니라 단점도 기록한 것이다.

조선왕조실록에 실린 정도전의 학문, 업적과 다른 행동을 어떻게 평가해야 할까? 정도전은 개인적 감정으로 조선의 젊은 인재를 죽였고, 자신을 도와준 동료를 오히려 의심하고 탄핵했으며, 무엇보다 이해하기 어려운 것은 후학들로부터 존경받는 유학자로서 사관의 사초와 다른 역사를 기록한 점이다. 조선의 설계사 정도전의 모습과는 어울리지 않는 그늘이 아닐까?

* 이 글을 이 책에 실어야 할지 망설였지만, 정도전의 그늘을 드러내기로 했다. 세종은 기록과 역사를 매우 중시했다. 자신의 말을 사관이 모두 기록하게 했고, 신하들의 상소나 보고서도 사관이 먼저 기록한 후에 자신에게 올리라고 했다. 또한 조회에 입시하는 사관을 한 명에서 두 명으로 늘려 빠트리지 않고 모두 기록하게 했다. 세종뿐만 아니라 역사를 정확하게 기록하고자 한 조선의 기록정신을 외면할 수 없었다.

조선의 또 다른 건국세력 조준

이 씨가 나라 세운 공은 조준에게 있다

태조 7년, 감찰 김부는 얼결에 내뱉은 말 한마디로 명을 재촉했다. 동료의 집에서 술을 마시고 좌정승 조준의 집을 지나면서 술김에 객기를 부렸다.

"조준이 큰 집을 지었으나, 어찌 오래 살 수 있겠는가? 이 집은 훗날 반드시 다른 사람의 것이 될 것이다."

이 말을 전해들은 조준은 왕에게 고했다. 태조는 크게 화를 냈다.

"조준은 개국원훈으로 나라와 운명을 같이할 사람이다. 조준이 오래가지 못한다니, 조선의 사직이 오래가지 못한다는 말이 아닌가!"

태조는 김부를 극형에 처하고, 같이 술을 마신 동료 18명도 파면했다. "세 치 혀가 사람 잡는다"는 속담은 예나 지금이나 마음에 새

겨야 할 금언이다.

태조는 개국원훈인 조준의 운명을 나라의 운명과 동일시할 정도로 중시했다. 태종도 마찬가지였다. 태종 3년, 조준이 병으로 몇 개월째 조정에 나오지 못하고, 아내의 상까지 당해 매우 수척하자, 왕은 경연을 담당하는 정5품 시독관 김과에게 물었다.

"조준에게 고기반찬을 내리는 것이 어떠냐?"

조선시대에는 상을 당하면 고기를 먹지 않았다.

"임금께서 내리시는데 어찌 감히 사양하겠습니까?"

조준에 대한 태종의 마음씀씀이를 알 수 있다. 태종은 신하들에게 이런 말도 했다.

"이 씨가 나라를 세운 공은 오로지 조준과 남은에게 있다."

조선 건국의 맨 앞자리에 조준을 올려놓은 것이다. 조준은 어떻게 조선 창업의 기틀을 닦았고 무엇을 남겼을까?

: 이성계와 조준의 만남 :

조준은 명문가에서 태어났지만 글공부를 열심히 하지 않았다. 유복한 가정에서 평범한 인생으로 끝날 수도 있었다. 그를 크게 일깨운 것은 어머니였다. 어머니 오 씨는 어느 날 과거 급제자의 성대한 행차를 보고 한숨을 지었다.

"아들이 많으나 한 사람도 과거 급제를 못했으니 장차 어디에 쓰이겠는가?"

조준은 어머니의 한숨을 듣고 그때부터 부지런히 배움의 길로 들어섰다. 그는 공민왕이 거처하는 개경 수덕궁 옆을 책을 끼고 지나가다가 왕의 눈에 띄었다. 공민왕은 그의 가계를 물어보고 기특하게 여겨서 보마배행수임금을 수행하는 군인들의 우두머리라는 관직을 주었다. 조준은 서른 살에 과거에 합격했고 좌우군 호위를 거쳐서 강릉도태조 4년 강릉도와 교주도를 합해 강원도라 함 안렴사로 부임했다. 첫 외직 근무는 좋은 평가를 받았다.

"아전들은 조준을 두려워해서 간사한 행동을 하지 못했고, 백성들은 조준을 흠모했다."

조준이 정선군을 순행하면서 남긴 시에는 왜적을 물리치겠다는 강한 의지가 엿보인다.

"동쪽 바다를 깨끗이 씻을 날이 있을 것이다. 여기 사는 백성은 눈을 씻고 그때를 기다려라."

이후 경상도에 왜적이 들끓어 장수들조차 위축되자, 조준은 최영의 명을 받아 경상도로 가서 군의 기강을 바로잡고 왜적을 소탕했다. 관직에 늦게 나왔으나 맡은 소임을 두려움 없이 적극적으로 다한 것이다.

이성계가 조준을 만난 것은 위화도 회군 이후였다. 이성계는 위화도 회군으로 정치를 새롭게 바꾸고자 했고, 평판이 좋은 조준을 만나 힘이 되어달라고 청했다. 이성계가 먼저 손을 내밀었고, 조준이 호응했던 것이다.

: 사전혁파 :

고려 말 나라가 어지러워지자, 권문세족들은 엄청난 토지를 가지게 되었고, 나라는 재정이 부족해 신진관료들은 녹봉을 제대로 받지 못할 지경이었다. 조준 등 신진세력은 이성계와 손잡고 사전혁파를 이루어냈다.

공양왕 3년, 위화도 회군 이후 이성계와 개혁파들은 권문세족의 토지를 몰수해서 국유화하고, 관리에게 토지에서 세금을 거둘 권리를 주는 과전법을 실시했다. 당연히 권문세족의 반발이 심했다. 그러나 사전혁파는 신진세력에게 큰 호응을 얻었다. 조준은 이를 통해 민생을 위한 자신의 뜻을 실현할 수 있었다.

이방원이 선죽교에서 정몽주를 죽인 것도 조준, 남은, 정도전 등을 살리기 위해서라는 명분을 내세웠다. 조준 등은 유배지에서 풀려나고, 이성계에게 힘이 쏠리며 조선 건국은 탄력을 받게 됐다.

조선 건국 초기 백성들 사이에 도참설이 퍼져 있었다. 도참설은 고대 중국에서 음양오행설 등에 의해 인간 사회의 길흉화복을 예언하던 것이다.

목자장군검木子將軍劍
이李성계

주초대부필走肖大夫筆
조趙준

비의군자지非衣君子智
배裵극렴

이성계의 '검'과 조준의 '문필', 배극렴의 '지혜'가 합쳐서 나라를 세운다는 설이다. 비록 도참설이지만 이성계와 조준의 관계를 상징적으로 보여준다.

: 시중에 오르다 :

조선 건국으로 조준과 배극렴은 오늘날 국무총리에 해당하는 좌시중과 우시중에 올랐다.

조선 초기 국정의 최고 정무기관은 고려 때부터 이어져 내려온 도평의사사였다. 조준과 배극렴 등은 도평의사사에서 국가정책 과제 22개 항목을 내놓았다. 그 첫째가 학교를 세워서 인재를 양성하고, 농업과 양잠을 일으켜서 의식을 해결하는 것이었다. 국가가 튼튼하기 위해서는 교육과 백성의 삶을 우선시해야 한다는 것이다.

이외에도 백성의 생활과 밀접한 수령의 임명조건이나 교대방법, 지역의 유능한 인재를 천거하고, 남자의 경우 16세에서 60세까지의 요역을 고르게 했다. 또한 떠도는 사람들을 규휼해서 가족이 모여 살게 하고, 재인광대과 화척백정을 호적에 올리고 토지를 주어 농사를 짓게 했다. 주·부·군·현의 죄인은 도관찰사가 법에 따라서 죄를 정하고, 사형죄 이상은 도평의사사를 거쳐서 임금의 명을 받도록 했다.

이처럼 22개의 항목은 백성의 삶과 어려움을 살피는 내용이 대부분이었다. 태조는 도평의사사에서 올린 항목을 모두 시행하게 했다.

조선 건국 초기 관리가 오를 수 있는 최고의 직위는 문하좌시중과 문하우시중이었다. 태조 3년, 시중은 정승으로 이름이 바뀌었고, 으뜸의 위치라 하여 수상首相, 또는 상상上相이라고도 했다. 배극렴은 문하좌시중, 조준은 문하우시중을 맡았는데, 배극렴은 건국 4개월 만에 병으로 세상을 떠났다.

배극렴이 죽은 후 좌정승은 조준, 우정승은 김사형이 맡았는데, 태조 재위 7년 동안 한 번도 바뀌지 않았고, 제2대 정종이 즉위한 후에도 그대로였다. 조준이 건국 초기 나라의 기틀을 마련하는 데 중요한 역할을 했고, 그에 대한 왕의 신임이 매우 두터웠음을 알 수 있다.

: 법치국가의 기반을 닦다 :

조준이 책임자로서 태조 6년 편찬한 『경제육전』도 조선을 법치국가로 이끈 기반이 됐다. 이는 이성계의 위화도 회군 이후 시행된 조례를 엮은 조선 최초의 법전이다. 조준은 일반 백성도 쉽게 알 수 있도록 『육전』을 이두로 쓴 『방언육전』도 편찬했다『경제육전』은 그 후 태종 때 『속육전』, 세종 때 『신속육전』으로 이어졌다. 『경제육전』은 전해지지 않으나 조문 일부는 조선왕조실록에 실려 있다.

태조 6년, 조선 개국의 핵심 세력인 조준, 남은, 정도전 등의 사이가 벌어졌다. 당시 조선은 정도전이 작성한 외교문서 때문에 명나라와 관계가 매끄럽지 못했다. 정도전은 오진도, 수수도 등 진법을 만들어 군사훈련을 하면서 태조에게 고려 말 위화도 회군으로 포기했던 요동정벌에 나서자고 주장했다.

고려에서 조선으로 나라가 바뀌고 몇 년이 흘렀지만, 요동정벌은 쉽게 결정할 수 있는 사안이 아니었다. 태조는 최종 결심을 앞두고 조준의 의견을 듣고자 했다. 집에서 요양 중이던 조준은 병든 몸을 이끌고 궁에 들어와 반대했다.

"명나라와 사대의 예를 잃지 않았고 승산이 없습니다."

태조는 조준의 손을 들어주었고 정도전의 요동정벌 계획은 이루어지지 않았다. 이로 인해 조준은 정도전, 남은 등과 갈라섰고, 제1차 왕자의 난에서 서로 다른 길을 걷게 되었다. 조준은 살아남았고, 정도전과 남은은 역사의 무대에서 사라진 것이다.

남은 이야기

조선왕조실록에 가장 긴 졸기를 남긴 조준

조선 관료의 사직서와 졸기

조선시대 관료들의 사직서는 현대인들이 즐겨 쓰는 '일신상의 이유로…'처럼 간단한 문장이 아니고, 대부분 내용이 매우 길다. 왕과 맺은 인연으로 시작해서 왕에게 입은 은혜, 자신이 한 일이나 물러나야 하는 이유 등을 비교적 상세하게 기록하기에 업적이나 삶의 철학을 엿볼 수 있다.

한편 조선왕조실록의 졸기는 사관이 쓰기 때문에 인물을 객관적으로 이해하는 데 도움이 된다. 조선왕조실록에서 '졸기'를 검색하면 2,116건이 나온다. 대부분은 관리들에 관한 내용이고, 대군이나 공주들에 관한 것도 있다. 그중에는 특이하게도 단양군사 남의의 아내 이 씨에 대한 것도 있다. 남편의 죽음에 아랑곳하지 않고 재혼하고 바람을 피운 것이 문제가 되어 공초를 받았기 때문에 기록으로 남은 것이다. 이는 평범한 여자 민간인의 졸기가 남은 유일한 예이다. 이와 반대로 이순신 장군의 졸기를 남기지 않은 것은 참으로 안타까운 일이다.

졸기는 업적과 인물평으로 구성돼 있다. 업적은 역사적 사실을 바탕으로 하고 있지만, 인물평에는 사관의 주관이 담겨 있다. 특히 사관들은 인물평을 작성할 때 매우 엄격한 잣대를 대기에 비판적 의견이 많다. 관리로서 많은 업적을 남겨도 사관이 졸기에서 형편없는 인물로 평가하는 경우도 있다. 사관은 객관적 사실을 기록하는 것이 임무였으나, 인물평을 통해 주관적 의견을 후대에 전한 것이다.

조선시대의 인물을 알기 위해서는 그가 한 일이나 발언, 저서 등을 살펴보고, 본인이 쓴 사직서나 사후 사관이 기록한 졸기도 봐야 한다.

조준, 사직서를 내다

조준은 정종 1년 8월에 사직서를 올렸다. 조선왕조실록에는 그가 사직서를 올리기 전 5개월간의 행적에 대한 기록이 없는데, 국정 최고책임자 좌정승이 5개월 동안 등장하지 않는 것은 매우 이례적이다. 조준은 왕과 사이가 나쁜 것도 아니었다.

『연산군일기』와 『광해군일기』를 제외한 조선왕조실록 대부분은 왕의 하루 일과를 거의 매일 기록하고, 그날 처리한 업무도 비교적 상세하게 적었기에 그 양이 방대하다. 그러나 『정종실록』은 비교적 간단하다. 매일 쓰지 않았으며, 한 날에 10일 이내의 기록이 대부분이고, 심지어 한 달에 하루만 기록한 경우도 있다. 정종은 스스로 포부를 갖고 왕위에 오른 것이 아니었고, 의욕적으로 일하지도 않았다. 이것이 조선왕조실록에 조준이 5개월 동안 등장하지 않고 사직서를 올린 이유일지도 모르겠다.

조준은 정종에게 올린 사직서의 첫머리에 한나라 고조를 도와서 천하를 통일한 소하와 장량의 예를 들었다.

"소하는 벼슬에 대한 욕심을 접지 않아서 모욕을 당했고, 장량은 스스로 물러나서 자신을 보전했습니다."

조준은 소하를 경계하고 장량을 모범으로 삼아 물러나겠다고 강하게 주장했다.

정종은 조준의 사직을 예감하고 있었던 것 같다. 도승지 이문화에게 지난 밤 꿈에서 조준이 사직하고 싶다고 하더라는 이야기를 하는 중에 사직서가 올라왔던 것이다. 정종은 사직서를 받아들이지 않고 답서를 써서 우승지 이숙 편에 조준의 집으로 보냈다. 왕은 조준의 영민함과 학문의 깊이, 부왕을 도와 나라를 반석 위에 올려놓고 백성을 편안하게 한 공을 치켜세우고, 자신도 "경의 보필을 받아서 태평성대를 누리고 싶다"고 했다.

조준은 왕의 답서에 감격했지만 두 번 더 사직을 청했고, 마지막에는 우정승 김사형과 같이 사직서를 올렸다. 정종은 결국 부왕 태조의 허락을 받아 이들의 사직을 받아들였다. 건국 초기 이들은 좌·우 정승, 국정 최고 책임자로 거의 8년간 손발을 맞추고 떠난 것이다. 그러나 제3대 태종은 조준을 다시 불러 판문하부사, 영의정부사, 좌정승 등의 직책을 주고 국정을 총괄하게 했다. 조준은 태종 5년 병으로 죽었는데 그의 나이 60세였다.

조준의 졸기

조준의 졸기는 고려에서 태종 대까지 활동한 이력을 상세하게 기록한 장문이다. 고려에서 조선의 세종 대까지 오랫동안 벼슬을 한 황희와 더불어 조선왕조실록에서 가장 긴 졸기가 아닐까 한다.

사관은 조준을 "두뇌가 명석하고 올곧은 성품으로 공정했다"라고 후

한 점수를 줬다. 다만 "임금의 사랑을 독점하고 권세를 오래 잡고 있었기 때문에 원망하는 사람이 많았다"고 덧붙였다. 또한 "자리에서 물러나서는 일체 손님을 받지 않았고 현재의 정치에 대해 말하지 않았다. 풍채가 위엄이 있고 선악을 구분했으며 역사에 능했고 시를 호탕하게 지었으며 사람 됨됨이도 그러했다"고 평했다.

한 예로 정종 2년, 조준은 간의대부 권진으로부터 사병혁파에 대해서 부정적인 말을 했다는 이유로 사헌부에 고발당해 순군옥에 갇혔다. '사병혁파를 반대하다니, 개인 사병을 갖겠다는 것인가?' 이는 '역모죄'로 의심받을 수 있었다.

고발의 배후에는 민무구, 민무질 형제가 있었다. 미래 권력인 여동생 세자빈을 등에 업고 조준에게 인사 청탁을 했으나 거절당해 앙갚음을 한 것이다. 조준은 미래 권력의 인사 청탁을 거절할 만큼 강직했다. 세자 이방원은 고발의 배후에 민무구 형제가 있음을 알아차리고 조준을 구해주었다.

조준과 더불어 빼놓을 수 없는 인물이 김사형이다. 좌정승 조준은 강직하고 과감한 결정을 내린 반면, 우정승 김사형은 온화하고 유연하게 조정을 이끌었다. 김사형은 한 번도 탄핵을 받은 적이 없을 정도로 모나지 않은 사람이었다. 사관은 김사형의 졸기에서 "두 정승은 8년간 호흡을 맞춰 국정을 잘 다스렸다"라고 평가했다. 조선 건국 초기 태조의 지도력 뒤에는 강직함과 부드러움으로 좌우 날개를 펼친 두 정승이 있었던 것이다.

조선에서 가장 출세한 인물, 박자청

⁝ 내시에서 장관, 장군에 오르다 ⁝

경복궁 근정전의 서쪽 넓은 연못에는 경회루가 2층으로 우뚝 솟아 있다. 연못의 잔잔한 수면에 비치는 경회루의 모습은 감탄을 자아내게 한다. 경복궁에서 최고의 자태를 뽐내는 미인이라 할 만하다.

조선시대에 경회루를 지은 감독자는 공조판서 박자청이다. 공조판서는 오늘날 국토교통부장관에 해당하는데, 조선시대에는 교통 문제를 따로 처리하지 않았으므로 지난날의 건설부장관이라고 하는 게 더 정확할 것이다.

조선시대에 판서까지 오르기 위해서는 과거에 급제하거나 고위직 부모 덕에 관직에 오르는 음서제도를 통해야 했다. 그런데 박자

경회루(국보 제 224호) | 경회루는 48개의 돌기둥이 떠받치는 2층의 누각이다. 경회루는 외교를 위한 사신 접대, 궁궐 내의 연회, 문·무과 시험, 기우제 및 군사들이 말을 타고 활쏘기 시범을 보이는 장소로 사용됐다. 현재의 누각은 고종 때 중건됐다. 왼쪽 뒤에 보이는 산은 백악산이다.

청은 과거에 응시한 적도 없고 고위직 부모를 둔 것도 아니었다. 심지어 학문을 했다는 기록도 없고, 남의 집에서 자란 미미한 출신으로 부모에 대한 기록도 없다. 그런데도 판서가 되어 경회루를 지었을 뿐만 아니라 궁궐의 전각과 능, 사찰 등 조선 초기 건조물은 그의 손을 거치지 않은 것이 없을 정도이다. 내시에서 장관, 장군까지 오른 박자청의 행적을 따라가 보자.

조선왕조실록에 있는 박자청의 졸기 첫머리는 다음과 같다.

"판우군도총제부사 박자청이 졸하였다. 그는 황희석 집안의 사람이자 내시 출신으로서 낭장이 되었다."

이것을 풀이하면 박자청은 오늘날 군의 최고책임자 3명 중 한 사람이고, 부모가 아니라 성이 다른 황희석 집안에서 자라 고려의 내시로 출발해서 과거시험도 치르지 않은 채 초급장교가 되어 조선의 6품 무관인 낭장으로 군의 최고 지휘부까지 올랐다는 뜻이다. 조선에서 이런 단계를 밟은 인물은 그가 유일할 것이다.

박자청을 거두어 키운 황희석은 경상북도 영해군 출신의 고려 장수로, 이성계가 여진족이나 왜구를 격퇴할 때 휘하의 장수로 전쟁터를 함께 누볐다. 또한 병석에 누워 있던 이성계가 아들 방원이 정몽주를 죽인 것을 뒤늦게 알고 크게 화를 내고 다음 날 마지못해 공양왕에게 알릴 때, 그 껄끄러운 임무를 맡긴 신임받은 신하이기도 하다. 건국 후 개국 이등공신이 되었고, 오늘날의 청와대 경호실장인 의흥친군위 도진무의 자리에 올랐다.

박자청이 어떻게 황희석의 집안에서 자랐는지는 알 수 없지만, 고려의 내시에서 조선의 낭장이 된 데는 황희석의 추천이 있었을 것이다. 조선에서 박자청의 첫 임무는 궁궐 수비였는데, 공교롭게도 이것이 출세의 사다리가 됐다.

: 태조의 눈에 들다 :

태조 2년, 박자청이 궁궐 수비를 맡고 있을 때의 일이다. 의안대군 이화가 궁궐에 들어가고자 했으나, 박자청은 왕의 허락을 받지 않았다며 제지했다. 이화는 태조의 배다른 동생으로 형님인 왕과 사이가 좋았고 개국공신으로 신임도 두터웠다. 이화는 위세를 과시하며 박자청의 얼굴을 발로 차고 때렸지만, 박자청은 끝까지 들여보내지 않았다. 이를 들은 태조는 동생 이화를 불러 야단을 쳤다.

"명령에 따라서 궁궐을 엄격하게 수비한 군사는 옳다. 네가 잘못한 것이다."

태조는 박자청을 호군으로 임명하고, 왕을 가장 가까이에서 경호하는 내상직으로 옮기도록 했다. 박자청은 숙직 때 밤잠을 자지 않고 순찰을 돌아 왕의 신임을 얻었고, 이후 품계가 올라 건물 수선 책임자로 일했으며, 북방의 장군으로 여진족의 항복을 받기도 했다.

: 아름다운 조선 건축의 설계자 :

박자청은 제3대 태종에게도 신임을 받았다. 개국공신 성산군 이직과 취산군 신극례와 함께 창덕궁을 지을 때 감독으로 일했다. 고려 내시에서 조선의 병사로 시작해 10여 년 만에 성산군, 취산군과 같은 반열의 궁궐 건설 책임자가 된 것이다.

이후 공조판서로 창덕궁의 누각과 침실을 짓고, 돈화문과 진선문 사이에 금천교를 놓았다. 금천교는 1411년 건설되어 현재 600년이 넘었다. 창덕궁 건설 당시 지은 건조물 중에서 지금까지 유일하게 남아 있고, 현존하는 서울의 다리 중에서 가장 오래되었다. 창덕궁에 들어가면 반드시 건너야 하는 조선시대의 다리이다.

박자청은 서울 성동구에 있는 살곶이다리도 남겼다. 세종 2년, 상왕 태종은 살곶이내 건너편의 가마솥을 엎어 놓은 것 같은 아름다운 언덕에 낙천정을 짓고, 영의정 유정현과 박자청의 감독하에 다리를 놓았다. 살곶이다리는 박자청이 기본 골격을 세우고 성종 대에 본격적으로 건설됐다.

박자청은 성산군 이직과 함께 공자를 모시는 사당 문묘를 다시 짓는 일도 감독했다. 태조 대에 문묘를 지었으나 정종 대에 대성전이 불타서 다시 지은 것이다. 예문관 제학 변계량은 새로 지은 96칸 문묘는 높고 그윽하고 단정해서 이전보다 더욱 훌륭하다고 칭찬

창덕궁 금천교(보물 제1762호) | 창덕궁 정문 돈화문을 지나 인정전으로 들어가는 입구인 진선문 사이에 있다. 태종 11년(1411년) 만들어져 석교(石橋)라 불렀으나 후에 금천교라 이름 지었다(『신증동국여지승람』 제2권 경도). 금천교는 600년이 지났고, 현존하는 서울의 다리 중에서 가장 오래되었다. 금천교라는 이름은 비단처럼 아름답게 흘러가는 물결을 떠올리게 하지만, 현재는 물이 흐르지 않아 안타깝다.

살곶이다리(보물 제1738, 서울 성동구) | 조선시대 석조 다리로, 세종의 명으로 영의정 유정현과 공조판서 박자청의 감독으로 공사를 시작했다. 원래 이름은 평평한 평지를 걷는 것과 같다고 해서 '제반교'라고 불렀고, 길이는 300여 보 이상이라고 한다. 조선시대에는 건너편에 말 목장이 있어서 호랑이가 출몰한 기록도 있다.

했다. 처음 지은 문묘는 완공까지 1년 4개월이 걸렸지만, 박자청은 4개월 만에 새로운 문묘를 완공해 비용과 기간을 줄였다.

박자청은 부지런하고 성질이 까다롭고 급해서 다른 대신들과 달리 현장에서 새벽부터 늦은 밤까지 직접 공사를 감독한 까닭에 공사 기간이 단축될 수밖에 없었다. 그는 조선판 '빨리빨리'의 원조이다. 하지만 지나치게 서두른 탓에 부상자가 속출했고 사망자까지 나왔다. 태종은 크게 놀라 공사를 일시 중단하도록 했지만 박자청을 벌주지는 않았다.

: 조선의 세 가지 장관 :

박자청은 배포도 대단히 컸다. 원래 경복궁 경회루 자리에는 태조 때에 지은 자그마한 누각이 있었다. 태종은 창덕궁에 거주하며 나라를 다스렸는데, 부왕 태조가 지은 경복궁을 버려두는 것에 미안한 마음이 있었다. 그래서 경복궁에 들러 퇴락한 전각을 보고는 수리하라고 명했다.

당시 태종이 경복궁에 살지 않았기에 작은 누각을 수리만 해도 문제가 없었을 텐데, 박자청은 큰 누각으로 새로 짓고, 누각 주변에 연못까지 팠다. 연못에 물이 가득차지 않자, 막힌 곳을 트고 물이 새는 곳은 검은 진흙으로 메웠다. 태종은 경회루 연못을 판 인부들에게 저화닥나무 껍질로 만든 종이화폐 1천 장을 내렸다저화 1장은 쌀 두 말의 값어치가 있었다. 이 기록을 보면 경회루 건설에 최소 1천 명 이상이 동원되었음을 알 수 있다. 오늘날 경회루가 너른 연못 옆에 2층으로 우뚝 솟아 시원한 장면을 연출하는 것은 박자청의 공이다.

성종 5년에는 경회루 돌기둥에 무늬를 새겼다. 유구국일본 오키나와현에 있던 왕국 사신 내원리주는 경회루를 보고 이렇게 말했다.

"조선에서 세 가지 장관•을 보았습니다. 경회루 돌기둥에 가로세로로 새긴 나는 용의 그림자가 (연못의) 푸른 물결과 붉은 연꽃 사이에 보였다 안 보였다 하는 것이 으뜸입니다."

반면 사간원 대사간 정괄은 상소에서 이렇게 평했다.

"경회루 돌기둥에 새긴 구름과 용과 꽃들이 너무 화려합니다. 청컨대 문양을 새기지 말게 하여 검소한 덕을 보이십시오."

외국 사신은 경회루 돌기둥에 새긴 문양의 화려함에 감탄했으나, 정작 우리 조정에서는 그 화려함을 걱정한 것이다. 조선의 궁궐과 제도는 검소함을 중요한 가치로 여겼기 때문이다. 현재 경회루 48개의 돌기둥에는 문양이 없다. 경회루는 임진왜란 때 불타서 고종 대에 중건됐기 때문이다. 경회루 돌기둥의 문양을 복원했으면 한다.

경회루의 이름을 짓는 과정은 독특했다. 조선 궁궐의 전각 이름은 일반적으로 신하가 후보를 올리고, 임금이 결정했다. 그러나 경회루는 정반대의 과정을 거쳤다. 태종은 누각 이름 후보 7개경회, 납량, 승운, 과학, 소선, 척진, 기룡를 주고 영의정부사 하윤에게 이름을 정하라고 했다. 하윤은 '경회'를 선택하고, 그 이유를 "임금의 정사는 사람을 얻는 것이 근본이다. 사람을 얻은 뒤에라야 '경회'慶會, 군신 간에 서로 덕으로 만나는 것에 이를 수 있다"고 설명했다.

• **내원리주가 본 조선의 세 가지 장관** : 경회루 돌기둥 문양이 으뜸이고, 두 번째는 영의정 정창손이 풍채가 뛰어나고 흰 수염이 배까지 내려와서 조복을 빛나게 하는 것이며, 세 번째는 예빈부정 이숙문이 낮의 연회에서 큰 잔으로 술을 무수히 마셔도 취한 빛을 보이지 않은 것이라고 했다.

: 나무 심기에서 운하건설 계획, 외교업무까지 :

박자청은 태조의 첫째 부인 신의왕후의 제릉, 태조의 건원릉과 그를 지키는 원찰 개경사와 연경사, 흥천사의 탑 수리, 모화루와 연못, 군자고군량미 등을 관리하는 곳, 풍저창국가의 수입과 지출을 관리하는 곳, 경복궁과 태자전의 수리, 동대문 밖 목마장 개축 등도 감독했다. 태조의 건원릉과 남산, 중국 사신이 머무는 태평관에 소나무를 심기도 했다. 남산과 태평관에 소나무를 심을 때는 병사 1천 명과 경기도 백성 3천 명을 동원했다. 애국가 '남산 위에 저 소나무~'에는 박자청과 조선 백성의 손길과 땀방울이 깃들어 있는 것이다.

태종 13년, 의정부 좌정승 하윤은 남대문에서 용산강까지 운하를 파자고 했다.

"숭례문에서 용산강까지 운하를 파서 배를 띄운다면 매우 좋을 것입니다. 다만 모래땅이므로 물이 항상 가득찰 수 있을지 걱정됩니다."

의정부 찬성사 유양은 운하건설을 반대했다.

"용산강은 도성에 가까운데, 백성들을 힘들게 할 필요 없습니다."

하지만 대부분의 신하들은 운하건설에 찬성했으며, 박자청은 구체적 대안을 제시했다.

"그곳은 모두 물이 괴어 있는 논이기 때문에 물이 새지는 않을 것입니다. 저에게 1만 명을 주시면 한 달 안에 운하를 파겠습니다."

결국 태종은 백성의 수고로움을 염려해 착공하지 않았다. 만일 그때 태종이 운하건설을 결심했다면, 오늘날 남대문에서 용산까지 배가 다니는 모습을 볼 수 있었을지도 모르겠다.

태종 15년, 박자청은 명나라에 사신으로 갔다왔다. 동인도침구학에 쓰이는 동으로 만든 인체도 두 축을 보낸 명나라 황제에게 감사를 표하기 위해서였다. 중국에 보내는 사신은 외교업무를 맡은 예조나 학문이 뛰어난 대신인 경우가 일반적이다. 박자청은 좌군도총제로서 학문도 보잘것없어 외교와 어울리지 않는데 사신으로 보낸 까닭을 찾을 수 없어서 아쉽다.

⁝ 세상에서 살아남기 위한 불굴의 의지 ⁝

박자청은 성이 다른 황희석의 집에서 자라 고려의 내시로 세상에 나왔다. 조선에서는 병사로 시작해서 15년 만에 공조판서에 올라 세 번 임명됐다. 군사업무를 맡아서 중군총제, 좌군총제, 우군총제를 거쳐서 21년 만에 정1품 도총제까지 올랐다. 특별한 배경과 학문 없이 오로지 자신의 노력과 힘만으로 판서와 군 지휘부까지 오른 것이다.

그에게는 늘 사헌부의 탄핵이 따라다녔다. 현장에서 백성들을 채찍으로 재촉하는 등 무리수가 많았다. 태종은 박자청의 편을 들었다.

"박자청은 배우지 못했으나 부지런하고 곧다. 창덕궁, 문묘, 모화루와 경회루 등을 지었다. 이 모든 것이 국가를 위한 것이다. 경들은 다시 말하지 말라."

변변치 못한 집안 출신이라는 꼬리표는 고위직으로 임명되는 데 걸림돌이 되었다. 조선은 왕조국가이지만 왕을 견제하는 여러 장치가 있었다. 왕의 인사권을 제한하는 서경書經 제도도 그중 하나다.

왕이 관리를 임명하고 이름과 이력, 친가 및 외가의 문벌을 써서 주면, 사헌부나 사간원은 그것을 보고 가부를 결정하는데, 50일 안에 서경을 하지 않으면 임명을 철회해야 했다. 일종의 임명 동의로, 현재 국회 인사청문회보다 강한 제도라고 할 수 있다.

다음은 태종 13년, 박자청의 서경을 두고 태종과 사간원이 나눈 대화이다. 어떻게든 박자청을 임명하려는 태종의 결의와, 자신들의 고유업무와 자존심을 지키려는 사간원 간의 팽팽한 대립을 읽을 수 있다.

태 종 : 박자청의 임명장고신을 어째서 동의하지서경 않는가?

사간원 : 관리의 우두머리인 재상은 도를 논하고 이치를 밝히는 일을 하므로 그 임무가 중합니다. 박자청의 가문을 논하지 않더라도, 척석놀이● 를 하고 관리를 때렸으니 어찌 재상에 맞겠습니까?

● **척석놀이** : 두 패로 나누어 마주보고 돌을 던지는 놀이다. 고려 때부터 조선 초까지 군사훈련의 하나로 활용했으나 사상자가 많이 나와 차츰 중단됐다. 주로 5월 단옷날에 했다.

태 종 : 박자청은 공사의 감독을 부지런하게 잘해서 임명하려는데, 너희들은 끝까지 서경을 하지 않으려는 것이냐?

사간원 : 만일 공이 있다면 상이나 다른 직책을 주는 것이 마땅합니다. 신 등은 정말 동의하고 싶지 않지만, 만일 전하께서 강요하신다면 명을 따를 수밖에 없겠지요.

태 종 : 이것이 무슨 말이냐! 내가 부탁하고 애걸복걸해서 임명에 동의했다고 생색을 내려는 것인가!

박자청은 67세세종 5년에 죽었는데, 조선왕조실록의 졸기에서 사관으로부터 좋은 평가를 받지는 못했다.

"인품이 가혹하고 각박했다. 은혜를 베풀지 않았고 남을 시기했으며 이기려고 했다. 특별한 재능은 없었지만 토목공사를 잘한 공로로 사졸병사에서 1품의 지위에 올랐다."

하지만 사관의 인물평에서 오히려 집안과 학문의 배경 없이 세상에서 살아남기 위해 분투한 박자청의 의지와 노력을 엿볼 수 있다.

: 인재를 발탁하는 열린 눈 :

조선의 초대 문하좌시중국무총리 배극렴도 배우지 못했고 학문이 없었다. 하지만 조선을 세운 일등공신이 되었고, 태조는 그를 시중으로 삼았다. 세종 때의 장영실은 아버지가 원나라 사람이고 어머니는 기생이었으며 자신은 동래현의 관노였다. 하지만 세종에게 장영실이 없었다면 조선의 많은 천문과학기구가 탄생하지 못했을지도 모른다. 또한 박자청은 태조에게 발탁되어 세종 대까지 조선 초기의 많은 건조물을 남겼다.

세 사람이 활동한 시기는 모두 국가의 제도를 만들고 건설하던 조선 초기이다. 이러한 시기에는 눈에 띄는 능력이 우선시되며, 그것을 발탁하는 임금의 안목이 중요하다. 학문과 배경이 없어도 능력을 갖췄다면 국가를 위해 큰일을 할 수 있었다.

반대로 국가의 틀이 잡히면 제도 속에서 인재가 길러지며, 객관적 기준인 과거시험을 통과해야 한다. 모험보다는 안정을 중시하며, 임금은 그 제도 안에서 인재를 발탁하려고 한다. 능력은 갖추었으나 과거시험 합격과 배경이 없는 재야의 고수는 큰일을 할 기회가 거의 없다.

인재는 제도의 틀 밖에도 보석처럼 숨겨져 있다. 태조와 태종, 그리고 세종처럼 인재를 발탁하는 열린 눈이 있어야겠다.

2장

정종과
태종의 시대

정종,
얼결에 왕이 되다

: 태조, 방석을 세자로 삼다 :

조선 건국 한 달여 후, 개국공신 배극렴, 조준, 정도전은 바로 세자를 세울 것을 청했다. 이들은 세자의 조건으로 나이와 공로를 내세웠다. 나이는 첫째 아들이 죽었기에 둘째인 영안대군 방과가 많았고, 공로는 다섯째 정안대군 방원이 많았다. 이 기준에 따르면 첫째 부인 신의왕후가 낳은 대군들이 유력한 왕위 계승 후보였다.

하지만 둘째 부인 신덕왕후는 자신의 아들이 세자가 되어야 한다고 생각했다. 태조는 신덕왕후의 뜻을 존중해서 그녀의 첫째 아들 무안대군 방번을 세자로 염두에 두고 있었다.

태조의 의중을 읽은 신하들은 따로 만나 의견을 모았다.

"방번은 미친 사람처럼 주책없고 경솔하며 볼품없고 다루기가 어렵다. 만약 둘째 부인 신덕왕후의 아들을 세자로 세운다면 막내 방석이 조금 낫겠다."

태조가 신하들에게 다시 의견을 물었다.

"누가 세자가 될 만한가?"

"막내아들 방석이 좋습니다."

정도전 등 개국공신들은 미래의 권력 세자 자리를 두고, 한 달여 만에 자신들이 내세운 장자 원칙을 내팽개치고 고작 10세인 방석을 차선책으로 택했다. 태조는 방번 대신 방석을 조선의 첫 세자로 결정했다.

: 제1차 왕자의 난 :

방석은 세자의 자질을 갖춘 인물이었을까? 그는 세자빈을 두 번 맞이했다. 첫 번째 세자빈 유 씨는 궁으로 들어온 기록은 없지만 쫓겨난 기록은 나온다. 태조 2년 내시 이만의 목을 베고 동시에 세자빈 유 씨도 궁궐에서 쫓겨났다. 사헌부는 이틀 후 상소를 올렸다.

"사람들이 내시 이만을 참형하고 세자빈 유 씨를 궁궐에서 내쫓은 이유를 몰라서 의심하고 두려워하고 있습니다. 국문해서 진상을 밝히십시오."

태조는 화를 내며 사헌부 관리들을 순군옥에 가뒀는데 이는 매우 이례적인 일이었다. 사헌부는 관리를 감찰하는 본연의 임무를 했을 뿐이기 때문이다. 내시 이만과 세자빈 유 씨의 관계는 역사 속에 묻혔다. 1년 후 방석은 이조전서 심효생의 딸을 두 번째 세자빈으로 맞이했다.

조선 초기 세자의 스승은 정2품에서 정8품까지 16명이나 되었다. 조선이 세자 교육을 매우 중시했음을 알 수 있다. 그런데 세자 방석은 그런 기대에 부응하지 못한 것으로 보인다.

"창기를 궁중에 데려온다는데 참말입니까?"

14세 때 스승 우보덕 함부림이 따져 묻자 세자 방석은 무안해하며 답했다.

"다시는 가까이 하지 않겠소."

세자 방석은 대장군 남지, 장군 강유신과 함께 궁궐 밖으로 나가 민가의 염소와 오리를 쏘아 죽인 일도 있었다. 사헌부는 같이 나간 관리들을 탄핵하는 상소를 올렸고, 태조는 세자가 궁궐 밖으로 나가지 못하도록 말을 내주지 말고 감시하도록 했다.

운명의 날이 왔다. 태조 7년 8월 26일, 방석이 세자가 되고 6년 후의 일이다.

정안대군방원, 후에 태종은 작은 아버지 이화로부터 비밀스런 움직임을 전해 듣는다. 또한 전 찬성정2품 이무와 죽성군 박포도 정도전 쪽을 오가면서 그들의 동정을 몰래 전해주었다.

정보를 종합하면, 정도전을 중심으로 한 세력들이 태조의 병문안을 핑계로 첫째 부인의 아들들을 경복궁으로 불러들여 죽일 계획을 꾸민다는 것이었다. 정안대군은 단안을 내려야 했으나 부왕을 뵙지 못한 상태였다.

둘째 부인 신덕왕후는 2년 전에 돌아가셨고, 태조는 한 달 전부터 병환이 나 있었다. 세자의 버팀목은 조선 건국을 주도한 정도전, 남은, 심효생세자의 장인 등이었다. 국정책임자는 좌정승 조준과 우정승 김사형이었으나, 정도전이 주도한 요동정벌에 반대해서 서로 사이가 틀어져 있었다. 정안대군이 상대해야 할 대상은 명확해졌다.

정안대군과 형제들은 병문안을 위해서 부왕이 계신 경복궁으로 들어가서 광화문 뒤의 행랑에서 숙직을 하면서 대기했다. 그러나 왕을 알현할 수 없었다.

"내가 병이 심하니 세자 외에는 들여보내지 마라."

내시 조순이 왕의 명을 전했기 때문이다조순은 정도전의 사람이다.

이윽고 어둠이 내리는 초경저녁 7~9시이 되자 궁궐 안에서 전갈이 왔다.

"전하께서 위독하시니 여러 대군들은 안으로 들어오십시오. 단, 수행자는 들어오지 못합니다."

정안대군 등 형제들이 궁궐 안을 살펴보니 낌새가 이상했다.

"평소 궁궐 문에는 등불을 밝히는데 오늘은 등불이 없습니다."

정안대군이 배가 아프다고 핑계를 대고 뒷간으로 가서 골똘히 생각에 잠겨 있자니 형들이 나오라고 재촉했다.

"형님들은 어찌 큰 소리로 부르시오."

정안대군은 뒷간에서 나와 단안을 내렸다.

"이제 형세가 어쩔 수 없이 되었습니다."

난을 일으킬 결심을 한 것이다. 뒷간도 때로는 인생의 전환점을 결정하는 중요한 장소가 되고, 역사를 바꾸는 공간이 된다.

정안대군은 미리 준비해 둔 말을 타고 궁궐을 빠져나와 집으로 향하면서 지안산군사 이숙번을 불렀다. 이보다 앞서 정도전의 주도로 대군이나 공신들의 사병을 없앴기에, 정안대군도 부릴 사병이 없었다. 정안대군은 이숙번에게 사람을 모으고 한성에 머물도록 했었다. 다행히도 무기는 부인 민 씨가 반납하지 않고 몰래 감추어둔 것이 있었다.

정안대군과 형제들, 이숙번, 이거이, 조영무 등 평소에 뜻을 같이 한 문·무관들, 기병 10명, 보졸 9명, 여러 대군들의 노복 10여 명 등 모두 40명 정도가 거사 인원이었다. 무기는 부인이 감추어 둔 창이었고, 노복 중에는 정안대군의 종 소근만 칼을 쥐었고, 다른 노복들은 칼이 없어서 몽둥이로 무기를 대신했다.

군호는 산성山城으로 결정했다. 정안대군은 순식간에 결심을 했기 때문에 구체적인 행동계획이 없었다. 이숙번에게 물었다.

"어찌하면 좋겠는가?"

이숙번의 행동지침은 명쾌했다.

"간당姦黨, 정도전 등을 지칭들이 모인 곳을 포위하고 불을 질러 죽여야 합니다."

첫 희생자는 남은의 첩 집에서 술을 마시고 있던 정도전, 남은, 심효생 등이었다. 이숙번의 전략대로 이웃집 세 곳에 불을 질렀다. 정도전은 집을 빠져나와서 이웃집에 숨었다.

"배가 불룩한 사람이 내 집에 들어왔습니다."

전 판사 민부의 신고로 발각된 정도전은 정안대군과 맞닥뜨렸다.

"지난번에도 나를 살려주었으니 이번에도 살려주소서."

정도전은 고려 말에 귀양 갔을 때 정안대군이 정몽주를 죽이고 유배지에서 구해준 것처럼, 다시 한 번 생명을 구해주길 청했으나, 정안대군은 목을 베라고 지시했다.

정도전은 네 명의 아들을 두었다. 세 아들은 당일 아버지와 운명을 같이했고, 나머지 한 명 정진은 살아남아서 수군으로 전락했으나, 후에 태종은 그를 판나주목사로 발탁했고, 세종 때는 공조판서를 거쳐서 형조판서까지 올랐다.

남은도 도망쳐서 성을 빠져나왔으나, 자신을 미워할 사람이 없다고 여겨서 순군옥으로 가서 자수하고자 했으나 도중에 참형을 당한다. 세자의 장인 심효생을 비롯해서 방석의 편에 선 10여 명도 당일 참수를 당한다. 궁궐수비를 담당하는 갑사들에게는 갑옷과 무기를 버리고 각자의 집으로 돌아가게 했다.

16세인 세자 방석은 궁궐 안에 있었고 정안대군의 움직임을 알고서 싸우고자 했다. 예빈소경종4품 봉원량으로 하여금 남문에 올라가서 이방원의 군사를 살피게 했다.

"광화문에서 남산에 이르기까지 정예 기병이 꽉 찼습니다."

봉원량의 잘못된 보고 때문에 방석은 두려워서 싸울 엄두를 내지 못했다. 이에 대해 정안대군의 사람들은 '신의 도움'이라고 자평했다. 봉원량은 이방원의 사람이 아니었는데, 바로 충청도 남포진으로 귀양을 갔고 이후의 기록은 없다. 그가 왜 이런 보고를 했는지 이유를 알 수 없어서 안타깝다.

세자 이방석은 폐위되어 귀양을 가는 도중에 죽임을 당했고, 세자의 동복형 이방번도 죽임을 당했다. 제1차 왕자의 난은 『태조실록』에 기록돼 있는데, 『태조실록』은 태종 13년에 편찬되었다. 방석이 세자로서 훌륭한 자질을 갖춰서 폭넓은 지지를 얻었다면 결과가 달라졌을지도 모르겠다.

둘째 부인 신덕왕후는 울면서 간청해 자신의 소생인 아들을 세자로 세우는 데 성공했지만, 결과적으로 두 아들의 생명을 앞당기게 되리라고는 상상도 하지 못했을 것이다. 역사는 지나친 욕심은 화를 부른다고 일깨워주지만, 그 시대를 살아가는 사람은 이를 알지 못한다.

: 정종의 탄생 :

제1차 왕자의 난에서 어부지리를 얻은 이가 있었으니, 바로 첫째 부인 소생 중 둘째 영안대군 방과이다.

영안대군은 제1차 왕자의 난이 일어났을 때, 소격전에서 부왕 태조의 건강을 기원하는 제를 드리고 있었다. 변고를 들은 그는 종 한 명을 거느리고 한양 도성을 줄을 타고 빠져나온 후, 걸어서 경기도 풍양현 검암현재 태조 능이 있는 구리시에 있는 김인귀의 집으로 가서 숨었다. 정안대군 방원과 사전에 교감이 전혀 없었음을 알 수 있다. 이방원은 난이 어느 정도 진정된 후 사람을 풀어 형 영안대군을 해가 저물 무렵 찾아서 모셔왔다.

대신들은 태조에게 다섯째 아들 이방원을 세자로 삼을 것을 청했다. 그러나 방원은 사양하고, 사실상의 맏형인 영안대군을 세자로 천거했다.

"나라의 근본을 정하고자 한다면 마땅히 적장자로 해야 할 것입니다."

도평의사사에게도 적장자 영안대군을 세자로 삼으라는 상소를 올리게 했다.

"모두 나의 아들이니 어찌 옳지 않겠는가."

병석에 누워 있던 태조는 세자 방석과 방번, 측근 정도전, 박위, 심효생 등의 죽음을 막지 못했고, 실권은 이미 다섯째 아들 이방원에게 넘어간 터였다.

태조는 영안대군이 세자가 되는 것을 윤허하고, 교지에서 이렇게 밝혔다.

"세자는 적장자를 세워야 하는 것이 만세의 도리이다. 내가 맏아들을 버리고, 계비의 어린 자식을 세자로 삼은 것은 사랑에 눈이 멀어 의리를 제대로 밝히지 못한 내 허물이다. 정도전 등도 세자를 적장자로 세워야 한다고 적극적으로 간언하지 않은 책임이 있다."

영안대군은 제1차 왕자의 난을 주도하지도 않았고 몸을 피했지만 세자가 되었다. 그리고 열흘 후 태조로부터 왕위를 물려받았다. 동생이 차려준 밥상에 숟가락을 얹어 열흘 사이에 얼결에 세자가 되고 왕이 된 것이다. 이렇게 제2대 정종이 탄생했다.

: 개성으로 환도하다 :

정종은 제1차 왕자의 난이 일어나고 열흘 후, 경복궁 근정전에서 즉위식을 올렸다. 왕으로서 뚜렷한 존재감이나 역할이 없었고, 병권도 이제 세자가 된 방원에게 있었다. 그런데 정종은 태조가 건국 후 3년여의 노력 끝에 도읍으로 삼은 한성을 버리는 결정을 내렸다.

정종 1년 2월, 왕은 어머니의 능이 있는 개성으로 참배하러 갔다가 수창궁의 북쪽 언덕에 올라 말했다.

"고려 태조의 지혜로 개성에 도읍을 세운 것이 어찌 우연한 일이었겠는가!"

그리고 한성으로 돌아와서 종친, 외척, 공신을 모아놓고 도읍을 개성으로 옮기고자 한다고 밝혔다. 서운관은 도읍을 개성으로 옮기는 구실로 자연현상까지 끌어들였다.

"까마귀가 떼 지어 모여 울고, 들까치가 와서 깃들고, 여러 차례 재난이 생겼습니다. 두려워하고 반성하며 거처를 옮겨 변을 막아야 합니다."

요즘의 관점으로 보면 도저히 이해할 수 없지만, 당시에는 왕이 덕이 없거나 하늘을 두려워하지 않으면 자연재해가 일어난다고 믿었다.

종친과 여러 재상들은 서운관의 보고에 맞장구를 쳤다.

"개성은 신하들과 군사들이 의탁할 궁궐과 집이 있습니다."

태조가 한양으로 천도할 때는 신하들과 숱한 논의와 지리한 줄다리기, 여러 차례의 현장답사를 거쳤으나, 정종의 개성 환도는 순풍의 돛단배 같았다. 임금과 신하들의 속마음이 서로 통했다. 개성에는 정든 집과 토지뿐만 아니라 조상의 묘도 있었다.

환도 소식이 퍼지자, 백성들이 환호하면서 이삿짐을 지고 성문으로 몰려들었다. 성문을 닫아서 제지해야 할 정도였다. 그러나 이 결정에 홀로 눈물 흘리는 사람이 있었으니 바로 상왕으로 물러난 이성계였다.

상왕 태조는 한성을 떠나면서 신덕왕후의 정릉을 돌아보고 눈물을 흘렸다.

"한양으로 천도한 것은 나만의 뜻이 아니라 신하들과 의논한 것이었다."

태조는 창업군주로서 왕 씨의 땅을 과감하게 버리고 야심차게 한양으로 옮겼지만, 아들의 결정으로 다시 옛 왕 씨의 땅으로 돌아가야 했고, 아들인 왕이 상왕인 자신에게 의논도 하지 않았으니 회한이 얼마나 깊었겠는가.

상왕 태조는 개성에 도착해서 이렇게 털어놨다.

"내가 한양으로 천도해서 아내와 아들들을 잃고, 다시 개성으로 돌아왔으니 실로 부끄럽다. 앞으로는 사람들이 나를 보지 못하게 어둠이 내리면 출입해야겠다."

상왕 태조는 이후 밤이나 새벽을 틈타서 이동했다. 정종은 도읍을 개성으로 옮겨 신하들에게 환영을 받았지만 부왕의 가슴을 멍들게 했던 것이다. 그러나 이 결정은 오래가지 못했다.

남은 이야기

태조의 여덟 아들,
권력과 평범한 삶의 경계를 보다

태조 이성계는 아들 8명, 딸 5명 해서 모두 13명의 자녀를 두었다. 첫째 부인 신의왕후와 6남 2녀, 둘째 부인 신덕왕후와 2남 1녀, 두 명의 후궁에게서 각각 한 명의 딸을 얻었다. 태조는 57세에 왕위에 올라 7년간 권좌에 있었고, 이후 10년간 상왕과 태상왕으로 지내다가 74세에 생을 마감했다.

형제애 지킨 방우와 방의

이성계가 조선을 창업한 데는 위화도 회군이 큰 계기가 되었다. 이성계는 위화도 회군으로 정치적, 군사적 실권을 장악했고, 지도자로 부상해서 주변에 사람들이 모여들었다. 이때 이성계 곁을 조용히 떠난 이가 있었으니 바로 장남 방우였다.

진안대군 방우는 고려의 예의판서까지 올랐으나, 이성계가 위화도 회군으로 명나라를 받들자, 가족을 이끌고 철원으로 내려가서 은거했다. 후에 아버지가 왕위에 오르자, 아예 어리석은 사람으로 행동하면서 나랏일에 일절 관여하지 않았고, 고향 함흥으로 옮겨가 더욱 멀어졌다. 태조는 장남의 뜻을 존중하여 먹고살 충분한 땅과 집을 내려주었다. 진안대군은 술을 좋아해 날마다 소주를 마시다가 병이 나서 39세로 아버지보다 15년 앞서 죽었다. 그가 권력의지를 가지고 아버지와 뜻을 같이했다면 조선의 제2대 왕이 되었을지도 모르겠다.

둘째 영안대군 방과는 제1차 왕자의 난으로 얼결에 세자가 되고, 급기야 제2대 정종이 됐다. 영안대군은 고려의 장군으로 아버지를 따라 출정하여 공을 세운 바 있다『정종실록』. 그러나 정종은 왕위에 올라 개성으로 환도하여 아버지의 눈에 눈물이 흐르게 했다. 정종은 부왕 태조가 죽은 후 63세에 세상을 떠났다.

셋째 익안대군 방의는 제1차 왕자의 난에 참가해서 정사일등공신에 올랐고, 경기도와 충청도 군사를 맡기도 했다. 성품이 온화했고, 세자 자리에 뜻이 없었으며, 술자리에서 취해서도 일절 나랏일을 언급하지 않았다. 병약해서 1년 넘게 병석에 누워 있었는데, 동생 태종이 문병을 갔다가 초췌한 형의 모습을 보고 울었다고 전해진다. 그는 아버지보다 4년 앞서 44세에 세상을 하직했다. 태조의 첫째, 셋째 아들은 이처럼 권력을 탐하지 않고 아버지의 뜻과 형제애를 소중히 여겼으나, 아버지보다 앞서 세상을 떠났다.

야심가 방간과 방원

넷째 아들 회안대군 방간도 제1차 왕자의 난에 참가해서 정사일등공신에 올랐다. 정종에게 후사가 없자, 차례에 따라 자신이 세자가 되어야 한다고 여기고, 동생 방원을 치기 위해서 제2차 왕자의 난을 일으켰다.

상왕 태조는 이 소식을 듣고 한탄했다고 전해진다.

"네가 방원과 아버지가 다르냐, 어머니가 다르냐? 어찌 소 같은 인간이 되었느냐!"

상왕 태조는 유배를 간 그를 풀어주려 노력했으나, 한때 자신의 신하였던 조정대신들의 극렬한 반대에 뜻을 이루지 못했다. 태조는 방간의 유배 중에 눈을 감았다. 방간은 여러 유배지를 전전하다가 57세에 병으로 생을 마쳤다.

다섯째 정안대군 방원은 제3대 태종이 되었다. 방원은 외모부터 아버지를 빼닮았다고 한다. "용의 얼굴에 우뚝한 코를 가졌다『태종실록 총서』."

방원은 고려의 과거에 합격한 인재였고, 아버지의 개국을 도왔다. 또한 아버지의 뜻을 받들기 위해서는 소신을 굽힐 줄도 알았다. 대표적 사례가 불교에 대한 이중적 태도이다. 태종은 성리학에 뿌리를 두고 불교를 배척했으나, 태조가 왕위에서 물러난 후 불교에 의지하자 부왕이 요구한 불교에 대한 지원을 아끼지 않았다. 신하들은 왕의 이중잣대를 지적했지만, 태종은 효로써 신하들을 설득했다.

태조와 그의 아들 태종은 '함흥차사' 야사에서 권력을 나눌 수 없는 비정한 관계로 그려진다. 태종으로서는 참으로 억울할 것이다. 조선왕조실록을 근거로 하면 '함흥차사'는 없었다다음 장에서 설명.

여섯째 아들 덕안대군 방연은 고려의 과거에 합격했으나 일찍 죽었다. 정확한 생몰 연도는 알 수 없지만, 아버지보다 앞서 세상을 뜬 것은 분명하다.

살해당한 방번과 방석

일곱째 무안대군 방번과 막내 의안대군 방석폐세자은 태조에게 참으로 많은 회한을 남겼다. 태조는 방석을 세자로 삼았으나, 자식들 간의 골육상쟁으로 이어져 두 어린 목숨을 단축시켰다. 태조가 왕위를 물려준 후 불교에 더욱 의지한 것도 어린 두 아들의 죽음과 무관하지 않았다.

태조는 조선을 건국해 왕위에 올랐고, 두 아들이 왕이 되는 과정을 지켜봤다. 반면 다섯 아들을 자신보다 앞서 보내야 했다. 한 아들은 유배를 갔으나 구제할 힘이 없었다.

왕도 부모이다. 부모에게 자식을 먼저 보내는 아픔보다 더 큰 아픔이 있을까? "가지 많은 나무에 바람 잘 날 없다"라는 속담이 있다. 여덟 명의 아들은 태조의 손이 닿지 않는 각각의 가지였다.

인간은 두 마리 토끼를 다 잡으려다가 모두 놓치는 경우가 다반사이다. 두 마리 토끼를 다 놓치기 전에는 깨닫지 못한다. 태조와 여덟 아들, 권력과 평범한 삶의 경계를 생각하게 한다.

태종의 즉위,
다시 한성으로

정종은 왕으로 2년 2개월, 상왕으로 19년 동안 있었다. 6명의 빈과 4명의 후궁으로부터 23명의 자녀를 두었다. 그러나 정작 정비 정안왕후와의 사이에는 자녀가 없었고, 사내아이 15명 모두 빈이나 후궁에게서 얻은 자식이었다. 이것이 불씨가 되어서 일어난 것이 제2차 왕자의 난이다.

정종에게 적장자가 없자, 넷째 회안대군 방간은 자신이 세자가 돼야 한다고 생각했다. 셋째 익안대군 방의는 온순하여 스스로 근신하고 있던 터였다. 방간을 꼬드기는 신하도 있었다. 박포는 원래 다섯째 정안대군 방원의 사람이었으나, 제1차 왕자의 난 이후 일등이 아닌 이등공신을 받자 불평하다가 방원에게 미움을 받아 귀양을 갔다. 박포는 방간에게 거짓 정보를 흘렸다.

"정안대군이 공을 보는 눈초리가 이상합니다. 장차 변란이 일어날 것입니다. 선수를 쳐야 합니다."

방간은 먼저 군사를 일으켰다. 그러나 방원은 방간의 외조카 이내를 통해서 이미 이 사실을 알고 있었다. 개성 시내에서 전투가 벌어졌으나, 정보를 미리 얻은데다가 세력이 많았던 방원이 일방적인 승리를 거뒀다. 방간은 유배형에 처해졌고 박포는 주살을 당했다. 이것이 제2차 왕자의 난이다.

제2차 왕자의 난 이후 방원은 세자가 되고 군권도 손에 쥐게 되었다. 권력은 급속히 세자 방원에게 쏠렸고 곧 왕위를 물려받았다. 조선의 제3대 태종이 즉위한 것이다.

⁝ 즉위일, 태종은 왜 빼곡한 일정을 소화했을까? ⁝

즉위식 당일, 태종은 빼곡한 일정과 업무를 처리했다. 정종이 있는 덕수궁으로 가서 문안인사를 드리고, 수창궁으로 가서 즉위식을 올렸다. 사면령을 발표하고, 명나라에 즉위 사실을 알리는 사신을 보내고, 정종을 상왕으로 삼고, 10여 명의 인사도 발표했다. 정4품 이조의랑 윤목을 귀양 보내고, 우현보와 강시의 부음을 듣고 부조를 하고 시호를 내렸으며, 개성의 궁궐을 나와 임진강 장단까지 가서 오대산에서 돌아오는 부왕 태조를 마중하고 잔치를 벌였다. 경연도 열었고, 즉위 첫날부터 맹사성 등과 사헌부로부터 임금의 덕목과 간언을 들었다.

태종이 이 모든 업무를 마치고 거처로 돌아온 것은 밤 2경9시~11시이었다. 조선의 다른 왕의 즉위식 날에는 이런 예를 볼 수 없다.

태종은 즉위식 날에 왜 이렇게 많은 일정과 업무를 처리했을까?

조선왕조실록에 설명이 없으니 그 이유를 알 수 없지만, 다음과 같은 추측은 할 수 있지 않을까? 태종은 왕위에 오르기까지 많은 피를 흘렸다. 고려의 충신 정몽주를 죽였고, 제1차 왕자의 난으로 배다른 동생 방석과 방번, 정도전을 비롯한 많은 신하들을 죽음으로 내몰았으며, 제2차 왕자의 난 때는 형 회안대군 방간을 귀양 보냈다. 사람들이 왕권에 대한 욕망이 가득하다는 비난을 해도 할 말이 없을 정도였다. 그런 시선에 대해 왕권에 욕심이 있는 것이 아니라 '제대로 된 임금의 역할은 이런 것이다'라고 몸소 보여주기 위한 것이 아닐까 하고 추측할 따름이다.

: 한성으로 환도하다 :

태종 1년 남양군 홍길민이 상소를 올렸다.

"도읍은 종묘와 사직이 있는 곳입니다. 종묘에 제사를 지내느라 두 도읍 개성과 한성을 왕래하는 폐단이 작지 않습니다. 태조께서 나라를 세우고 도읍을 정한 뜻을 이어받으십시오."

그러나 신하와 백성들은 오랫동안 삶의 터전으로 일궈온 개성을 쉽사리 떠나려 하지 않았다. 효를 생각하면 부왕이 도읍으로 정한 한성으로 돌아가야 하고, 민심을 중히 여기면 개성에 있어야 하니, 태종의 고민이 깊어질 수밖에 없었다. 신하들은 대부분 한성의 종묘를 개성으로 옮기자고 했다. 좌정승 조준은 주나라의 양경제도를 참고해서 보고했다.

"한성은 태조의 창건 도읍이고 개성은 백성의 삶의 터전이므로 둘 다 포기할 수 없습니다. 개성에도 따로 종묘를 세워서 두 곳에서

인왕산에서 본 경복궁과 서울 | 한성은 태조의 집념과 두 번의 천도로 조선의 도읍이 되었고, 세종 10년(1428년) 인구 10여 만 명에서 지금은 1천만 명의 국제도시로 성장했다. 서울은 오랜 역사만큼 그 주인과 이름이 몇 번이나 바뀌었다.

일 년에 네 번 제사를 모시는 것이 좋겠습니다."

"두 도읍을 폐지하지 말라. 앞으로 천도에 대해 논하지 않겠다."

이에 따라 개성이 고려에 이어서 계속 조선의 도읍이 되는 듯했다. 그런데 상왕 태조가 지신사왕의 비서실장 박석명을 불러 왕에게 뜻을 전했다.

"개성은 왕 씨의 옛 도읍으로서 그대로 거주할 수 없다. 개성으로 환도한 것은 나의 뜻이 아니다."

태종은 바로 별도의 궁궐을 짓기 위해 성산군 이직, 취산군 신극례를 한경이궁조성도감의 책임자로 임명했다. 태종은 왕자의 난으로 피를 흘린 경복궁으로 돌아가기를 꺼렸다. 부왕의 뜻을 존중해서 한성으로 돌아가더라도 경복궁이 아닌 별도의 궁으로 가고자 한 것이다.

이에 태종은 서운관과 풍수학자 등을 한성으로 보내 길지를 찾게 했다. 풍수학에 정통한 진산 부원군 하윤은 지리와 도참서를 근거로 무악으로 옮기자고 주장했다. 또 의견이 분분했다.

태종은 개성, 한성, 무악 중에서 동전을 세 번 던져 길흉을 점치는 척전으로 결정하겠다고 하며 도읍이 결정되면 두 번 다시 이의를 제기하지 말라고 했다. 왕이 신하를 거느리고 종묘에 예를 올리고 점을 치니, 한성은 2길 1흉, 개성과 무악은 각각 1길 2흉이었다. 이로써 한성은 또 다시 조선의 도읍이 됐다. 향교동 동쪽에 이궁을 지으니 이것이 현재의 창덕궁이다.

태종이 한성으로 돌아간다고 하자, 상왕 태조는 기쁨을 감추지 못하고 술자리를 열었다고 한다. 현재의 서울은 여러 차례 우여곡절을 겪었지만, 태조의 집념과 두 번의 천도로 조선의 도읍이 되고 대한민국 수도로 이어지고 있다.

세종 10년1428년 한성부의 인구는 10만9,372명으로 도성 안이 10만3,328명, 도성 밖이 6,044명이었다. 서울은 이제 인구가 백 곱절 늘어 1천만 명이 거주하는 국제도시로 성장했다.

서울은 고조선 시대의 마한으로 시작해서 고구려, 백제, 신라, 고려, 조선을 거쳐서 대한민국의 수도로 자리잡았다. 이름도 여러 번 바뀌었다. 남평양성일명 북한산군, 고구려 → 한양군신라 경덕왕 → 양주고려초 → 한양부고려 충렬왕 → 한성부별칭은 경조부, 조선 태조 4년 → 경성부일제강점기 → 서울시1945년 광복 → 서울특별자유시1946년 → 서울특별시1949년로 이어졌다. 서울은 역사의 굴곡만큼 주인과 이름이 여러 번 바뀌었다. 앞으로는 대한민국의 수도로서 그 주인과 이름이 영원했으면 한다.

남은 이야기

함흥차사는 역사적 근거가 있는가?

왕위에서 물러난 태조 이성계가 함흥에 있을 때, 아들 태종이 보낸 차사를 죽이거나 잡아가두어 돌려보내지 않은 데서 '함흥차사'라는 말이 유래했다고들 한다. 실제로 함흥차사라는 것이 있었을까? 우선 함흥차사 야사를 보자조선 후기 이긍익의 『연려실기술』, 이유원의 『임하필기』, 작자 미상의 『축수편』 등.

태조는 제1차 왕자의 난 이후 정종에게 왕위를 물려주고 함흥으로 갔다. 태종이 즉위 후 아버지 이성계를 한성으로 돌아오도록 설득하기 위해 여러 차례 신하를 보냈으나, 돌아오는 신하가 없었다. 이에 태조의 옛 친구이자 판승추부사 박순이 나섰다. 박순은 새끼 딸린 어미 말을 함흥까지 끌고 가서 망아지는 근처의 나무에 매어 놓고, 어미 말만 타고 들어갔다. 그러자 태조가 물었다.

"어째서 망아지를 나무에 매어둔 것인가?"

"길을 가는 데 방해가 돼 매어뒀습니다. 어미와 새끼가 차마 서로 헤어지지 못하더군요. 미물이라도 (부모와 자식 간의) 정이 지극한가 봅니다."

박순이 울며 말하니 태조도 눈물을 흘렸다고 한다.

이런 야사도 있다. 태조와 박순이 장기를 두고 있는데, 마침 어미쥐가 새끼를 물고 가다가 지붕에서 떨어질 지경에 처했다. 그런데도 둘은 서로 떨어지지 않았다. 박순이 이를 보고 장기판을 제쳐두고 엎드려 눈물을 흘리며 돌아가자고 청하니, 마침내 태조가 한성으로 돌아가겠다고 했다. 박순은 그 소식을 전하러 돌아오는 길에 태조가 보낸 사자에게 죽임을 당하면서 이런 말을 남겼다고 전해진다.

"신은 죽습니다. 원컨대 전에 하신 말씀을 바꾸지 마십시오."

"박순은 어렸을 때의 좋은 친구다. 내가 지난번에 한 말을 번복하지는 않을 것이다."

태조는 이렇게 말하며 한성으로 돌아왔다고 한다. 옛 친구 박순, 말, 쥐라는 동물까지 등장시켜 부모와 자식 간의 관계를 매우 극적으로 표현하고 있다. 이것이 함흥차사의 근거가 된 야사이다.

왕위를 물려준 후 태조와 태종의 관계

조선왕조실록은 왕위를 물려준 후 태조의 행보를 비교적 상세하게 기록하고 있다. 상왕이 된 태조는 사찰을 자주 찾아 법회를 베풀고 승려에게 속내를 털어놓기도 했다.

"방번과 방석이 다 죽었다. 내가 잊고자 하나 잊을 수가 없구나!"

태조는 경순궁주세자 방석의 누나, 남편 이제가 제1차 왕자의 난 때 죽임을 당함가 여승이 되기 위해 머리를 깎는 것을 지켜보며 눈물을 흘렸다고 한다. 조선의 창업군주였지만 자신이 세운 도읍과 궁궐은 버려지고, 어린 자식들은 배다른 형에게 죽임을 당했고, 딸은 여승이 되었다. 그는 억장이 무너지는 참담한 심경을 불교에 의지해서 달랬다.

그렇다고 해서 태조와 정종, 태종의 관계가 틀어진 것은 아니었다. 표면적으로는 좋은 관계를 유지하고 있었다. 정종과 태종은 부왕 태조에게 문안인사를 자주 드렸고, 부왕이 거처하는 곳에서 조회를 열기도 했으며, 장수를 기원하는 술을 올리고 술자리의 분위기가 오르면 함께 춤을 추기도 했고, 모시고 자기도 했다. 태종은 부왕이 가는 사찰에 지원을 아끼지 않았다. 태조도 이에 화답했다. 태상왕으로 물러나 있었지만, 중국 사신을 위해서 여러 번 연회를 베푸는 등 힘을 보탰다.

태조와 조사의의 난

그런데 태조와 태종의 사이를 오해할 만한 사건이 일어났다.

태종 2년 11월 1일, 태상왕 태조는 즉위 이래 10여 년 동안 한 번도 가지 못한 조상의 묘를 참배하겠다며 함흥이 있는 동북면함경도으로 갔다이보다 앞서 금강산을 유람하고 함흥으로 가고자 했으나, 명나라 사신이 온다는 연락을 받고 중지한 적도 있었다. 함흥으로 가기 위해 개성을 떠났다가 다시 돌아온 38일간의 이동경로를 살펴보자.

동북면으로 떠나기 4일 전, 태조는 임진강 나루터 징파도에서 중국 사신을 위해 연회를 열었다. 아들 태종과 사이가 좋지 않았다면, 태상왕으로 물러나서도 중국 사신을 접대하는 일은 하지 않았을 것이다. 사신 접대를 마친 태조는 사신을 호위한 별시위군에게 고향 함흥으로 행차하겠다는 뜻을 밝혔다.

태종은 4일 후 문안인사차 보낸 환관으로부터 부왕이 함흥으로 떠났다는 소식을 들었다. 가마꾼들의 옷이 다 떨어졌다는 보고에 의관 26벌과 함흥으로 가는 길목에 있는 성황당에 놓을 예물을 마련하도록 하고,

신하도 보내 잘 모시도록 했다. 둘의 사이가 틀어졌다면 태조가 거절했겠지만 그런 기록은 찾아볼 수 없다.

그런데 이날 태종은 동북면 안변부사 조사의가 반란을 일으켰다는 보고를 받았다. 조사의는 태조의 둘째 부인 신덕왕후의 친척으로, 신덕왕후의 원수를 갚겠다는 명분을 내세웠다.

태조가 동북면 함흥으로 떠난 날과, 조사의가 동북면에서 반란을 일으킨 날짜가 공교롭게도 맞물렸다. 게다가 태조를 호위하던 승녕부 당상관 정용수와 신효창도 나중에 조사의의 반란군에 가담했다. 또한 태조의 행차방향이 반란군의 진행방향과 비슷했다.

태조는 임진강 나루터 짐파도에서 안변의 석왕사로 가서 김화현에서 머물고 철령을 지나 함주로 갔다. 함주는 함흥으로 가는 길목으로, 그곳에 조사의의 반란군이 있었다. 의정부는 태조의 나이와 풍질을 염려하면서 반란군과 태조의 움직임을 보고했다.

이에 태종은 무학대사를 보내 부왕에게 개성으로 돌아오기를 청하고, 또 부왕이 믿고 아끼던 안평부원군 이서, 익륜과 설오 스님을 임시 처소로 보냈다. 만일 이들이 태조를 만나서 살해당해 돌아오지 못했다면 함흥차사 이야기는 그럴듯할 것이다.

그러나 이서 일행은 조사의의 반란군 때문에 길이 막혀서 태조를 만나지도 못했다. 태조가 함주로 향한 이후 9일 동안의 행적에 대한 기록은 없다. 함흥으로 간 것인지, 반란군에 막혀서 움직이지 못한 것인지 알 수 없다.

태조는 목적지를 원래의 동북면 함흥에서 서북면 맹주로 바꾸었는데, 맹주에도 조사의의 반란군이 있었다. 태조는 이후 황해도 바닷가의 마을인 원중포로 가서 4일간 머물렀다.

다음 날 조사의의 반란군이 무너졌다. 반란군은 초기에 기세가 대단했지만 한 달 만에 자멸했다. 조정에서 4만여 명의 군사를 파견했다는 소식이 퍼지자, 각자 살길을 찾아서 하룻밤 새 흩어져버렸다. 반란군의 지도자와 명분이 뚜렷하지 않을 경우 일어나는 현상이다. 만일 태조가 반란군의 실질적 지도자였다면 이렇게 허망하게 무너지지는 않았을 것이다.

태조는 반란군이 무너진 다음 날 개성으로 돌아가겠다고 전했다. 태종은 기뻐하며 다시 안평부원군 이서와 설오 스님을 궁궐의 술과 함께 보내 문안인사를 드렸다. 이후 태조는 평양부에 머물다가 개성으로 돌아왔다. 태종은 개성 서북쪽의 금교역으로 마중을 나가 장수를 비는 술을 올렸다. 태조가 개성을 떠난 지 38일 만이었다.

실제와 다른 함흥차사 이야기

태조가 함흥으로 가서 조상의 묘에 참배했다는 기록은 없다. 조사의의 반란군이 길을 막아 가지 못한 것인지, 실제로 갔는데 기록이 없는 것인지는 알 수 없다. 이후에도 조선왕조실록에는 태조가 함흥으로 갔다는 기록이 없다.

야사에는 박순이 어미 말을 타고 태조를 찾아가서 설득했으나 돌아오는 길에 태조의 부하에게 죽임을 당했다고 하는데『연려실기술』,『임하필기』, 조선왕조실록에는 박순이 징3품 상호군으로서 동북면 도순문사 박만과 수령들을 설득하고 반란군을 진압하는 과정에서 목숨을 잃은 것으로 되어 있다.

태조는 퇴위 이후 주로 불교에 의지해서 세월을 보냈는데, 불교의 첫 번째 계율이 '살생을 하지 말라'이다. 아들과의 불화 때문에 한때 자신의 신하였던 사람들을 명분 없이 죽였다는 것도 설득력이 떨어진다. 조선왕조실록에는 함흥차사로 죽은 신하에 대한 기록이 없다. 함흥차사 이야기 자체가 성립될 수 없는 것이다.

함흥차사는 TV 프로그램이나 영화에서 부자지간에도 나눌 수 없는 권력의 비정함을 보여주는 사례로 그려지기도 한다. 태종으로서는 너무나 억울할 것이다. 때로는 정사보다 야사가 힘을 발휘하기도 한다. 야사는 인간의 이성보다 감성을 자극하기 때문인지도 모른다. 그러나 정사와 야사는 구분되어야 한다.

태종, 매의 눈으로 속내를 감추다

⁝ 조선 왕 중 유일한 과거 급제자 ⁝

태종은 문인보다 무인의 색채가 강하다. 고려 말 정몽주를 죽여 아버지 이성계의 조선 창업을 도왔고, 제1차, 제2차 왕자의 난을 주도해서 형제들과 그 세력을 제압하고 왕이 됐다.

"사람들은 내가 무인 집안 출신이어서 활쏘기 등 무武를 좋아한다고 한다. 하지만 나는 그렇지 않다고 생각한다. 나는 무를 좋아한다고 할 수도 없고, 그렇지 않다고 할 수도 없다."

태종이 활을 잡고 사냥을 즐긴 것은 30세 전후이며, 청년시절에는 책을 좋아하는 서생이었다. 그의 문학적 재능은 정몽주의 마음을 떠보기 위해서 지은 〈하여가〉에서도 엿볼 수 있다.

"이런들 어떠하리 저런들 어떠하리.

성황당 뒷담이 다 무너진들 어떠하리만수산 드렁칡이 얽어진들 또 어떠하리

우리도 이같이 하여 아니 죽으면 또 어떠하리."

태종 5년, 창덕궁 완공을 축하하는 자리에서 연귀를 읊기도 했다.

"임금은 위位에 있어 어찌 얇은 얼음을 밟는 마음을 잊으랴?"

'위'라는 말에 '임금의 자리', 그리고 '신하나 백성들의 위에 있는 위치'라는 이중적 의미를 담아 임금으로서 교만하지 않겠다는 마음을 표현했다.

태종이 무武에 대해서 애매한 태도를 취한 데는 까닭이 있다. 부왕 태조 이성계는 무인으로 이름을 날렸지만, 자식들이 학문의 길로 들어서기를 바랐다. 그 뜻을 이어받아 첫째 방우는 시와 서에 몰두했고, 다섯째 방원과 여섯째 방연은 고려의 과거에 합격했다.

방원은 13세에 과거공부를 위해 개경을 떠나 원주 치악산의 자그마한 사찰 각림사로 갔다. 개경 주변에도 이름난 사찰이 많은데 굳이 원주의 작은 사찰로 간 것은, 정몽주, 길재 등과 어깨를 나란히 할 정도로 뛰어난 학자이자 문인 원천석이 치악산에 은둔하고 있었기 때문이라고 한다. 방원은 2년여의 노력 끝에 고려 진사시에 합격하고, 이듬해 16세에 문과에 병과丙科 7등으로 합격해 세상에 첫발을 내디뎠다. 태종은 조선의 왕 중에서 유일한 과거 급제자이다.

: 천재지변을 이유로 전위를 거론하다 :

태종 6년 8월 18일, 창덕궁에서 부엉이가 울었다.

조선왕조실록은 부엉이, 올빼미, 까마귀 등 새가 운 사실을 기록하고 있는데 재난이나 재앙을 예고하는 것으로 여긴 까닭이다. 부엉

이 등 새가 울면 승려를 궁으로 불러 재앙을 물리치는 제사를 올리고, 서운관에서 괴이함을 풀어주는 해괴제를 올리기도 했다.

태종은 이날 장인 민제, 좌정승 하윤, 우정승 조영무, 안성군 이숙번을 비밀리에 불러 세자에게 왕위를 넘겨주겠다는 마른 하늘에 날벼락 같은 소리를 했다. 당시 태종은 39세로 건강했고, 2년 전 세자로 책봉된 양녕대군은 고작 12세였다. 태종이 밝힌 이유는 잦은 천재지변이었다. 조선시대에 잦은 천재지변은 왕이 덕이 없기 때문이라고 보았기에, 왕은 수신하고 반성해야 했다. 태종의 뜻은 너무나 확고해 보였다.

조정의 모든 대신들이 청천벽력 같은 소리에 반대하고 나섰고, 태종과 신하들 사이에서 치열한 공방전이 벌어졌다. 신하들은 상소가 효과가 없자 태상왕 태조에게 알리겠다고 했고, 태종은 이를 만류했다.

태종은 내시 승전색을 시켜 밤에 몰래 국새를 세자궁에 갖다 놓게 했다. 세자 양녕은 울면서 국새를 정전으로 가지고 와서 부왕의 뜻을 감당하지 못하겠다고 했다.

신하들이 면담을 요구하자, 태종은 침을 맞고 뜸을 떠서 나갈 수

이숙번 묘(경기도 시흥시) | 이숙번은 태종의 최측근으로 제1차, 제2차 왕자의 난으로 공신이 되었다. 태종 때 승지, 병조판서, 의정부 찬성사까지 올랐으나 버림을 받는다. 가뭄 등의 재해로 조정이 분주함에도 여러 달 동안 병을 핑계로 대궐에 나오지 않았다. 인사에 대한 불만과 그의 거친 성격도 이유였다. 태종은 불경과 무례 등 6가지 죄목을 묶어 공신녹권과 직첩을 빼앗고 경상도 함양으로 유배를 보냈다. 유배지에서 22년을 보낸 그를 세종은 제1차, 제2차 왕자의 난을 기록하는 증언자 명분으로 다시 불러들였다. 이숙번은 한성으로 돌아온 2년 후 67세로 세상을 떠났다.

없다며 5, 6일 후에 만나겠다고 했다. 좌정승 하윤은 자신이 정승의 자리에 있는 한 절대로 교지를 받들 수 없다며 태종을 압박했다.

"누구와 함께 전위의 예를 행하실 건가요?"

사헌부, 사간원 등에서도 상소가 이어졌으나 태종은 완고했다. 열흘간 팽팽한 줄다리기가 계속되었다.

열흘 후, 태종은 최측근 이숙번을 비밀리에 불렀다.

"꿈에 어머니가 나타나 '너는 나를 굶기려고 하느냐?'라며 우셨다."

"어머님을 굶기지 않으시려면 왕위를 물려주셔서는 안 됩니다."

이숙번의 해몽에 태종은 말끝을 흐렸다.

"내가 자식에게 왕위를 물려주는 것이 왜 이리 어려운가."

이숙번은 왕의 의중을 파악하고 대신들에게 왕의 꿈 이야기를 퍼뜨렸다. 이로써 태종은 명분을 얻어 선위는 없던 일로 됐다. 태상왕 태조는 뒤늦게 이 소식을 듣고, 태종을 불러서 꾸짖고 큰 벌주 잔을 내렸다. 태상왕은 아들에게 내린 벌주 잔을 스스로 먼저 마셨고, 이날 태종도 취하도록 마셨다. 이것으로 전위소동은 마무리됐고, 조정은 일상으로 되돌아가는 듯했다.

: 덫에 걸려든 민무구 형제 :

그런데 태종은 전위소동 속에서 매의 눈으로 주변을 살피고 있었다. 그 속내는 약 1년 후인 태종 7년 영의정부사 이화 등의 상소에서 드러났다.

"지난해 임금께서 전위를 하려 할 때, 민무구 형제는 기뻐하는 얼굴빛이었고, 복위를 할 때는 도리어 슬프게 여겼습니다."

"어린 세자를 끼고 임금처럼 행세하려 했습니다."

"'적장자 외의 왕자들은 없애도 좋다'고 했습니다."

"'전하께서 우리들민무구, 민무질을 의심하고 꺼리니 장차 어떻게 할까?'라고 했습니다."

민무구 형제는 태종의 처남으로 세자 양녕은 어릴 때 민 씨 집에서 자랐다. 상소문은 민무구 형제가 왕을 의심하고 딴마음을 품고 있으니 국문을 해서 반란의 근원을 막아야 한다고 결론을 맺었다. 역심은 왕조국가에서 최고의 형에 처하고 가장 경계하는 것이다. 보통 삼심제도를 거치지 않고 즉각 처리했으며 가족, 처가에까지 화가 미쳤다.

태종은 바로 처리하지 않고 보류했다. 반란 혐의를 담은 상소를 바로 처리하지 않다니 매우 이례적이었다. 민무질은 자신을 변호하고 관련자들을 불러 대질 신문을 했으나, 그에게 유리한 증언은 없었다.

태종은 첫 조치로 이들을 자원안치하게 했다. 자원안치는 스스로 머물 곳을 정하는 비교적 가벼운 처벌이다. 의정부는 왕이 사사로운 정에 이끌려 국가적 대의를 결단 내리지 못한다며 법에 따른 처벌을 요구했다. 사헌부와 사간원, 개국공신, 제1차 왕자의 난을 평정한 정사공신, 제2차 왕자의 난을 도운 좌명공신들로부터도 민무구 형제를 벌하라는 요구가 빗발쳤다. 태종은 민무구는 연안, 민무질은 장단, 신극례는 원주로 유배를 보냈다신극례는 그해 10월 양주에서 죽었다. 반란 혐의는 국문을 해서 사형에 처하는데, 한성과 가까운 경기도 연안과 장단을 유배지로 한 것은 상대적으로 가벼운 처벌이었다.

며칠 후 태종은 조정대신들을 창덕궁 광연루로 불러 술자리를 베풀고 당부했다.

"세 사람의 죄를 논하지 말라. 한성으로 불러들이지 않고 타고난 수명을 마치게 할 것이다."

: 민무구 형제를 처벌하다 :

하지만 태종과 조정대신들의 줄다리기는 거의 4년간 계속되었다.

"경들의 말을 듣지 않을 것이니 물러가라."

"신들은 청을 그만두지 않을 것입니다."

태종은 민무구 형제를 자원안치→경기도 안치→공신자격 박탈→직첩임명장 회수→충북 여흥과 대구로 유배 등 처벌의 강도를 차츰 높였다. 그러나 조정이 요구한 대로 생명을 빼앗지는 않았다.

사헌부와 사간원 관리들은 요구가 받아들여지지 않자 사직서를 냈다. 새로 관리들을 뽑으니 이들도 똑같이 처벌을 요구했다. 태종은 중전의 동생들을 차마 처벌할 수는 없다고 토로하기도 했다. 중전 민 씨는 분을 참고 부모가 살아 계실 때까지는 동생들의 목숨을 지켜달라고 부탁했다.

왕이 미온적 태도를 취할수록 조정의 요구는 더 거세졌다. 전위 소동을 일으킨 약 2년 후 사간원과 사헌부는 타협안을 내놓았다.

"민무구 형제는 마땅히 죽여야 하지만, 전하께서 인정에 이끌려 못하시겠으면 모두 섬으로 유배를 보내십시오."

왕은 가타부타 말이 없었다. 그리고 며칠 후 자신이 겪은 민무구 형제의 행동을 교서를 통해서 널리 알렸다.

"민무구 형제는 역심을 품어 내가 세자에게 왕위를 물려준다고 하니 기뻐하고, 복위하는 것을 분하게 여겼다."

"중전의 동생으로 부귀영화를 누림에도 교만방자하다."

"내가 종기로 병들었을 때도 나의 건강을 염려하기보다, 세자를 끼고 권세를 쥐려고 했다. 적장자 외의 아들은 폐해야 한다는 뜻을 보였다."

태종은 조정이 요구한 강력한 처벌은 하지 않으면서도 '역심'까지 운운한 것이다. 명분을 얻은 조정은 더욱 강력하게 처벌을 요구했다. 이에 왕은 민무구는 서해의 옹진, 민무질은 동해의 삼척으로 옮기고, 농사지을 땅과 넓고 깨끗한 집을 마련해주었다. 대신 사헌부가 요구한 대로 민무구 처의 외명부 벼슬을 회수하고 남편을 따라 가게 했고, 가솔들은 한성을 떠나게 했다. 또한 이들의 한성 집을 헐어 일본 사신을 접대하는 동평관과 서평관을 짓는 데 사용했다.

: 뿌리에서 뻗은 가지가 드러나다 :

조정의 지속적인 처벌 요구에도 불구하고 왕이 여전히 미적거리는 태도를 취하는 동안, 민무구 형제의 뿌리에서 뻗어나간 가지가 차츰 드러났다.

호군 이지성은 민무구 형제 편에 서서 세자에게 말했다.

"민무구 형제는 죄가 없는데 쫓겨났습니다."

세자는 이 말을 왕에게 알렸고, 이지성은 결국 재산을 몰수당하고 노비로 전락했다.

원평군 윤목과 한성소윤 정안지는 중국에 사신으로 갔을 때 한 말이 드러나 순금사에 갇혔다.

"민무구 형제는 나라에 공이 큰데 임금이 잘못 처벌했습니다."

윤목과 그 아들은 직첩을 회수당하고 유배를 갔고, 정안지는 장 90대를 맞았다. 윤목의 공초조선시대 죄인이 범죄사실을 자세히 말하는 일에서 이름이 나온 호조판서 이빈은 민무구 형제의 집을 네 번 방문했다고, 평강군 조희민은 "민무구 형제가 후일 등용되면 운명은 알 수 없다"고 말했다고, 서성군 유기는 민무구 형제를 친구로서 불쌍히 여긴 게 드러났기에, 전라도 병마도절제사 강사덕은 민무구 형제가 서울로 돌아오면 같이 놀겠다고 말했다는 이유로 재산을 몰수당하고 유배를 갔다. 전 총제 김첨은 민무구 형제의 부친 민제가 죽었을 때 몰래 문상했다고 체포됐다가 석방됐다.

제1차 왕자의 난 때 공을 세운 정사공신 이무도 처벌을 받았다. 원래 정도전의 사람이었던 이무는 정도전의 거사를 민무질을 통해 이방원에게 밀고한 바 있다. 이무는 왕자의 난 당일에 애매한 태도를 취했지만 공을 인정받아 공신이 됐다. 하지만 그의 이런 처세는 이후에도 계속됐다. 태종에게는 민무구 형제를 과감하게 처단해야 한다고 하고, 민무구 형제의 세력들에게는 후일을 대비하라고 다독거렸다. 이무는 이러한 행동이 드러나 결국 처형됐다. 이제 민무구 형제는 제주도로 유배를 가게 되었다.

조정은 과거의 다른 일을 들춰내 처벌을 요구하기도 했다. 태종과 동서지간이자 호조판서를 지낸 평원군 조박은 10년 전 정종이 즉위한 후, 친척 유 씨의 아들 불노가 정종의 아들이라면서 원자로 삼아야 한다고 주장한 바 있다. 정종이 부인해서 이 일은 유야무야 됐다. 그런데 민무구 형제와 직접 관련없는 이 사건을 다시 들고 나와서 처벌하라고 한 것이다. 결국 이미 죽은 조박의 공신자격을 빼앗고, 그 자손도 금고에 처했다.

제1차 왕자의 난에서 죽임을 당한 정도전, 남은, 심효생 등의 녹권을 빼앗고 논밭과 노비도 몰수했다. 유배를 보낸 윤목 등 민무구의 세력들은 참형에 처했다. 조정이 우회적으로 과거 사건을 확대하자, 태종은 강경한 자세를 차츰 누그러뜨리면서 조정의 요구를 받아들였다.

상소를 올리는 부서도 늘어났다. 사헌부, 사간원, 형조뿐만 아니라 의정부, 공신 등 조정대신, 평소 상소를 잘 올리지 않는 실무부서인 육조, 삼군, 대소 신료와 대군이나 군들도 참여했다.

⁝ 세자가 죄를 청할 때까지 기다리다 ⁝

결국 세자 양녕이 신하들의 말이 옳으니 임금께서 답을 내려달라고 청을 올렸다. 태종은 짐짓 나무라는 듯했다.

"세자가 무엇 때문에 참여하느냐?"

영의정부사 하윤은 세자를 옹호했다.

"종묘와 사직에 관계되는 것이니, 세자께서 말씀드리는 것은 당연합니다."

태종은 결국 4년여를 끌어온 민무구 형제 사건에 종지부를 찍었다.

"유배지 제주에서 자결하라."

태종은 민무구 형제가 역심이 있다고 생각했음에도, 왜 즉결 처분을 내리지 않고 4년여를 끌었을까? 그 진의를 직접 설명하지 않았기에 왕의 속내를 알 수 없지만, 기록을 종합하면 충분히 짐작할 수 있다.

태종의 전위소동은 세자를 위한 것이었다. 태종은 세자 양녕이 민무구 형제와 그 세력에 휘둘리지 않고 강력한 왕권을 가지기를 바랐다. 가지인 세력들은 자신의 독단으로 자를 수 있지만, 뿌리인 민무구 형제를 제거하는 데는 세자의 자발적 동의가 필요하다고 여겼다. 그래서 세자가 청할 때까지 기다린 것이다. 태종의 치밀함과 무서울 정도의 인내력을 엿볼 수 있다.

두 번째 전위소동

⁝ 이제 복위는 없다 ⁝

태종 18년 8월 8일, 왕은 지신사도승지 이명덕, 좌·우부대언승지 원숙과 성엄을 경복궁 경회루로 불렀다.

"내가 18년간 왕위에 있으면서 불의를 저지르지는 않았지만, 홍수와 가뭄 등 천재지변이 있었다. 그리고 나에게는 묵은 병이 있다. 세자에게 왕위를 물려주려 한다. 더 이상 간쟁하지 말라."

이명덕 등이 반대하자 태종은 다시 말했다.

"18년 동안 호랑이 등을 탔으니 충분하다."

이명덕 등은 울면서 조정대신들에게 왕의 뜻을 알렸다. 영의정 한상경을 비롯한 조정대신들은 반대했지만, 왕은 대보를 가져오게 했다. 약 2개월 전 세자가 된 충녕은 급히 명을 받고 허둥지둥 달려

임금이 햇빛 가리개로 쓰는 붉은 빛깔의 홍양산

왔다.

"아들아, 대보를 넘겨주니 받아라."

충녕세자가 엎드려서 안절부절 못하자, 태종은 세자를 일으켜 세우고 대보를 넘겨주고 나가버렸다. 아울러 홍양산도 내리게 했다. 왕권을 행사하지 않겠다는 의지를 다시 한 번 보여준 것이다.

태종은 북두칠성을 가리키면서 맹세했다.

"이제 복위는 없다."

그리고 내관에게 뜻을 바꿀 생각이 없음을 조정대신들에게 전하도록 했다. 세자는 두려워하면서 지신사 이명덕에게 물었다.

"어찌할까?"

"전하의 뜻은 이미 정해졌으므로 효도를 다하는 것이 마땅합니다."

조정대신들과 성균관 유생들까지 나서서 전위를 반대하는 상소를 올렸으나, 왕은 아예 뜯어보지도 않았다. 왕이 문을 닫고 만나주지 않자, 조정대신들은 궁궐 뜰에서 통곡하며 안타까워했다. 하지만 왕의 뜻을 받아들여 더 이상 상소를 올리지는 않았다.

태종은 다음 날 왕위를 물려주고, 충녕은 세자가 된 지 2개월 만에 경복궁 근정전에서 즉위했다. 조선의 제4대 임금 세종이 탄생한 것이다.

태종의 첫 번째 전위소동은 임금과 신하가 거의 4년 동안 팽팽한 줄다리기를 했고, 민무구 형제를 비롯한 많은 생명을 빼앗았다. 하지만 두 번째는 큰 반대 없이 순조로웠다. 전위 의사를 밝힌 후부터

세종의 즉위까지 사흘밖에 걸리지 않았다. 왜 그랬을까? 여러 가지 이유가 있겠지만, 약 2개월 전 세자 양녕을 폐하고 충녕을 세자로 삼은 과정을 보면 이해가 쉬울 것이다.

: 폐세자가 된 양녕 :

양녕대군은 태종의 맏아들로 태종 4년 10세에 세자로 책봉됐다. 양녕은 14년간 자질을 여러 번 의심받았으나 세자 자리를 유지했다. 그러나 세자 자리에서 쫓겨난 결정적 계기가 있었으니, 바로 손수 써서 왕에게 올린 글이었다.

"전하께서는 시녀를 궁중에 들이셨는데, 신의 첩은 궁궐에서 내보내어 나라 안에 원망이 가득합니다. 한나라 고조는 재물을 탐내고 색을 좋아했으나 천하를 평정했습니다. 반년 진왕 광은 어질다고 칭송을 받았으나 나라가 망했습니다. 신의 첩의 궁궐 출입을 금하는 것은 얻는 것보다 잃는 것이 더 많을 것입니다."

"신의 장인 김한로에 대한 처벌이 지나칩니다. 아이를 잉태한 세자빈이 죄인의 딸이라는 죄책감에 죽조차 먹을 수 없을 정도여서 변고가 생길 수 있습니다."

김한로는 사위인 세자의 애첩 어리를 보호하려다가 유배를 간 터였다. 왕이 세자의 글을 대언과 예조판서 변계량, 세자의 스승을 겸하던 영의정과 좌의정에게 보여주자, 대신들은 '망령된 글'이라면서 폐할 것을 청했다.

양녕은 그간 세자로서의 자질을 의심케 하는 행동을 많이 했다. 학문을 게을리했고, 궁궐 담을 무시로 넘나들며 애첩 어리나 창기에 빠져 음란한 행동을 했을 뿐 아니라, 왈짜패와 어울려 오락을 즐겼다. 왕은 세자 주변의 무리들을 내치고 훌륭한 스승의 교육과 세월에 실낱같은 희망을 걸었으나 부질없는 일이었다. 그런데도 세자를 내치지 않은 이유는 반성하는 모습을 보였기 때문이다.

그러나 이제 세자 양녕이 직접 쓴 글에는 더 이상 반성의 빛이 보이지 않았다. 오히려 부왕에 대한 원망이 가득했다. 태종은 양녕세자를 폐하고, 경기도 광주로 내쳤다. 결과적으로 이는 조선의 행운이라고 할 수 있을 것이다.

: 어진 이를 세자로 삼자 :

왕과 신하들이 다음 세자를 뽑기 위해서 고려 궁궐의 조계청왕과 신하가 정무를 논하는 곳에서 머리를 맞댔다. 조선왕조실록은 영의정 유정현을 비롯해서 이날 참석한 40명의 이름을 모두 기록하고 있다. 주요 대신들이 거의 다 참석했다. 지신사 조말생이 임금과 신하들 사이에서 의견을 전달하는 일을 맡았다.

먼저 왕이 자신의 뜻을 전했다.

"예나 지금이나 적장자를 세자로 세우는 것이 법이다. 양녕에게는 다섯 살과 세 살이 된 두 아들이 있다. 이들 중 한 명을 세자로 세우고자 한다."

우의정 한상경을 비롯 대부분의 신하들이 찬성했다. 양녕의 맏아들이 세자가 될 뻔한 것이다. 하지만 영의정 유정현이 반대하고 나섰다.

"신은 배우지 못해서 고사를 모릅니다. 하지만 일에는 따라야 할 법도와 도리가 있습니다. 어진 이를 세자로 삼아야 합니다."

공조판서 심온을 비롯 15명이 영의정 유정현의 의견에 찬성했으나 소수의견이었다.

좌의정 박은은 조건을 내걸었다.

"아버지를 폐하고 그 아들을 세자로 세운 예가 있다면, 양녕대군의 첫째 아들을 세자로 삼아야 합니다. 하지만 예전이나 지금의 법에 그런 예가 없다면 어진 이를 선택해야 합니다."

세 정승의 의견이 나누어졌다.

이조판서 이원은 거북점과 가새풀로 치는 시초점으로 결정하자고 했다. 이 둘은 '시귀'라고 해서, 고대 중국에서 길흉을 점칠 때 신물로 여겼다. 시귀로 친 점은 당시 상당한 권위를 갖고 있었다.

왕은 점을 치겠다고 했다. 시귀라는 점으로 조선의 세자가 결정되기 직전이었다. 왕은 조말생이 왕의 결정을 신하들에게 전하러 나간 사이, 중전 민 씨의 생각을 물었다.

"형을 폐하고 아우를 세자로 세우는 것은 재앙과 난리를 가져옵니다."

중전은 민 씨 가문에서 자란 양녕의 어린 아들을 세자로 밀었다.

태종은 다시 고심한 끝에 결정을 번복했다.

"나의 결정을 바꾼다. 어진 이를 골라서 아뢰어라."

사관은 이 결정에 대해 "태종이 한참 만에 곧 깨달았다"라고 자신의 생각을 덧붙였다. 사관도 어진 이를 세자로 세워야 한다는 의견에 찬성한 것이다. 사관은 역사를 기록하는 사람으로 현장에서는 의견을 낼 수 없지만, 기록을 통해서 자신의 의견을 후대에 남겼다. 조선왕조실록에서는 사관의 개인 의견을 많이 찾아볼 수 있다.

영의정 유정현 등은 다시 왕에게 공을 넘겼다.

"아들과 신하를 가장 잘 아는 것은 임금입니다."

태종은 원경왕후 민 씨와의 사이에 4남 4녀를 두었다. 첫째 양녕대군은 폐세자가 되었고, 넷째 성녕대군은 약 6개월 전에 완두창으로 세상을 떠났다. 둘째 효령대군과 셋째 충녕대군이 남았다. 왕은 결론을 내렸다.

"둘째 효령은 자질이 미약하고 성질이 곧아 일을 섬세하게 처리

태종의 첫째 아들 양녕이 세자로서 모범을 보였다면 셋째 충녕대군은 왕위에 오를 기회가 없었을지도 모른다. 충녕대군이 왕위에 오른 것은 모범적이지 못한 형의 덕택이었다. 태종은 양녕세자를 폐하는 위기와 동시에 충녕대군이라는 기회를 갖게 됐다. 역사에서 역설적인 모습은 자주 볼 수 있다. 양녕세자를 폐하고 충녕대군이 왕(세종)이 된 것은 우리 민족에게 축복이라고 할 수 있다.

하지 않는다. 말을 해도 그저 빙긋 웃기만 할 뿐이어서 늘 웃는 모습만 기억에 남는다. 반면 셋째 충녕은 천성이 총명하고 학문을 좋아해서 밤새도록 글을 읽는다. 내가 갖고 있는 책을 모두 (읽으려고) 가지고 갔다. 나는 충녕이 병이 날까 봐 밤에 글 읽는 것을 금하기까지 했다. 중국 사신을 접견할 때에도 몸짓과 말, 동작이 모두 예에 들어맞는다. 충녕은 술은 무익하다고 하면서도 사신을 접대하기 위해서는 적당히 마신다. 효령은 술을 한 모금도 마시지 못한다. 충녕은 높은 지위를 맡을 만하다. 충녕을 세자로 정하겠다."

영의정 유정현 등은 맞장구를 쳤다.

"신 등이 '어진 이를 고르자'라고 건의한 것은 바로 충녕대군을 가리킨 것입니다."

이렇게 해서 고려의 궁궐 조계청에서 충녕세자가 탄생했다. 본인의 자질과 더불어 영의정 유정현의 공이 컸다. 조정대신들은 전부터 한발 물러나 있던 충녕대군을 눈여겨보았다. 정직하고 덕이 있다며 모시고 싶어 했고, 명나라 사신 황엄도 장차 왕위를 물려받을 것이라고 예측한 바 있다. 보석은 한 발 물러나 있어도 빛났던 것이다.

태종의 두 번째 전위소동은 순조롭게 끝났다. 충녕대군이라는 확실한 대안이 있었기 때문이다. 태종의 이 결정은 우리 민족에게 참으로 큰 축복이 되었다. 5월 15일 스승의 날은 세종의 탄신일에서 따온 것이다.

남은 이야기

충녕대군과 황엄의 예측

태종 18년, 조선의 사신 원민생이 양녕세자를 폐하고 충녕대군을 새 세자로 삼는다는 표문을 가지고 명나라로 갔다. 그전에 사신으로 조선을 다녀간 적이 있는 황엄이 명나라에 온 이유를 물었다.

"세자를 바꾸기 위함입니다."

원민생이 새로운 세자의 이름을 밝히지 않았는데도, 황엄은 누구로 바꾸는지 알아맞혔다고 한다.

"충녕대군을 세자로 봉하는 것이지요?"

명나라 사신 황엄은 일찍이 충녕대군의 지혜와 영민함을 칭찬하면서 "영명해서 부왕을 닮았다. 조선의 왕위는 장차 충녕대군에게 돌아갈 것이다"라고 예측한 바 있다고 한다.

상왕 같은 상왕 아닌 상왕

: 심온 생애 최고의 날 :

1418년 8월 10일, 세종은 경복궁 근정전에서 즉위했다. 약 한 달 후인 9월 8일은 세종의 장인 심온에게 생애 최고의 날이었다.

심온은 명나라 사은사로 가기 위해서 한성에서 북으로 가는 첫 번째 역참 연서역으로 향하고 있었다. 궁궐에서 상왕 태종과 세종으로부터 전송을 받고, 말 한 필, 옷과 가죽신 등을 하사받았다. 왕과 상왕, 중전은 환관들을 연서역까지 보내 환송했다. 온 장안이 텅 빌 정도로 많은 백관들이 나와서 전송했기에 연서역은 사람들로 북새통을 이루었다. 그의 위세가 어느 정도였는지를 알 수 있다.

최근 3개월 동안 심온의 신변에 놀라운 일이 벌어졌다. 사위 충녕대군이 세자가 되어 왕위에 올랐고, 임금의 장인으로서 청천부원군이 됐다. 벼슬도 이조판서에서 의정부참찬, 그리고 조선 초기 최고 관직인 영의정부사에 올랐다. 오늘날로 보면 3개월 만에 장관에서 부총리, 그리고 총리 자리에 오른 것이다. 그의 나이 44세였다. 11세에 고려의 감시監試에 합격한 수재이긴 했지만 3개월간 너무 빨리 출세한 것이다. 행복한 순간도 잠시, 그에게 불어닥칠 엄청난 태풍의 눈이 형성되고 있었다.

: 태종에게 보고하지 않은 죄를 묻다 :

심온이 명나라로 떠나기 며칠 전, 상왕 태종은 병조참판 강상인과 좌랑 채지지를 잡아들였고, 그다음 날 병조판서와 병조의 주요 관료 대부분을 의금부에 가두고, 형조와 사헌부, 사간원도 심문에 참여하도록 했다. 조선 초기 이 세 부서는 '삼성三省'이라고 해서 간언의 기능을 갖고 있었다.

"병조가 군사의 일을 나에게 보고하지 않는 이유를 파악하라."

상왕 태종은 갓 부임한 병조판서 박습은 그대로 두고, 어린 시절부터 함께한 30년 지기 병조참판 강상인에게는 고문까지 허용했다. 사안을 매우 중대하게 보고 있음을 알 수 있다.

상왕 태종은 세종에게 왕위를 물려줄 때 군사권은 넘기지 않았다.

"내가 군사의 일은 직접 듣고 판단하겠다. 왕위에 뜻이 있어서가 아니라, 임금에게 무슨 일이 있을 경우에 대비하는 것이다."

그런데 최근 병조가 군사의 일을 자신에게 보고하지 않은 것을 문제삼은 것이다. 상왕은 원종공신 강상인에게는 옛정을 생각해서 벌을 주지 않겠으니 고향으로 돌아가 반성하라고 했고, 병조의 간부들은 장형의 숫자에 따라서 돈을 내는 속장에 처했다. 사안의 중대성에 비해서 비교적 가벼운 처벌에 그친 것이다.

"앞으로 군사의 일은 상왕께 먼저 보고해서 허락을 받은 후, 임금께 아뢰겠습니다."

사건은 이렇게 마무리되는 듯했다. 그러나 사간원, 사헌부, 형조 등 삼성은 계속 합동 상소를 올렸다. 상왕이 세 부서를 심문에 참여시킨 이유가 있었던 것이다.

"상왕께 군사권이 있는 것은 모두 알고 있는데, 이를 따르지 않은 것은 불경죄입니다. 가벼운 처벌로 그쳐서는 안 됩니다."

임금에 대한 불경죄는 사안에 따라서는 사형에 처할 수도 있었다. 세종은 상왕의 허락을 받아 강상인을 관노비로 전락시켜 함경도로 보내고, 박습을 비롯한 다른 병조 관리들은 지방으로 유배를 보냈다. 이렇게 병조가 군사 일을 상왕에게 보고하지 않은 사건은 일단락됐다.

그러나 2개월 후 이 문제는 다시 불거졌다. 발단은 상왕이었다. 이미 스스로 종결지은 문제를 다시 제기한 것이다. 심상치 않은 무엇인가가 있는 것이다.

상왕은 강상인이 자신의 명령을 어긴 것은 딴마음을 품은 것이라며 압슬형을 해서라도 진상을 밝혀야 한다고 했다. 이에 유배를 간 강상

압슬형은 무릎에 무거운 물건을 올려놓는 고문으로, 이 형을 받고 죽는 경우가 많았기 때문에 영조 때에 폐지됐다.

인과 병조의 관리들을 다시 한성으로 압송했다.

강상인은 자신을 변호했다.

"신은 30년 동안 원종공신이었습니다. 어찌 다른 마음을 먹겠습니까? 다만 일을 잘 처리하지 못했을 뿐입니다. '나라의 명령은 한 곳에서 나와야 한다'는 것이 평소 신의 지론입니다. 이것은 상관 박습도 동의했습니다."

강상인이 말한 '한 곳'은 상왕이 아니라 현재의 임금 세종이었다. 그는 심온과 동생 심정, 장천군 이종무, 좌의정 이원, 이조참판 이관, 전 총제 조흡 등도 같은 생각이었다고 끌어들였다. 이종무는 강상인과의 대질에서 무고를 주장했고, 이원 등은 자신들이 말한 '한 곳'은 상왕 태종을 가리킨 것이라고 진술했다. 상왕은 이들의 진술을 받아들여 풀어주었다.

그러나 거듭 압슬형을 받은 심정과 이관은 심온이 군사일은 상왕이 아니라 세종에게서 명령이 나와야 한다는 뜻으로 말했다고 진술했다. 명나라에 사신으로 가 있던 심온에게 불똥이 튄 것이다.

: 간악한 신하를 제거하라 :

상왕이 강상인의 일을 다시 끄집어낸 것은 자신이 죽기 전에 간악한 신하를 제거해야겠다고 생각했기 때문이다. 그런데 결국 원하는 답을 얻었다. 상왕의 심중에 '간악한 사람'은 세종의 장인 심온이었다.

상왕은 병조참판 이명덕에게 지시했다.

"정황이 밝혀졌다. 주모자는 심온이므로 더 이상 심문할 필요가 없다. 심온의 당파 강상인과 이관 등을 극형에 처하라."

주모자로 밝혀진 심온은 명나라에서 돌아오지 않은 터라 우선 가산을 봉하게 하고, 동생 심정, 이관 등은 참형에 처했다. 심온의 다른 형제, 조카, 서자 등은 전국에 뿔뿔이 흩어 유배를 보냈다. 강상인은 백관들이 보는 앞에서 거열형에 처해졌다.

"나는 죄가 없다. 모진 고문을 견디지 못하고 죽는다."

강상인은 억울함을 호소하고 죽었다. 심온이 천거한 사람들도 나중에 모두 파면을 당했다.

심온은 임금의 장인으로 만인지상 영의정에 올라 극진한 예우를 받고 명나라에 사신으로 갔으나, 이제는 자신도 모르는 새 모반의 주모자가 됐다. 더구나 이미 관련자들이 참형을 당했기에, 그에게는 대질해서 자신을 변호할 상대도 없었다. 조정은 명나라 사신과 함께 돌아오는 그를 비밀리에 체포해서 압송하기 위한 논의를 하고 있었다. 심온에게 칼을 씌우고 수갑을 채우는 것도 허락됐다. 체포되어 온 심온은 강상인 등이 이미 죽어 대질을 할 수도 없고, 압슬형까지 당하자 죄를 벗어날 수 없음을 깨닫고 체념했다.

세종은 중간보고를 받고 장인 심온을 변호했으나, 상왕은 자신이 들은 것과 다르다면서 받아들이지 않았다. 결국 심온은 상왕의 명을 받아 다음 날 스스로 목숨을 끊었다.

: 오직 강력한 왕권을 위하여 :

조선왕조실록에 실린 심온의 졸기를 보면, "성품이 인자해서 세상 인심을 거스르지 않았다"고 한다. 풍해도황해도 관찰사로 백성

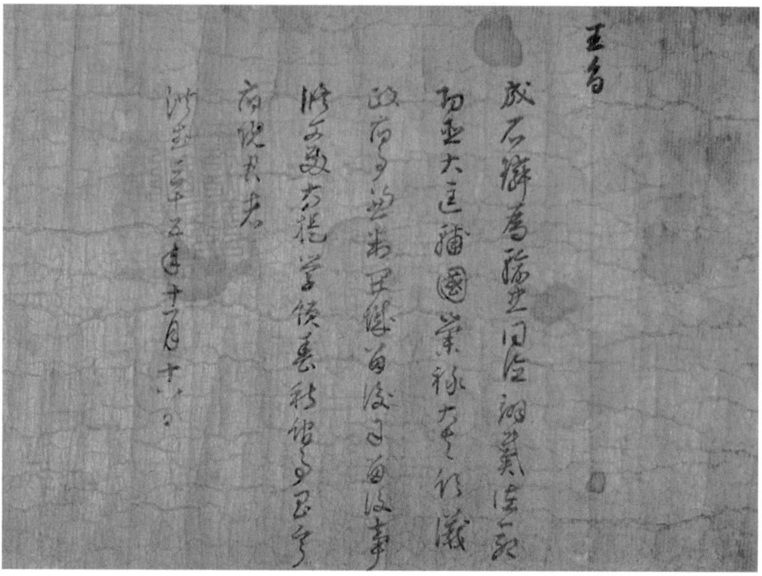

태종의 어필 | 조선 제3대 태종의 글씨로 전주이씨 대동종약원이 보관 중이다.

의 편에 서서 일했고, 사위 충녕대군이 세자가 되자 "앞으로는 손님을 사절하고 조용히 여생을 보내야겠다"라고 근신의 뜻을 밝히기도 했다.

심온은 좋은 평판에도 불구하고 모반죄에 연루되어 생명을 단축했다. "군사의 명령은 한 곳에서 나와야 한다"라는 말을 한마디 했을 뿐, 모반을 위해 세력을 모으거나 계획을 세우고 행동으로 옮긴 증거가 없었다.

영의정부사에 올라 화려한 전송을 받으며 명나라에 사신으로 간 그는 자신의 발아래에 뇌관이 숨어 있다는 사실을 알지 못했다. 그가 오른 영의정과 외척이 바로 뇌관이었다. 자신을 변호하지도 못한 채 죽음을 맞이한 그는 너무나 억울했을 것이다. 왕비가 된 딸에게도 가슴 아픈 응어리를 남겼다.

외척 민무구 형제와 심온, 그들은 강력한 왕권을 추구한 태종의 시대에 살았다. 왕권보다 신권을 주장했던 정도전이 살해됐을 때 그 교훈을 새겼어야 했다. 그런데도 세자빈과 중전을 등에 업고 기세를 떨치기 시작했고 그 결과는 참혹했다.

태종에게 중요한 것은 강력한 왕권이었다. 강력한 왕권을 통해서 조선이 뻗어나가길 바랐고, 그것을 위협하는 걸림돌은 그게 무엇이든 제거 대상이었다. 심온이 충녕이 세자가 되었을 때 손님을 사절하고 조용히 여생을 보내겠다는 맹세를 지키고, 영의정부사 자리를 거절하고 조정 출입을 삼갔다면, 왕비가 된 딸에게 가슴 아픈 응어리를 남기지 않을 수 있었을 것이다.

위험은 높은 곳에서 자주 발생한다. 역사는 항상 그렇게 가르치고 있다. 그러나 인간은 높은 곳에 오른 자만감에 취해서 삼가함을 잃어버리는 경우가 많다. 역사를 자주 들여다봐야 하는 이유이다.

3장

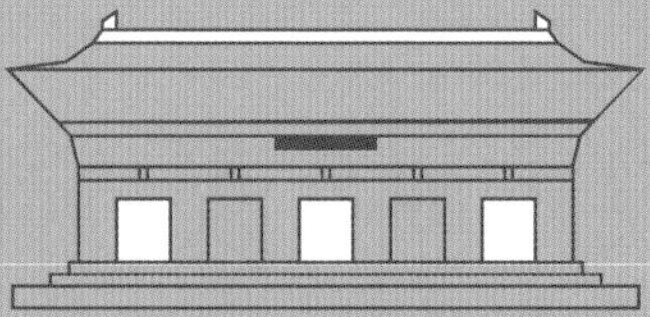

세종의 지도력

첫 새해를 맞이하다

: 회회까지 참석한 신년 하례회 :

600여 년 전인 1419년 1월 1일, 세종은 즉위 후 첫 새해를 맞이했다. 1418년 8월 22세로 왕위에 오른 지 4개월여 후였다.

상왕으로 물러난 태종이 경복궁으로 돌아가지 않고 창덕궁에 머물러 있었기에, 세종도 자연스럽게 부왕과 함께 창덕궁에 머물렀고, 창덕궁 인정전에서 첫 새해를 맞았다.

세종은 면복 차림으로 황제에게 하례를 올린 다음 강사포로 갈아입고 원유관을 쓰고 신하들로부터 하례를 받았다. 신년 하례에는 조선의 신하들뿐만 아니라 이채롭게도 승려, 회회*, 왜인**들도 참석했다. 조선은 성리학을 기반으로 한 유교국가이지만, 초기 왕실에 불교의 전통이 남아 있었음을 알 수 있다.

창덕궁 인정전(국보 제225호) | 창덕궁의 정전이다. 처음에 좁게 지어 그후 고쳤으나 임진왜란 등으로 여러 번 불타서 순조 4년(1804년)에 다시 지었다. 인정전(仁政殿)의 이름은 어진 정치를 펼치겠다는 뜻을 담고 있다. 성종은 가뭄 때 근신의 의미로 조하(경축일에 하례하는 일), 조참(한 달에 네 번 문무백관이 정전에서 왕에게 정사를 아뢰던 일), 상참(중신들이 매일 편전에서 왕에게 정사를 아뢰던 일)은 중지했지만 인정전 처마 밑에서 경연은 했다. 인정전 처마 아래서 공부하는 성종과 신하들, 나라와 백성을 위해서 머리를 맞대는 진지한 모습이 떠오른다.

세종은 다시 면복으로 갈아입고 신하들과 함께 창덕궁에 있는 상왕전으로 가서 상왕태종과 대비에게 예를 올리고 새해 선물로 말과 의복을 바쳤다. 또한 노상왕老上王으로서 개성에 있던 정종에게 신하를 보내 의복과 체수박장식용 띠을 올렸다. 이것으로 신년 하례 절차는 마무리됐다. 왕으로서 예를 올리고 예를 받는 절차가 끝난 것이다.

- 회회가 조선왕조실록에 처음으로 등장하는 것은 태종 7년이다. "회회 승려 도로가 처자를 데리고 함께 와서 머물러 살기를 원하니, 임금이 명하여 집을 주어 살게 했다." 이후에도 회회인이 조선으로 귀화하고, 조정은 그들에게 쌀과 녹(급료)을 주었다는 기록도 나온다. 회회는 불교를 숭상하는 동방의 나라로 보인다.

•• 조선왕조실록에 '왜인'은 4천 건이 넘게 나온다. 왜인은 일본과 대마도 사람을 포괄하는 단어로 인접국가로서 교류가 많았음을 보여준다.

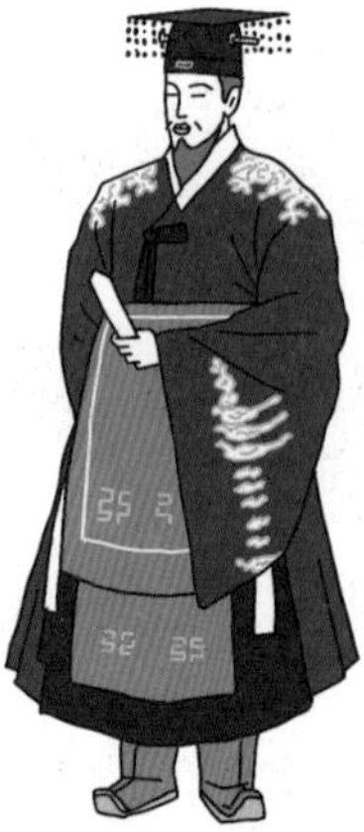

면복과 면류관 | 면복은 왕이 국가의 중요한 행사에서 입는 최고의 격식을 갖춘 옷이다. 즉위식, 종묘나 사직에 제사를 지내거나 설날이나 동지 등 하례를 받을 때 입었다.
강사포와 원유관 | 강사포는 임금이 입는 붉은 색 조복이다.

구장복 앞모습(국립중앙박물관, 좌) | 구장복은 왕이 면복을 갖추어 입을 때 입는 옷이다. 구장은 면복을 장식하는 무늬의 개수가 9개라는 뜻으로, 『주례』에 따르면 용, 산, 화(불꽃 무늬), 화충(꿩 무늬) , 종이(제사 그릇 무늬), 조(한해살이 수초), 분미(흰쌀), 보(도끼 무늬), 불(亞자 무늬)이다.

구장복 뒷모습(국립중앙박물관, 우) | 어깨에는 용을 그리고, 등에는 산, 소맷단은 불, 화충, 종이를 각각 3개씩 그렸다.

왕비의 대례복 적의(국가민속문화재 제 54호, 세종대학교 박물관)

저녁에는 새해를 여는 잔치를 벌였다. 상왕 태종, 종친, 의정부 참찬, 육조 판서, 대사헌 및 6명의 대언승지이 잔치에 참석했다. 세종은 상왕에게 장수를 비는 술을 올렸고, 상왕은 기분이 매우 좋았던지 술자리가 무르익자 일어나 춤을 췄다. 신하들도 같이 어울려서 춤을 췄는데 세종이 춤을 췄다는 기록은 없다. 신하들은 서로 앞다투어 연귀를 지어 올렸다. 새해를 축하하고 상왕과 임금의 건강과 나라의 번영을 기원하는 시였을 것으로 짐작하지만 그 내용이 전하지 않는 것이 안타깝다. 왕이 참석한 새해맞이 행사를 술과 춤, 시로서 마무리하는 것도 나쁘지는 않다. 하지만 상왕은 나라의 체통을 다시 세우는 것을 잊지 않았다.

"하늘이 백성의 행동을 굽어보니 언제나 잔치에서는 공경하고 두려워해야 한다."

백성을 위한 군주와 신하의 기본자세를 돌이켜 생각해보도록 한 것이다. 사관은 이날 모두가 실컷 즐기고 밤이 깊어서야 잔치가 파했다고 기록하고 있다. 세종이 왕으로서 처음 맞이한 새해, 술자리를 즐기면서도 백성을 살핀다는 본분을 다시 새기는 군주와 신하의 자세를 엿볼 수 있다.

집현전을 세우고 활용하다

경복궁 경회루 남쪽에 있는 수정전修政殿은 위엄과 풍모를 갖춘 전각이다. 궁궐 건물에서 '전殿'이라는 말은 보통 왕과 왕비의 건물에 붙인다. 경복궁의 근정전, 교태전처럼 말이다. 수정전에도 '전'이 붙었으니 위엄을 갖추었다고 할 수 있다.

수정전의 또 다른 특징은 전각 앞에 돌로 쌓은 기단인 '월대'를 갖추고 있다는 것이다. 월대도 보통 왕과 왕비와 관련 있는 전각에 있다. 이렇듯 왕과 왕비의 전각에 버금가는 '전'이라는 이름과 월대를 갖추고 있는 수정전은 집현전 터로 알려져 있다.

현재의 수정전은 고종 때 경복궁을 중건하면서 지은 것이다. 수정전이 집현전 터라는 기록은 아직 발견된 것이 없다. 그런데도 수정전을 집현전 터라고 하는 이유는, 조선왕조실록에 집현전이 궁궐 안에 있었다는 기록이 있기 때문이다.

경복궁 수정전(보물 제1760호) | 고종 때 경복궁을 중건하면서 옛 집현전 터에 수정전을 세웠다. 정면 10칸, 측면 4칸으로 월대를 갖춘 것이 특징이다. 고종 때 수정전과 그 주변에 200칸 가까운 궐내각사를 중건했으나 일제강점기 때 모두 철거되고 현재도 빈터다. 나라를 잃자 궁궐도 수난을 당했다.

조선왕조실록에 집현전이 처음 등장하는 것은 정종 때이다. 대사헌 조박은 다음과 같이 건의했다.

"집현전은 이름만 있고 실상이 없습니다. 옛 제도를 회복해서 많은 서적을 갖추고 경서를 강론해서 임금의 자문에 대비해야 합니다."

정종은 좌정승 조준 등을 집현전 책임자로 임명하고 인력을 보강하지만, 실질적으로 운영되지는 않았다. 태종 때도 사헌부와 사간원이 집현전을 열고 선비를 뽑아 경서와 사기를 강론하고 문풍을 떨쳐야 한다고 했지만, 이때도 집현전을 운영한 기록은 없다. 정종과 태종 때는 집현전이 이름만 있고 실체는 없었다.

: 문풍 진흥을 위해 :

집현전을 본격적으로 운영한 것은 세종 때부터이다. 조선왕조실록에서 '집현전'이란 말은 981번 등장하는데 대부분 『세종실록』에 집중되어 있다. 그만큼 집현전은 세종과 떼려야 뗄 수 없다.

세종은 왕위에 오른 후 집현전 운영의 지지부진함을 나무라면서 10여 명의 유사유학을 공부하는 선비를 뽑아 매일 강론하게 하는데, 이것이 집현전이 본격적으로 운영되는 계기가 됐다. 세종 2년 집현전의 인원을 정하고 관원을 임명했다. 영전사, 대제학, 제학은 각각 정1품, 정2품, 종2품으로 겸직하고, 상근직은 정3품 부제학에서 정9품 정자까지 두었다. 모두 20여 명의 문관으로 왕을 자주 만날 수 있는 경연관을 겸임하도록 했다.

설립 목표도 명확히 했다. 문관 중 재주 있는 젊은 사람 위주로 뽑아 경전과 역사를 강론하고 임금의 자문에 대비하도록 했다. 당시 고려에서 이어온 수문전, 보문각, 집현전이 있었으나, 나머지는 폐지하고 집현전만 남겨뒀다. 집현전 관원은 모든 직급의 품에서 선두로 하고, 잔일을 도와주는 노비도 붙여주었다. 무엇보다도 관청을 궁중에 두게 했다. 왕의 근처에 두어 위상을 높였던 것이다.

: 초기 업무 :

세종 초기에 집현전은 임금의 자문에 대비하는 본래의 목적보다는 다른 활동을 더 많이 했다. 시 짓기 시험을 봐야 했고, 후에 문종이 된 여덟 살 원자에게 소학을 가르치고 세자 책봉에 대비해서 연습을 시켰다.

종친도 가르쳤는데 상왕 태종의 사위이자 부마 조선도 이곳에서 글을 배웠다. 이는 일종의 특혜였다. 상왕은 이를 듣고 특정인을 총애하는 것은 예로부터 경계해야 할 일이라며 막았다. 덕분에 집현전은 업무 하나를 줄인 셈이다.

『자치통감강목』의 교정도 봤는데, 2년이나 걸리는 힘든 작업이었다. 『법화경』을 정서하는 일에도 참여했다. 상왕 태종이 승하하자, 그의 후궁 신영궁주가 명복을 빌기 위해 『법화경』을 금자金字로 베끼고자 했다. 신영궁주는 원경왕후가 돌아가신 후 상왕의 병간호와 궁궐 안의 일을 도맡아 했고, 상왕이 세상을 뜬 후 비구니가 된 여인이다. 조정대신들은 유교국가의 이념에 맞지 않다고 반대했고, 세종도 같은 생각이었지만, 신영궁주의 간절한 바람을 모른 척할 수 없었다.

집현전은 사관의 역할도 했다. 조선은 조선왕조실록과 『승정원일기』 등 공식 기록을 통해서 국가의 일을 세밀하게 기록했다. 조선왕조실록을 편찬한 기초자료와 관련해서는 사관이 주요한 역할을 했다. 여기에는 세종의 의지와 집현전도 한몫을 했다.

조선 초기에는 사관 한 명이 어전에 입시해서 듣고 본 바를 기록했다. 그런데 세종은 중국의 역사서 『강목』은 역사를 상세하게 기록한 데 비해, 『고려사』는 너무 간략한 것을 안타깝게 여기고, 집현전 관원 한 명을 추가해서 사관 두 명이 입시하도록 했다. 집현전 관

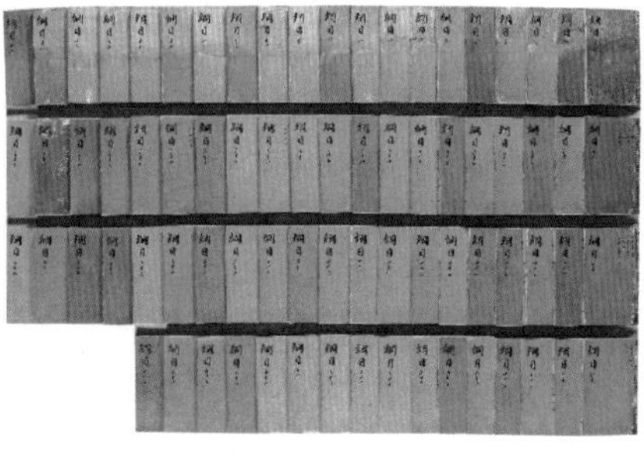

자치통감강목(국립중앙박물관) | 송나라 사마광이 지은 중국의 대표적 역사서. 주희가 『자치통감』을 『자치통감강목』으로 편찬했다. 중국의 역사를 편년체로 기록한 이 책을 조선은 세종, 성종, 중종, 명종, 영조 등 왕의 경연 교재로 사용했다. 세종은 이 책을 백 번 읽었다고 한다.

원 5명은 약 2년 동안 사관의 일도 겸직해야 했다. 이후 조선은 사관 8명을 두고 두 명씩 번갈아 입시하도록 했다. 이는 조선왕조실록이 방대하게 기록될 수 있는 밑거름이 됐다.

세종은 일본국 사신이 가지고 온 그림에 집현전 관원 8명을 참여시켜 시를 짓도록 했다. 집현전에 외교업무도 맡긴 것이다.

또한 집현전은 군사의 일에도 관여했다. 전라도 수군처치사 윤득홍이 왜선 한 척과 왜적 21명을 물리쳤다고 보고하자, 세종은 집현전 수찬 김돈에게 궁궐의 술 160병과 옷 한 벌을 주어 현장으로 보내 격려하고 공적을 보고하라고 했다. 이는 원래 병조의 업무이다.

영돈녕 유정현이 사직하는 글을 올리자, 집현전의 정인지를 집으로 보내 사직서를 돌려주고 "경은 늙지 않았고 경보다 현명하고 유능한 사람은 없다"는 임금의 말을 전하게 했다. 좌의정 이원이 사직서를 냈을 때도 집현전 응교 유효통을 집으로 보내 설득했다. 이것은 일반적으로 왕의 비서 승지가 하는 일이다. 집현전이 승지의 업무도 했던 것이다.

: 집현전의 의견을 물리치다 :

이조가 지방 수령의 임기를 3년에서 6년으로 바꾸자는 의견을 냈는데, 세종도 평소 같은 생각이었고, 부왕 태종도 시행하고자 한 제도였다. 그러나 거의 모든 부서가 반대했다. 호조, 형조, 공조, 사헌부, 사간원 등에서 반대하는 상소가 빗발쳤다. 한성에서 일하는 관리들도 언젠가는 지방 수령으로 갈 수 있었기에 이해득실이 걸려 있었다.

"내가 너희 뜻을 아름답게 여겨 상소를 다 자세히 보았다."

세종은 이렇게 말하면서도 뜻을 굽히지 않았다.

"수령의 임기 6년제는 물러설 수 없다."

그런데 며칠 후 집현전 부제학 신장 등 13명이 반대하고 나섰다.

"국가의 법을 함부로 바꿀 수는 없습니다."

"가장이 오랫동안 집을 비우면 부모 봉양이나 자녀 결혼에 어려움이 있습니다."

"수령의 임기가 장기간 보장되면 나태해지고 세금과 관련된 민폐가 더 심할 것입니다."

왕은 앞서 상소를 올린 다른 권칭들에게 보인 것과는 나른 반응을 보였다.

"너희들은 역사를 많이 공부하니 그 근거를 대라."

집현전은 당나라와 송나라, 우리의 옛 제도인 지방 수령 임기 3년제의 장점에 대해 설명했다.

"너희들이 아니면, 누가 감히 앞서 올렸던 의견을 다시 말하겠느냐."

세종은 이렇게 말하면서도 지방 수령 6년 임기제에 대한 자신의 뜻을 설명하고 밀어붙였다. 집현전의 부제학 신장과 직제학 김상직은 상소가 받아들여지지 않자 사직서를 냈지만, 왕은 사직을 허락하지 않고 돌려주었다.

세종과 집현전이 의견을 사전에 조율하지 않고 엇박자를 낸 예이다. 왕의 자문에 대비하라고 설립해놓고는, 세종 자신이 사전에 집현전에 자문을 구하지 않았던 것이다. 세종은 이후 집현전의 자문을 거친 후 정책을 결정하기 시작한다.

옛 제도를 조사해서 고하라

: 집현전 재택근무를 실시하다 :

세종 8년1426년, 집현전에 재택근무를 실시했다. 집현전이 출범한 지 6년째 되는 해의 일이었다. 세종은 집현전의 종5품 부교리 권채와 정8품 저작랑 신석견, 정9품 정자 남수문 등을 불러 명했다.

"앞으로는 집현전에 출근하지 말고, 오로지 집에서 글을 읽어라."

한 가지 조건이 붙었다. 글을 읽는 규범은 변계량의 지도를 받아야 한다는 것이다. 변계량은 17세에 문과에 급제하고 대제학을 거의 20년 동안 한 문신으로, 설립 초기에 집현전 관원들의 시 시험을 주관했다. 세종은 글을 읽고 자문에 대비하는 집현전의 설립 목적을 상기시키고 그에 맞는 조치를 취한 것이다.

세종은 어릴 때부터 책 읽기를 좋아했다.

"충녕은 몹시 춥고 더운 날씨라도 밤새워 글을 읽고…"

"책이 손에서 떠나지 않자 (태종은) 책을 감추게 하고…"

"글과 책을 밤낮으로 놓지 않아서 급기야 눈병을 얻게 되고…"

왕이 되어서도 책을 늘 가까이 한 세종은 집현전이 어떤 책을 읽고 왕의 자문에 대비하도록 했을까?

: 모든 분야의 책을 섭렵하라 :

"집현전에 『사기』를 읽게 하고자 한다."

예문제학 윤회는 반대했다.

"옳지 않습니다. 대체로 경학유가 경전을 연구하는 학문이 우선이고, 사학은 그다음입니다."

"내가 경연관들에게 『사기』, 『좌전』, 『한서』, 『강목』, 『송감』에 기록된 옛일을 물으니 다 모른다고 하더라. (경학을 해서) 이치를 철저히 밝히고 마음을 바르게 한 인물을 아직 본 적이 없다."

왕은 오히려 윤회의 의견에 퇴박을 놓았다. 위에서 세종이 얘기한 책들은 모두 중국의 역사서이다. 세종은 이미 역사책을 두루 섭렵했고, 집현전도 역사책을 읽기를 바랐던 것이다.

왕은 바로 대제학 변계량을 불러 역사책을 같이 공부할 신하를 추천하라고 했다. 집현전의 정인지와 설순, 그리고 인동현감 김빈 등 세 명이 거론됐다. 왕은 김빈을 바로 집현전으로 발령을 내고, 세 사람에게 『사기』를 읽고 왕의 자문에 대비하도록 했다. 이외에도 당나라의 역사서 『당감』을 직접 쓰도록 했다. 경학보다 역사책이 자문에 도움이 된다고 봤던 것이다.

세종 3년, 책을 찍던 주자소의 업무를 획기적으로 개선하고 처음으로 편찬한 책도 『자치통감강목』이다. 북송의 사마광이 지은 『자치통감』을 강목체로 재편찬한 역사책이다. 강목체는 연대순으로 역사를 기록하되, 강개요을 요약해 쓰고 목자세한 경위을 쓰는 형식이다. 집현전으로 하여금 2년여 동안 교정하게 해서 완성했다. 세종이 역사에 매우 관심이 많았음을 알 수 있다.

세종이 역사를 소중하게 생각했다는 사실을 보여주는 또 다른 일화가 있다. 세종 6년, 왕이 사관이 기록한 사초 처리 문제를 논의하며 신하들에게 물었다.

"나의 초기 재위 4년은 『태종실록』에 기록하는 것이 어떠냐?"

이때는 모든 일을 상왕 태종에게 보고하고 시행했기에 자신의 뜻대로 한 것이 없다는 것이 이유였다. 이렇듯 세종은 자신의 역사도 정확하게 기록해서 후세에 전하고자 했다.

또한 입시하는 사관이 출퇴근으로 시간을 낭비하지 않도록 승정원 곁에 집을 한 칸 마련해주었다. 그리고 상소문이나 왕이 한 말을 사관이 모두 먼저 기록한 후에 왕에게 올리거나 각 부서로 전달하도록 했다. 국가의 모든 일을 빠짐없이 정확하게 기록하려는 장치였다. 세종은 집현전에 역사책만 읽으라고 한 것은 아니었다. 경전뿐 아니라 시와 문집도 읽어야 한다고 했다. 집현전 출신의 경연관 권채와 독서토론을 하면서 두보의 시나 당나라 학자 한유와 유종원의 글도 읽으라고 조언한 적도 있다. 집현전에 토속적인 제사나 신화적 요소가 담겨 있는 『초사』, 유학경전 『성리대전서』, 『사서대전』도 나누어줬다.

세종이 황제의 조서를 가지고 온 명나라 사신 조천과 이약에게 『성리대전어록』에 대해서 물었더니, 그들은 대답조차 하지 못했다. 왕의 질문에 주눅이 들었던 것이다. 세종의 눈높이를 집현전이 맞추기가 쉽지 않았을 것이다.

: 열흘에 한 번씩 시험을 :

집현전은 직책에 따라 책을 읽고 열흘에 한 번 시험을 쳤다. 『논어』·『맹자』·『시경』·『주역』 등 유교경전經, 『사기』·『춘추』 등 역사서史, 『주자』·『장자』 등 범위가 좀 더 넓은 유교서적子뿐만 아니라 개인문집集까지, 세종 대의 기준으로 보면 거의 모든 분야를 망라했다. 세종이 평생 손에서 놓지 않고 읽은 책의 방대함을 짐작할 수 있다.

책을 읽고 열흘에 한 번씩 치는 시험의 1등 답안지는 왕에게 보고

됐다. 또한 각자가 읽은 것을 매일 기록해서 월말에 제출해야 했다. 아무리 독서를 좋아해도 강제적으로 읽는 것은 고역이었을 것이다. 대신 사헌부에서 집현전의 출퇴근을 규찰하지 않도록 했다. 책 읽는 데 걸림돌이 되는 것은 없애준 것이다.

"옛 제도를 살펴 보고하라."

세종이 집현전에 자주 한 말이다. 나라의 현실적 문제를 해결하기 위해서 역사와 성현의 말씀에서 해답을 찾고자 했으며, 정책의 일관성과 정확성을 중시했다. 세종이 집현전에 재택근무를 실시하고 책 읽기를 채근한 이유이다.

역사와 경전에서 답을 찾다

세종 12년 12월, 왕이 조회에서 국정을 논하다가 자신의 사랑 이야기를 꺼냈다.

"내가 일찍이 전 우군 동지총제 조모의 딸을 궁중으로 들이고 싶은 마음이 있었다. 나와 그녀는 7촌 간이었다. 궁중에 들이지 않은 것은 7촌이어서가 아니라 다른 이유가 있었지만, 남녀는 구별을 두는 것이 중요하다."

그리고 신하들에게 물었다.

"지금은 5, 6촌끼리 서로 결혼하는 사람이 있느냐?"

고려의 친족 결혼풍습이 아직도 남아 있는지 걱정해서 물은 것이다. 왕은 집현전에 친족 간 결혼에 대해서 옛 제도를 살펴보고 보고하라고 지시했다.

또한 세종은 인사행정을 맡은 고위관리의 자제가 관직을 맡는 것은 옳지 않다고 생각했다. 그래서 인사청탁 금지법인 상피제도와 분경금지법을 좀 더 명확하게 하고자 했다'상피'는 친족 또는 특수관계에 있는 사람이 같은 곳에서 벼슬, 소송, 시험관리 등을 하지 않도록 한 것이고, '분경'은 권세 있는 사람을 쫓아가서 벼슬을 얻는 것을 말한다.

왕은 상정소의 책임자 맹사성과 권진을 불러 집현전의 조사결과를 말하며 명령을 내렸다.

"나의 뜻이 논리적 근거가 있음이 밝혀졌다. 인사행정을 맡은 자제의 범위는 경들이 정해 보고하라."

두 사람에게 공을 넘긴 것이다. 맹사성과 권진은 우수한 인재 확보에 대해 고심한 후 왕에게 아뢰었다.

"시중이나 상서의 사촌의 자제는 관리가 될 수 없습니다."

왕은 그 제안을 받아들였다. 능력이 검증되지 않은 금수저가 관리가 되는 길을 차단한 것이다.

세종은 국정을 논하다가 잘 모르는 것이 있으면 집현전에게 조사를 하도록 했다. 또한 자신이 원하는 정책도 집현전에 미리 조사를 시킨 후, 담당 관청 책임자를 불러 자신의 뜻을 밝혔다. 아울러 신하들과 정책을 논의하면서 팽팽한 줄다리기를 할 때도 집현전을 활용했다.

세종 14년, 조회에서 왕이 법률조항을 이두로 번역해서 반포하자고 했다. 백성들이 법률을 알면 범죄를 덜 저지를 것이라는 생각에서였다. 하지만 이조판서 허조의 생각은 달랐다. 백성이 법률을 알면 맹점을 파악해서 마음대로 농간하는 무리가 생길 수 있다고 주장했다. 백성에게 정확한 정보를 주고자 하는 왕의 배려와, 백성은 통치대상일 뿐이라는 사대부의 권위의식이 맞붙은 것이다.

세종 : 백성이 법을 알지 못하도록 해놓고, 법을 어기면 죄를 주는 것은 조삼모사와 같은 술책이다.

허조 : 백성이 법을 알면 소송이 그치지 않을 것이며, 윗사람을 능멸하는 폐단이 심해질 것입니다.

그럼에도 불구하고, 왕은 허조의 생각을 존중해서 바로 결론을 내리지 않고, 집현전이 옛 제도를 조사하게 해서 그를 바탕으로 설득했다.

: 세상 만물에 대한 만 가지 답변 :

세종이 집현전에 조사하게 한 것은 헤아릴 수 없을 정도로 많으며, 국정의 거의 모든 분야를 망라하고 있다.

-성균관 유생이 시험을 칠 때는 제술로 할까, 강론으로 할까?

-사형은 추분24절기 중 하나. 9월 23일경 이후에 집행할까?

-죄와 형벌을 잘못 판단한 사례는 무엇인가?

-죄수가 더위를 먹지 않게 하는 방법이 있는가?

-인재 발탁과 근무평가를 공정하게 하는 방법은 무엇인가?

-관리의 집 크기는 어느 정도가 상한선인가?

-문무반 신하들은 칼을 차야 하는가?

-대신이 죽으면 며칠 동안 조회를 멈춰야 하는가?

-왕이 성균관에 갔을 때 공자에게 제사를 올려야 하는가? 문묘에 참배만 하면 되는가?

-고령자를 우대하는 방법에는 어떤 것이 있는가?

-군대의 사열방법은 어떤 것이 있는가?

-의장제도는 어떠했는가?

-종실의 예법은 어떠했는가?

-돌아가신 왕의 존호를 올리는 방법은 무엇이 있는가?

-음악을 올바르게 사용하는 방법은 무엇인가?

-대대로 이어 내려온 산학셈에 관한 공부의 방법은 어떤 것이 있는가?

-대대로 이어 내려온 화폐제도는 어떠했는가?

-수차는 어떻게 사용해야 하는가?

-농업과 양잠의 효율적 운용방법은 무엇인가?

-재계의식을 치르기 위한 몸가짐과 마음가짐를 할 때 술을 마셔도 되는가?

-술을 경계하도록 해주는 교훈은 무엇인가?

심지어 신申자의 정확한 뜻까지 물었을 정도이다.

세종은 어릴 때부터 독서를 통해서 많은 지식을 갖고 있었지만, 즉흥적이거나 독단적인 결정은 거의 내리지 않았다. 집현전을 통해서 논리적 근거를 확보한 후에 정책을 신하들이 납득할 때까지 토론해 결정했다. 정책을 시행하는 것은 결국 관리임을 잘 알았기 때문이다. 이렇게 결정된 정책은 일관성 있게 오랫동안 계속될 수 있었다. 이것이 조선의 많은 제도가 세종 때에 마련된 이유이기도 하다. 세종은 집현전을 설립 목적에 맞는 국정 자문기구로 제대로 활용한 것이다.

: 백성의 삶에 도움이 되도록 :

세종은 집현전을 백성들의 삶에 직접적 도움이 되는 기구로도 활용했다. 세종 10년, 왕은 진주 사람 김화가 아버지를 살해했다는 보고를 받고 깜짝 놀라서 신하들을 소집해서 대책회의를 했다. 그 결과 『효행록』 등 서적을 편찬하기로 하고 집현전에 맡겼다. 집현전은 부제학 설순의 주도로 4년여의 노력 끝에 『삼강행실도』를 완성하고 일반 백성에게까지 보급했다. 이 책은 우리나라와 중국의 효자, 충

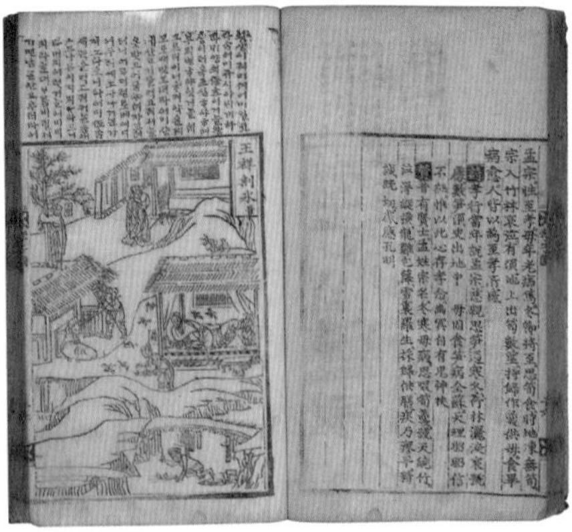

삼강행실도(국립중앙박물관) | 삼강은 부위자강, 군위신강, 부위부강이다. 아버지는 자식의 벼리가 되고, 임금은 신하의 벼리가 되고, 남편은 아내의 벼리가 되어야 한다. 『삼강행실도』는 세종이 직접 지은 이름이다. 세종은 이 책을 인쇄해서 영구히 전하고자 했다.

향약집성방(국립중앙박물관) | 세종은 우리 땅의 풀과 나무로 약재를 생산해서 병을 치료할 수 있으나 의학이 발달하지 못해서 그 사실을 알지 못하는 것을 걱정스럽게 여겼는데, 이것이 바로 『향약집성방』을 만든 이유이다. 세종 15년 『향약집성방』이 완성되자 전라도와 강원도에 나누어 인쇄하게 했다.

신, 열녀를 각각 100명씩 찾아 이해하기 쉽도록 그림과 사실 그리고 시를 덧붙여 소개한 것이 특징이다.

집현전을 통해 『향약집성방』도 편찬했다. 세종의 강력한 의지와 집현전의 철저한 자료 수집이 이루어낸 결과이다. 북경에 사신을 보낼 때 의관을 같이 보내 중국의 의학서적을 구해오게 하고, 국내 자료는 집현전이 찾아 분류했다. 1년여의 노력 끝에 중국과 국내의 의서를 포함 85권으로 완성했다. 병의 증상을 338가지에서 959가지로 확대 분류하고, 처방을 2,803가지에서 1만706가지로 4배 넘게 늘렸으며, 1,476조의 침구법과 향약본초, 포제법을 담았다.

무엇보다도 이전의 의학서와 달리, 우리 땅에서 자라는 풀과 나무를 약재로 써서 병을 치료하는 방법을 소개했다는 점에서 의의가 크다. 질병치료에서 신토불이의 원조 격이다. 구하기 힘든 중국의 약재를 찾아다닐 필요가 없어진 것이다. 집현전은 이후에 더욱 방대한 365권으로 된 『의방유취』를 3년에 걸쳐 완성했다.

이외에도 집현전은 『통감훈의』, 『국어』, 『음의』, 『속등록』, 『지리지』, 『치평요람』, 『사륜전집』, 『사륜요집』, 『동국정운』, 『황극치평도』 등을 편찬하고, 『강목』·『통감』 149권을 글의 재료를 모아 썼으며,

『운회』, 『논어』, 『대학』, 『맹자』, 『중용』 등을 언문으로 번역했다. 세종이 집현전을 설립하면서 문풍을 불러일으키겠다는 초기의 목적을 이룬 셈이다.

안타깝게도 후에 세조는 집현전 출신 학자들이 단종 복위운동에 대거 참여했다는 이유로, 집현전을 폐지했다. 그러나 세종이 키운 집현전 출신 학자들은 문종, 단종, 세조뿐만 아니라 성종 대까지 국가의 인재로 활약했다. 집현전을 통해서 국가의 당면과제를 해결하고 미래를 준비한 세종의 혜안이 돋보인다.

집현전의 옛터로 추정되는 경복궁 수정전을 돌아보면, 밤늦게까지 역사와 경전을 바탕으로 국가의 과제를 해결하려고 노력하던 학자들의 모습이 보이는 듯하다. 신숙주가 밤새워서 연구하다가 깜빡 잠이 들자 갖옷털가죽으로 안을 댄 옷을 덮어준 세종의 모습도 함께 말이다. 집현전은 국가의 과제들을 해결하고 미래를 준비한 전무후무한 정책기구였다.

제1차 파저강 승전 축하연을 열다

: 조선 왕이 주재한 유일한 승전 축하연 :

세종 15년 5월, 경복궁 근정전 뜰에서 잔치가 열렸다. 잔치의 주최자는 세종이고, 주인공은 제1차 파저강 여진족 정벌에서 승리한 최윤덕을 비롯한 장수 5명과 전 상호군 서침을 포함한 128명의 군관이었다. 이 자리에는 왕세자와 종친, 신하들도 참석해 축하했다.

장수과 군관들은 임금이 하사한 새 옷을 입고 새 신을 신었다. 왕은 장수들에게 일일이 술을 따라주었고, 세자가 술을 따라줄 때는 앉아서 받도록 했다. 그만큼 승리자들을 크게 대우해준 것이다. 최윤덕은 참석자들을 대표해서 세종에게 술을 올렸고 모두 일어나서 춤도 췄다. 이는 조선의 역사에서 왕이 주재한 유일한 승전 축하연이다. 조선왕조실록에 남아 있는 소중한 역사의 기록을 따라가 보겠다.

경복궁 근정전과 뜰 | 경복궁의 정전인 근정전에서는 외국 사신 맞이나 국가적 행사를 치렀고, 정종, 세종, 세조, 중종, 선조 등 다섯 왕의 즉위식을 했다. 세종 때 제1차 파저강 승리 축하연을 근정전 뜰에서 연 것은 매우 의미가 깊다. 우리 민족은 침략을 당한 뼈아픈 역사는 많으나 먼저 공격해서 승리한 경우는 거의 없기 때문이다.

: 여진족의 횡포 :

세종 14년 12월, 평안도 도절제사로부터 보고가 올라왔다.

"홀라온의 올적합 여진족 군사 100여 명이 우리 땅에 침입해서 백성 64명을 끌고 가려 하자, 여진족 올량합의 추장 이만주가 군사 600여 명으로 그들을 치고 우리 백성을 안전하게 보호하고 있습니다."

조선으로서는 매우 고마운 일이다. 북쪽 국경 부근의 여진족은 부족끼리 이익에 따라서 이합집산했다. 올량합 추장 이만주는 이번에는 조선에 협력했지만, 항상 조선에 우호적이었던 것은 아니었다.

세종 6년, 달단군몽고군의 침략으로 이만주는 부족 1천여 가구를 이끌고 파저강까지 피신했다. 조선과 명나라 국경선의 중간 지점에 있는 파저강은 북쪽으로는 요하로 흐르고, 남쪽으로는 압록강의 중간으로 들어온다. 파저강 주변에는 예전부터 알타리, 오도리 등으로 불리는 여러 여진족들이 살고 있었다. 명나라는 이만주에게 파저강 다회평에 살아도 좋다고 허락한 터였다. 파저강 주변으로 모여드는 여진족 무리들은 점차 늘어났다.

조선은 파저강과 그 주변에 흩어져 사는 여진족을 '야인' 혹은 '파저강의 도적'이라고 불렀다. 그들은 명나라의 신분증에 해당하는 인신을 갖고 있었고, 언어가 우리와 달랐다. 조선은 그 정체를 정확히 알지 못했기에 소극적인 방어정책을 취했다.

"야인이 오면 어루만지고, 도망가면 쫓지 않고, 횡포를 부리지 못하도록 한다."

조선 초기에는 여진족이 음식을 구걸하면 식량을 주고 귀화를 받아들이는 등 유화정책을 폈다. 귀화한 여진족을 경복궁에 초대해 경회루에서 활을 쏘고 음식 대접을 했다는 기록이 남아 있다. 그러나 여진족은 차츰 강을 건너 우리 영토에 침입해서 자주 도적질을 하고 백성들을 납치했으며, 우리 백성들이 압록강 너머에서 합법적으로 짓는 농사까지 위협했다. 파저강 주변의 여진족이 차츰 골치 아픈 존재로 바뀐 것이다. 유화책으로는 한계가 있었다.

: 여진족 정벌을 계획하다 :

세종 15년 1월, 왕이 국경 방비를 소홀히 한 평안도 도절제사 문귀를 최윤덕으로 교체하고, 태종의 대마도 정벌을 언급하며 정벌을 지시했다.

"파저강 도적에게 유화책은 한계가 있다. 지금 정벌하지 않으면 후회하게 될 것이다."

우선 여진족에 대한 정보를 수집하기 위해 전 정4품 소윤 박호문과 정4품 호군 박원무를 보내 자세히 살피게 하고, 조정회의에서 야인정벌에 대한 계책을 세우도록 했다. 영의정 황희를 비롯한 22명이 유화책부터 기습공격까지 다양한 전술을 냈다. 왕은 안숭선에게 발언내용을 모두 밀봉하라고 지시했다. 적이 정벌 움직임을 알아채지 못하도록 비밀을 유지해야 했다.

세종의 주재로 두 번째 작전회의가 열렸다. 총지휘관은 누구로 할 것인가? 기병과 보병의 규모는 어느 정도로 할 것인가? 병장기, 갑옷, 투구 등 군사장비는 충분한가? 강을 건널 때 부교를 쓸 것인가? 적들이 눈치채지 못하도록 부교를 몰래 설치할 방법이 있는가? 왕은 구체적인 논의내용을 정리해 현지에 있는 최윤덕에게 전달했다. 이후에도 작전회의가 몇 차례 더 있었다.

조선은 명나라에 보내는 외교문서에서 야인들이 저지른 약탈행위를 낱낱이 밝히고 정벌의 정당성을 알렸다. 여진족에게 보낸 포고문에는 우리의 참혹한 피해를 설명하는 한편으로 정벌의 목적을 분명하게 밝히고, 여진족 일반 백성에게는 죄를 묻지 않을 것임을 알렸다.

세종은 거의 매일 야인정벌 문제에 매달려 정보를 수집하고 조정대신들과 전략을 세웠다. 최윤덕의 건의에 따라서 출정하는 군사 규모는 한성에서 1만 명, 황해도 군마 5천 명 등 총 1만5천 명으로 결정했다. 병조에 지시해서 평안도와 황해도 감사에게 군사 출동을 허락하는 좌부*를 보냈다.

왕은 출정하는 군대에 교서를 반포했다. 지휘관 최윤덕에게는 군

율을 엄격히 해서 적을 토벌할 것을 명하고, 부장들에게는 최윤덕의 지휘 아래 힘을 합해서 백성의 소망에 보답할 것을 독려하고, 마지막으로 군관과 병사들에게는 군령을 따르고 용맹을 보여줄 것을 명하면서 그에 대한 보상을 약속했다.

군사작전에 필요한 군령도 보냈는데, 매우 구체적인 16개 항목으로 이루어져 있었다.

-오로지 지휘관의 명을 따르고 병사들이 움직이고 보고하는 법

-북과 깃발의 신호에 따라서 전투하는 법

-적을 공격하는 법, 강을 건너는 법

-적의 늙고 어린 남녀는 죽이지 말 것, 적의 재물을 탐하지 말 것

-전사자는 거두어 올 것

-포로로 잡은 늙은이와 어린아이를 굶기거나 괴롭히지 말 것

● **호부**(虎符) : 조선시대에 군사를 출동시킬 때 사용한 병부(兵符)로 좌부와 우부가 있다. 한 면에는 '발병(發兵)', 다른 면에는 '○도관찰사' 또는 '○도수륙절제사'라고 쓰고, 그 가운데를 쪼개 우부는 책임자에게 주고, 좌부는 중앙의 상서사에 두었다가 임금이 군사를 출동시킬 때 좌부를 내려보내 우부와 맞추어지면 군사를 움직였다.

–사로잡은 부녀자를 병사와 섞이게 하지 말고 한곳에서 잠을 자게 할 것

–병사들은 술기운이 적당하게 오를 정도로 마시되 취하지 말 것 등

: 큰 승리를 거두다 :

최윤덕이 현지 사정을 다시 보고하며 정벌시기를 묻자, 세종은 처음에 세운 계획대로 4월 중순을 넘기지 말라고 했다. 4월 중순을 넘기면 풀과 나무가 무성하게 자라서 적을 볼 수 없고, 5월은 비가 많이 올 우려가 있었다.

한성에 사는 귀화 야인들이 정벌의 낌새를 못 채도록 술과 음식을 대접하는 한편, 왕은 한가로이 온천여행을 떠나는 양동작전을 폈다.

이제 후방에서 할 수 있는 역할은 다했다. 여진족이 사는 곳은 "나무 열 그루를 베야 별 하나를 본다"는 매우 험준한 곳으로, 현지의 진짜 싸움은 오로지 지휘관 최윤덕에게 달려 있었다.

최윤덕은 세종이 온천으로 떠난 20여 일 후 여진족 정벌을 시작했다. 군사를 일곱 곳에 나누어 배치해 흩어져 있는 야인들을 한꺼번에 공격하는 기습전법으로 9일 만에 정벌에 성공했다. 여진족 286명을 생포하고 183명을 죽였으며 소, 말, 활 등을 많이 빼앗았다. 우리의 인명 피해는 29명에 불과했다. 이후에도 간헐적으로 소규모 전투가 있었으나 승리했다. 이것이 제1차 파저강 정벌이다.

파저강 일대 여진족 세력은 크게 무너졌다. 이렇게 해서 세종은 최윤덕을 비롯한 장수들을 경복궁 근정전으로 불러 승전 축하연을 열게 된 것이다. 병사들에게는 양식을 주고 부역이나 조세를 면제해

주었고, 전사자는 초혼제를 지내주었다.

세종은 파저강 정벌을 크게 기뻐했으나, 아직 올량합 추장 이만주를 사로잡지 못했으며, 파저강 주변에는 또 다른 여진족 세력들도 남아 있었다. 왕은 영의정 황희, 좌의정 맹사성, 그리고 중신들과 함께 후환을 없앨 방도를 찾고자 했다.

남은 이야기

최윤덕의 승진과 세종의 인사관

세종은 제1차 파저강 정벌 이후 최윤덕을 우의정으로 삼고, 다른 지휘관들도 승진시켰다. 최윤덕은 아버지 덕에 음서로 무장이 되었기에 조정은 의아해했다. 아무리 전쟁의 공이 있어도 배움이 부족하고 과거를 치르지 않은 무인을 우의정에 앉혔기 때문이다.

세종은 그 이유를 전쟁의 공 때문이 아니라, 최윤덕이 부지런하고 성실하게 업무를 처리했고 덕을 쌓았기 때문이라고 했다. 좌의정 맹사성은 최윤덕에게 자신의 자리를 주자고 했다. 좌의정은 우의정보다 앞선 자리이다. 자신의 자리를 선뜻 내주려 한 맹사성도 대단한 인물이다.

세종은 최윤덕의 부장들도 승진시켰다. 하지만 좌군 절제사 최해산은 파직했다. 최윤덕의 명령대로 움직이지 않았고 전공도 거의 없었기 때문이다. 무거운 벌을 줄 수도 있었지만, 아버지 최무선에게 화약 만드는 법을 배워서 20여 년 동안 기여한 공을 인정해 비교적 가벼운 처벌인 파직에 그친 것이다. 학벌보다는 인품과 능력을 중시한 세종의 인사관을 엿볼 수 있다. 그가 장영실을 발탁한 것도 이와 다르지 않겠다.

제2차 파저강 여진족 정벌

제1차 파저강 정벌 이후, 여진족의 침입은 눈에 띄게 줄어들었다. 세종은 가능한 유화정책을 펴고자 했다. 그러나 평화는 오래가지 못하고 2년 남짓 만에 깨져버렸다.

세종 18년 5월, 이만주가 이끄는 올량합 여진족 500여 기병이 우리 영토에 쳐들어와서 백성 22명을 납치하거나 죽이고 말 51마리, 소 34마리를 도적질했다. 이외에도 간헐적 소규모 침입이 있었다.

세종은 유화정책을 편 것을 후회했다. 여진족은 은혜가 통하지 않으며 인의로 다스릴 수 없다고 느끼고, 조선의 백성으로 받아들이지 않기로 마음먹었다. 대신뿐만 아니라 4품 이상까지 야인을 막을 계책을 내라고 하고, 모든 계책을 왕이 직접 다 읽어보겠다고 했다. 97명의 관리가 체계적이고 정교한 계책을 내놓았는데, 조선왕조실록에 거의 책 반 권 분량으로 남아 있다.

군사배치와 활용법을 구체적인 숫자로 제시한 작전계획도 있었고, 병사들의 사기를 높이기 위한 신상필벌 원칙도 있었다. 특히 적의 정보수집을 강조했다. 정확한 정보를 주는 여진족에게는 벼슬을 주거나 돈을 아끼지 말라고 했다.

제1차 파저강 정벌처럼 대규모 군사를 일으키지 않는 대신, 현지의 장수와 자주 소통하며 모두 맡기는 전략을 택했다. 대규모 전투는 정보가 새나가서 적들이 숨어버릴 수 있기 때문이다. 여진족은 제1차 파저강 정벌 후 경계를 소홀히 하지 않았다.

북방 국경의 여진족은 크게 파저강과 압록강을 중심으로 흩어져 사는 세력과 두만강을 중심으로 하는 세력으로 나뉘어 있었다. 평안도 도절제사 이천과 함길도 도절제사 김종서가 여진족을 토벌할 지휘관이었다. 평안도 지역부터 보자.

세종은 조정관리 97명이 제시한 계책을 요약한 뒤 평안도 도절제사 이천에게 보내고, 군사에 관한 사항은 전권을 위임했다. 되도록 평안도의 군사와 물자로 전투를 치르고 군사 지휘 능력이 없는 수령은 교체하라고 했다. 평안도 지역의 인사권을 도절제사 이천에게 넘긴 것이다. 또한 장기전에도 대비하라고 지시했다. 정예병 수천 명이 수확이 다가오는 적의 전답을 짓밟거나 소굴에 불을 지르면 2, 3년도 버티기 힘들 것이라고 했다.

이천은 세종이 보낸 계책의 각 항목마다 장단점을 설명하고, 바로 실행할 것과 보완해서 실행할 것 등을 세밀히 분류하고, 현지 사정을 고려한 대안을 제시했다. 이천도 왕 못지않게 자세하고 세밀한 계책을 세워서 답변한 것이다. 이후에도 세종과 이천은 몇 차례 더 야인토벌 계획을 주고받았다.

이천은 마지막으로 올량합 추장 이만주 세력을 소탕할 계책을 올렸다. 한 달여 후 기병과 보병을 거느리고 세 갈래로 쳐들어갈 계획이나, 추장 이만주의 정확한 소재를 파악하지 못했다고 했다. 왕은 계획을 승인하고, 귀화한 여진족을 통해서 파악한 이만주의 소재를 알려주었다. 또한 평안도 관찰사에게 이천의 정벌계획을 알려주고 협력하라고 지시한 후 최종 정벌지침을 내렸다.

- 한 번의 정벌로 적을 소탕하지 못할 경우, 도절제사의 판단으로 후일을 기약해도 좋다.
- 부대가 행진할 때 앞뒤의 연락이 끊어지지 않도록 하라.
- 적의 성은 부대를 나누어 공격하되, 별도의 정예병으로 비밀리에 공격하라.
- 방어할 때는 방패와 화포를 잘 활용하라.
- 사로잡은 적은 부녀자와 어린아이를 제외하고는 죽여도 좋다.
- 평안도 관찰사에게도 밀지를 보냈으니 필요하면 의논하라.

세종은 현지와 떨어진 먼 곳에서 이래라저래라 할 수 없으니, 최종 판단은 도절제사 이천에게 맡긴다고 하면서 끝을 맺었다.

: 한 뼘의 땅도 넘겨주지 않겠다 :

약 두 달 후, 평안도 감사로부터 승전보고가 올라왔다. 우리 군 약 7천 명이 세 갈래로 나누어 열흘간 전투를 벌여 적 60여 명을 죽이고 소와 말을 빼앗고 집과 곡식을 불태웠다. 이천도 전투에서 승리할 때마다 보고를 올렸다. 안타깝게도 추장 이만주를 사로잡지는 못했으나, 아군의 전사자는 한 명에 불과했다. 이것이 제2차 파저강 정벌이다.

왕은 궁궐의 술을 현지로 보내 군사들을 위로하고, 이천을 정헌대부 호조판서 겸 평안도 도절제사로 임명하고 부장들도 승진을 시켰다. 군사 500여 명에게는 1등에서 3등의 공을 주어 1등은 자손까지, 2등은 평생, 3등은 2년간 부역을 면제해주었다. 공을 세운 노비는 병사가 되게 하거나 면포 등을 주었다. 사망자에게는 제사와 부의를 해주고 세금과 부역도 면제했다.

세종은 제1차 파저강 정벌 이후 유화책에 대한 반성으로 이제부터 되도록 유화책을 펴지 않겠다고 밝혔지만, 조건부 귀화의 길은 열어두었다.

제1차, 2차 파저강 정벌로 평안도 부근에서 여진족의 침입은 확연히 줄어들었다. 여진족 중 일부는 귀화를 희망했다. 왕은 귀화를 받아들이거나 옷, 신발, 갓, 자리, 종이 등을 하사했다. 파저강 주변이 안정됨에 따라 석성을 쌓는 등 평안도 방어에 대한 대책을 세우고 4군을 설치했다. 이 경계선은 오늘날 우리 국토의 서북쪽 국경이 된다.

역사에 가정은 없지만, 만일 세종이 여진족 침입에 소극적이었다면, 현재 우리의 국경선이 더 아래로 내려왔을지도 모른다. 백성의 생명과 재산을 지키고 조상이 물려준 한 뼘의 땅도 적에게 넘겨주지 않겠다는 의지와 면밀한 준비에서 세종의 지도력을 다시 한 번 확인할 수 있다.

남은 이야기

우의정 노한의 몰락

제2차 파저강 승리 이후, 이천의 승진에 대한 뒷말이 있었다. 세종은 내시 김충을 시켜서 영의정 황희, 우의정 노한, 찬성 신개에게 포상을 논하라고 했는데, 세 명 모두 이천의 공이 상을 줄 만큼은 아니라고 했다. 특히 우의정 노한은 이렇게 말했다고 한다.

"여연판관 이종효에게 군사 200~300명만 주어도, 이천의 7천 군사 못지않게 여진족을 포획했을 것입니다."

왕은 김충의 보고를 받고 불같이 화를 냈다.

"제1차 파저강 정벌에는 군사 1만5천 명이 동원됐다. 그때 모든 대신들이 '여진족 정벌은 매우 어려워서 적을 사로잡지 못하더라도 군사가 온전하게 돌아온다면 속할 것입니다'라고 했다. 이번에는 7천 명으로 60명을 포획하고 군사도 온전하게 돌아왔다. 그런데 대신들이 말을 바꾸는 연유가 무엇인가?"

노한은 자신의 말이 잘못 전달되었다면서, 내시의 말을 듣고 대신을 의심하는 것은 부당하다고 억울함을 호소했다.

"이천의 군대가 적진에 들어간 다음에, 이종효에게 군사 200~300명을 주었다면 이만한 전과를 올렸을 것이라는 뜻이었습니다."

왕은 승지에게 그때 같이 있었던 영의정 황희와 찬성 신개의 증언을 들어보라고 했다. 황희와 신개는 "이종효에게 처음부터 200~300명의 군사만 주었어도 적을 이만큼 사로잡았을 것입니다"라는 말로 알아들었다고, 노한에게 불리한 증언을 했다.

"말단 관리도 생사의 기로에서 거짓말을 하지 않는데, 대신이 자신의 허물을 감추기 위해서 거짓말을 하다니, 대신의 체통에 어긋난다."

왕은 우의정 노한을 파직했다. 사실 노한은 세종의 이모부로, 세종은 평소 그의 말과 행동을 좋게 평가했다. 그런데도 노한을 파직한 것은 제2차 파저강 승리를 깎아내린 잘못도 있었지만, 대신으로서 체통 없이 거짓말을 했기 때문이다. 이후 세종은 노한을 다시 부르지 않았다. 우의정에서 물러난 노한은 7년간 야인생활을 하다가 68세에 세상을 떠났다.

6진을 개척하다

: 국토를 넓힐 절호의 기회 :

파저강 정벌로 서북부 평안도 지역은 차츰 안정됐다. 그런데 세종 15년 11월, 제1차 파저강 승리 6개월 후 뜻밖의 소식이 전해졌다.

"여진족 동맹가첩목아 부자가 죽었습니다. 이복동생 범찰이 부족을 거느리고 우리 땅에 와서 살고 싶어 합니다."

왕은 후환을 가져올 세력으로 생각한 동맹가첩목아가 죽었다는 말을 듣고, 황희, 맹사성 등 정승들을 불렀다.

"그곳의 허술한 기회를 틈타서 옛 영토를 회복하여 조상의 뜻을 이어야겠다."

동맹가첩목아는 중국 건주위 지역의 도지휘사였다. 이복동생 범찰은 한때 동맹가첩목아가 점령했던 알목하 땅에 살고 싶다고 조선에 요청했다. 알목하는 여진족 지명이며, 조선은 그곳을 창업이 시작된 경사스러운 곳이라는 의미로 '경원慶源'이라고 불렀다. 태조의 4대 조상 목조와 비의 덕릉과 안릉이 있었다. 태조 이성계는 조상의 무덤이 있는 그곳에 부를 설치하고 성을 쌓았다. 우리 국토의 최북단, 현재의 함경도에 있는 경원은 지사 한 명과 관리 70여 명이 속한 부의 행정단위가 됐다. 동맹가첩목아는 태종 때 다른 여진족들과 함께 경원을 세 차례 침입했으며 덕릉과 안릉에 피해를 입혔다. 불안해진 백성들은 경원을 떠나려 했다.

"경원에 부를 둔 것은 조상의 능 때문이다. 능과 부를 옮기면 적의 침입이 없을 것이다."

태종의 말에 호조판서 이응이 반대했다.

"능과 부를 옮기면, 적들이 우리 영토를 누에처럼 갉아먹을 것입니다."

하지만 대부분의 신하는 태종의 말에 찬성했고, 두 능을 함주로 옮기고 부를 폐지했다. 경원 땅을 포기한 것이다. 동맹가첩목아는 경원을 점령했으나, 조선의 보복이 두려워 명나라 개원으로 옮겨갔고, 경원은 빈 땅이 되어버렸다.

그런데 동맹가첩목아 부자가 죽은 후, 이복동생 범찰이 방치된 그 경원 땅에 다시 들어와서 살고 싶다고 요청해온 것이다. 범찰은 형과 달리 조선에 협력해서 관계가 좋았다. 그러나 세종은 범찰의 요청을 거절하고, 경원에 영북진과 경원부를 옮겨서 옛 영토를 회복하겠다는 뜻을 밝혔다. 영의정 황희, 좌의정 맹사성 등은 왕의 말에 맞장구를 쳤다.

"지금이 국토를 넓힐 수 있는 절호의 기회입니다."

30여 년간 방치된 경원 땅을 다시 우리 백성이 사는 땅으로 회복하기 위해서는 해결할 문제가 많았다. 진을 설치하려면 보통 1천 가구에 5천~6천 명 이상의 인구가 살아야 한다. 새로 옮기는 영북진과 경원부에 성벽을 쌓고, 함길도에서 2,200가구를 이주시키고, 백성이 부족하면 충청, 강원, 경상, 전라 등에서 보충하기로 했다. 관리는 그 지역에서 뽑아 임명하는 토관제도를 실시하기로 했다. 아울러 이주하는 백성들이 농사를 짓도록 보호해주고, 요역과 세금을 줄여주며, 양민은 벼슬을 주고, 향리나 역리는 이역吏役을 해제해주며, 노비는 해방해 양민이 되도록 하는 등 우대정책을 내놓았다.

함길도 감사 김종서가 경원부와 영북진에 2,200가구를 이주시키고 성을 쌓는 계획을 세웠다. 이조에서는 경원부와 영북진에서 일할 관리의 품계와 인원을 정했다. 진을 설치하기 위한 기본 골격이 갖추어진 것이다. 경원부와 영북진은 나중에 6진의 첫 출발이 되는 회령과 종성이 된다.

: 북방 국경을 세우는 임무를 맡은 김종서 :

함길도에 6진을 개척해서 우리 국토를 넓힌 것은 세종과 김종서의 합작품이다. 김종서는 7년간 함길도 감사, 도관찰사, 병마도절제사를 맡았고, 이중에서 5년 9개월을 군사 책임자인 병마도절제사로 일했다. 그러다 보니 장군의 느낌이 강한데, 세종의 인물평을 보면 그렇지 않은 것 같다.

"김종서는 유학자로서 몸집이 작고 무예도 모자라서 장수로서는 마땅하지 않다. 그러나 관리로서 재주가 좋고 부지런하고 실수 없이

세종 때 개척한 4군 6진

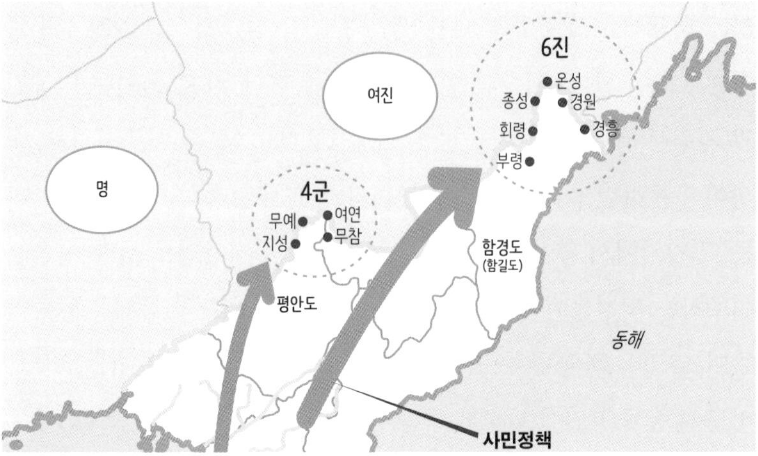

사민정책 | 북방을 개척하고 백성을 이주시킨 정책

일을 매우 정밀하게 처리한다."

김종서는 국경의 장수 하면 떠오르는 덩치 큰 무인은 아니었다. 세종이 무인 자질을 갖추지 못한 김종서를 함길도 군사 책임자로 임명하고, 옛 땅을 회복하는 중요한 임무를 맡긴 데는 이유가 있었다.

김종서는 함길도에 파견되기 전에 5년간 왕명 출납을 담당하는 좌·우부대언으로 일했다. 이는 승지로 오늘날 대통령 비서에 해당한다. 세종과 김종서는 오랫동안 아주 가까운 거리에서 왕과 신하로서 호흡을 맞췄다. 김종서가 왕인 자신의 뜻을 잘 알기에 북방 국경을 세우는 임무를 맡긴 것이다.

조선 초기 북방 국경선의 두만강 부근에는 우리 백성과 더불어 여러 여진족이 살고 있었다. 여진족은 명나라 황제로부터 직책을 받기도 했고, 그곳에서 살아도 좋다는 허락도 받았다. 당시는 국경선이 명확하지 않아 명나라도 군사기지인 위衛를 설치해 둔 터였다. 함길도가 명나라 땅이 될 수도 있었던 것이다.

함길도에 6진을 설치하고 운영하는 데는 어려움이 많았다. 우선 인구가 일정 규모로 유지돼야 했다. 김종서는 병조의 계획대로 경원부와 영북진에 2,200가구를 이사시키는 사민정책을 주도하고, 이주 백성들에게 여러 혜택을 주었지만 문제가 발생했다.

이주 첫해, 가뭄으로 흉년이 들었고, 겨울에는 많은 눈이 내려서 가축들이 죽었다. 이듬해에는 역질이 돌아서 사망자가 속출했다.

"새로운 고을을 영원히 세울 수 없을 것이다."

비관적인 전망을 내놓는 관리도 있었다. 백성들은 살기가 불안하자 고향으로 돌아가거나 다른 곳으로 이주하려고 했다. 일부 신하들은 왕에게 건의했다.

"두만강은 고려 때도 지키지 못했으니, 더 남쪽으로 내려와 마천령으로 국경을 삼아야 합니다."

정확한 인구 파악도 쉽지 않았다. 부역과 세금의 기초자료가 되는 판적을 만들어야 하는데, 자칫 민심이 나빠질 우려가 있었다. 백성들에게 판적은 전출입을 살피기 위한 것이고, 요역과 관계없다고 설득해야 했다.

새로 설치한 진에는 여진족도 섞여 살았기 때문에 조선 백성과 구분해야 했다. 10가구, 50가구, 100가구 단위로 묶어 책임자를 두는 인보법을 실시하고자 했으나, 이것도 민심을 살펴가며 해야 했다. 또한 관아나 성을 쌓는 공사에 병사들을 동원했으나 도망자가 속출했다. 유교국가에 어울리는 풍속을 갖추도록 교육할 경서도 구해와야 했다. 무엇보다도 물자가 풍족한 땅으로 만들어야 했다. 벼농사, 뽕나무 등의 생산을 독려하기 위해 농사를 잘 짓는 농민에게

는 벼슬을 주고 세금을 면제해주었다.

김종서가 해결해야 할 일이 한두 가지가 아니었다. 김종서는 모든 일을 낱낱이 왕에게 보고했고, 왕도 지원을 아끼지 않았다. 화포 등 군수물품, 시각을 알 수 있는 일성정시의와 현주일구 등 천문기구를 보내주었다.

이와 더불어 여진족 문제도 해결해야 했다. 여진족은 부족이 다양하고 흩어져 살아서 실체를 파악하기 어려웠다. 함길도는 지형이 험준해 산속 깊이 도망가면 일일이 추적할 수도 없었다. 한두 번의 대규모 전쟁으로 해결할 수 있는 상황이 아니었다. 김종서는 우선 목책과 성곽을 쌓아서 방비를 튼튼히 하고 차츰 정벌을 통해서 여진족 문제를 해결하고자 했다. 그러나 세종은 되도록 전쟁보다 달래고 회유하는 위무정책을 중시했다. 이런 정책을 펴는 데는 정확한 정보와 인내심이 필요했다.

: 회유책으로 여진족을 포섭하다 :

언어와 삶의 방식이 다른 여진족을 파악하고 회유하려면, 우리

편이 되어준 여진족에게 벼슬이나 돈을 줄 뿐 아니라 신뢰를 쌓아야 했다.

여진족 추장 거아첩합은 수시로 국경을 침범해서 우리의 장수를 살해하고 도둑질을 하는 등 죄질이 아주 나빴다. 마침내 거아첩합을 잡았지만, 김종서는 변방의 지리와 여진족 사정에 밝은 그를 죽이지 말고 포섭하자고 했다. 세종은 거아첩합에게 기와집, 의복, 생활도구, 말은 물론 녹봉을 받는 벼슬을 주고 노비까지 붙여주었다. 그의 아들을 조선의 부잣집 딸과 결혼도 시켰다. 거아첩합은 조선으로 귀순해서 삶이 천양지차로 바뀌었다. 진심으로 뉘우치면 조선이 보듬어준다는 전시효과를 노린 것이다. 이러한 노력으로 적의 정보를 알려주는 여진족이 차츰 늘어났다.

그러나 회유책만으로는 여진족을 굴복시킬 수 없었다. 김종서는 회유책이 한계가 있을 때는 전투를 했다. 전투는 대부분 소규모로 이루어졌는데 승전으로 이어졌다. 괄목할 만한 성과를 거뒀고 북방은 차츰 안정되어갔다.

그런데 김종서에게 개인적 불행들이 닥쳤다. 노모가 돌아가실 때 임종조차 지키지 못했고, 지병으로 공주에서 요양하고 있던 아내와 오래 떨어져 사느라 병구완도 하지 못했다. 이에 세종은 김종서의 아내에게 몸을 보하라고 어육생선과 짐승 고기을 내려주기도 했다. 김종서는 6년여의 변방 근무로 몸이 쇠약해지고 잘 먹지도 못한다며 여생을 고향에서 보내고 싶다고 사직을 청했다. 하지만 왕은 사직을 받아주지 않았다.

"북쪽의 관문은 적임자가 아니면 맡길 수 없다."

⁝ 세종, 김종서를 지켜주다 ⁝

김종서는 터무니없는 비방을 당하기도 했다. 그것도 자신의 추천으로 회령절제사가 된 부하 장수 박호문에게서 말이다.

회령은 다른 진에 비해서 도망간 백성과 병사들이 유독 많았다. 회령절제사 박호문은 토목공사를 너무 많이 했고 작은 죄에도 형벌을 지나치게 크게 주었다. 이에 김종서는 회령의 불필요한 병영 청사를 허물어버렸다. 또한 박호문은 적이 침입해서 한성에서 원정군까지 왔는데도 병을 핑계로 출전하지 않은 적도 있었다. 이에 김종서에게 두세 번 나무람을 당하자 고깝게 여겼다.

왕이 궁에 들어온 박호문에게 국경의 사정을 묻자, 박호문은 김종서와 또 다른 장수 이징옥을 헐뜯고 자기 자랑을 늘어놓았다. 세종은 상관을 참소한 박호문을 가두고 의금부에게 국문을 하게 했다. 사간원은 박호문이 함길도 방어에 한 치의 공이 없고, 임금과 장수를 이간질하고, 궁궐의 없는 말을 바깥에 퍼트렸다며 참하라고 했지만, 세종은 그가 외동아들이고 파저강 정벌의 공이 있다며 용서했다.

김종서의 진짜 위기는 다른 데서 찾아왔다. 이는 세종과 김종서가 비밀리에 주고받은 편지를 보면 알 수 있다. 세종 19년, 왕은 업무공간이 아닌 내전에서 직접 초안을 잡은 편지를 세자에게 옮겨 쓰게 한 후 밀봉해 내시 편에 김종서에게 보냈다. 최측근 승지조차 배제한 것이다. 왕의 속내를 조정의 누구에게도 알리고 싶지 않았던 것이다.

세종은 밀봉한 편지에서 조정에서 오간 얘기들을 털어놓고, 현지의 돌아가는 사정을 물었다. 조정대신들은 야인정벌의 원칙에 동의하면서도 군사, 재정 등 현실적 어려움을 내세우며 국경의 방어선을 경원 땅에서 좀 더 남쪽으로 내리자고 했다.

"남쪽에서 동원된 병사들은 10명 중 8, 9명이 말을 팔고 걸어서 갑니다. 이래서야 방어를 제대로 할 수 있겠습니까?"

"여진족과의 전투로 재정이 10년 안에 파탄날 것입니다."

"북방지역은 방어하기 어려우니 포기하십시오."

옛 영토를 회복하려는 세종의 의지와는 달리, 눈앞의 현실만을 생각하는 대신들이 많았다.

"나는 조상들이 물려준 땅을 한 뼘도 버릴 수 없다."

세종은 조정의 분위기를 전하면서 김종서의 솔직한 의견을 구했다. 김종서도 밀봉해서 답서를 보냈다.

"성곽을 쌓고 갑옷과 군기를 수선하며 군량을 저축하고 군사를 훈련하는 것은 오로지 백성의 삶을 위한 것입니다. 그리고 진을 설치한 이후 흩어지고 도망갔던 백성들이 돌아왔습니다."

김종서는 이어서 고려 윤관 장군의 예를 들면서 글을 맺었다. 고려 때 조정대신들이 북방을 정벌한 윤관을 죽이라고 청했으나, 예종은 들어주지 않았고 이로써 윤관은 전공을 세운 바 있다.

"변방에서 일을 건의하는 신하의 충심을 믿어달라고 죽음을 무릅쓰고 아룁니다."

김종서에게는 여진족뿐만 아니라 조정에서 탁상공론하는 대신들이라는 두꺼운 벽이 있었던 것이다.

"내가 북방의 일에 밤낮으로 노심초사했는데, 경의 글을 보니 가히 걱정이 없겠다."

세종은 내시를 현지로 다시 보내 어의 한 벌을 내렸다. 이순신을 보호하지 못한 선조와 달리, 세종은 변방의 장수를 흔들지 않겠다는 확고한 뜻을 보인 것이다.

: 세종과 김종서의 합작품, 6진 :

김종서는 북방의 여진족을 몰아내고, 백성을 이주시켜 버려진 땅을 곡식을 생산하는 풍요의 땅으로 바꾸기 위해 온힘을 다했다.

"덕으로 넓힌 나라는 쉽게 잃지 않는다."

갑옷과 병장기를 마련하고 군사를 훈련해 무력으로 적을 제압하는 한편, 덕으로 적의 마음을 얻어 영토를 넓히려고 했다. 세종은 그 공을 높이 평가했다.

"내가 있고 김종서가 없었고, 반대로 김종서가 있고 내가 없었다면 6진 개척을 주장하지 못했을 것이다."『연려실기술』

세종이 6진을 개척하는 계기를 만들고 후방에서 철저히 지원했다면, 김종서는 함길도 현장에서 6진을 성공적으로 경영했던 것이다.

우리의 국토는 삼면의 바다와 대륙으로 연결돼 있어, 국토를 넓히기 위해서는 바다로 진출하거나 북방을 개척해야 한다. 우리 국토의 북방 한계선은 평안도와 함경도로 세종 때에 설치한 4군 6진이 그대로 이어진 것이다.

세종 15년 1월, 왕이 여진족 정벌을 처음으로 결심하고 최윤덕을 평안도 병마도절제사로 임명한 때부터, 세종 22년 12월 김종서가 함경도함길도 병마도절제사의 임무를 마치고 돌아올 때까지, 『세종실록』에는 왕이 8년 동안 여진족 문제로 논의한 내용이 무려 800여 건이 넘는다. 8년 동안 3일에 한 번 정도는 신하 및 현지 책임자와 머리를 맞대고 논의하고 작전을 짜고 지시했던 것이다.

세종은 북방에 군사 책임자를 보내놓고 손놓고 있었던 것이 아니다. 조정의 신하뿐만 아니라 현지 책임자들과 숱하게 의견을 교환하면서 어떨 때는 강경책으로 정벌하고, 어떨 때는 유화책을 쓰며 노력했다. 우리 국토를 넓히고 백성의 생명과 재산을 보호하기 위해서 얼마나 고심했는지 알 수 있다.

세종의 이러한 의지와 노력이 왜 선조임진왜란와 인조병자호란에게 이어지지 않았을까? 역사를 거울로 삼지 않는 대가는 혹독했다. 세종의 위대한 지도력을 다시 한 번 우러러보게 된다.

풍수에 답하다

⁝ 경복궁과 청와대 터, 길지인가, 흉지인가 ⁝

인간은 기본적으로 땅에서 생명을 향유하며, 그 생명의 마무리도 땅에 의탁한다. 그래서일까? 인간은 예로부터 땅의 모습을 연구하고 세심하게 살폈다. 특히 그 땅에 임금이 살고 대통령이 거주하면 더욱 그런 것 같다. 600년이 지난 오늘날에도 조선의 정궁 경복궁과 청와대 터는 풍수 논란에 휩싸이곤 한다.

청와대는 조선시대 경복궁의 후원이었다. 어떤 이는 역대 대통령이 퇴임 후 불행을 겪은 것을 '청와대 터의 기가 센 탓'이라며 풍수를 들먹이기도 한다. 문화재청장을 지낸 유홍준 교수는 2019년 1월 4일 기자들과 인터뷰에서 "청와대 터는 풍수상 불길하다"고 했다.

기자가 그 근거를 묻자 “풍수상 근거가 있다면 있는 것이다”라고 답했다. 정말로 경복궁은 풍수상으로 불길한 것일까? 그 근거는 무엇일까?

경복궁 터에 대한 논란은 조선시대에도 있었다. 『세종실록』은 그 논란을 상세하게 기록하고 있다.

태조는 한양으로 천도하고 경복궁 터를 정할 때 풍수학을 바탕으로 삼았다. 모두가 동의한 것은 아니지만 지혜를 최대한 모아서 결정했는데, 그 터가 바로 현재의 청와대 자리다. 하지만 터가 좁다는 이유로 남쪽의 너른 곳에 궁궐을 지으니, 그것이 바로 경복궁이다. 경복궁과 청와대 터는 같은 맥락으로 볼 수 있다.

태조는 경복궁을 짓고 3년 남짓 거처했다. 그 후 정종이 개성으로 다시 환도한 까닭에 경복궁은 한동안 주인을 잃었다. 태종도 개성 수창궁에서 왕위에 올랐고, 태종 5년 한성으로 돌아와 궁을 하나 더 짓는데, 그 이유를 다음과 같이 밝혔다.

“경복궁은 음양의 형세에 일치하지 않는다는 풍수가의 주장이 있다. 그리고 무인년 규문의 일은 내가 경들과 말하기에는 부끄러운 일이다. 어찌 차마 그곳에 거처할 수 있겠는가?”

무인년 규문의 일은 경복궁을 중심으로 일어난 제1차 왕자의 난을 말한다. 태종은 배다른 형제 세자 방석, 방번, 그리고 정도전 등을 죽인 경복궁으로 돌아오고 싶지 않았던 것이다.

세종은 부왕 태종이 승하한 후 경복궁으로 거처를 옮겼다. 경복궁은 지은 후 약 30년 만에 본격적으로 임금의 생활공간이 되었다.

조선은 고려에서 그대로 이어받아 풍수학을 전문으로 다루는 서운관에서 천문·지리·택일을 관장하게 했다. 그리고 태종 6년 유학·

경복궁의 정문 광화문 | 광화문은 '임금의 큰 덕이 온 나라를 비춘다'는 뜻이다. 한국전쟁으로 소실된 것을 복원했다. 경복궁은 백악산(북악산) 줄기가 뻗어나온 곳이다. 세종의 명으로 경복궁 풍수를 조사한 영의정 황희 등은 "경복궁은 백악산 정맥으로서 명당"이라고 결론을 내렸다.

무학·이학·역학·음양풍수학·의학·자학·율학·산학·악학 등 10학을 설치했다. 음양풍수학이 조선의 10학으로서 정식 학문으로 채택된 것이다. 10학을 배우는 생도들은 1년에 네 번 시험을 쳐서 성적이 나쁘면 쫓겨났다. 요즘 기준으로 보면 학사관리가 엄격했다고 하겠다. 조선은 음양풍수학을 다루는 인재를 길러서 서운관에 배치했다.

: 최양선, 논란의 불씨를 지피다 :

세종 15년, 경복궁 터에 처음으로 이의를 제기한 사람은 최양선이다. 그는 서운관에서 근무한 바 있다.

"백악산북악산의 주혈 자리는 경복궁이 아니라 승문원 터입니다. 어째서 경복궁을 승문원 터에 짓지 않았을까요?"

승문원은 외교문서를 관장하는 곳으로 지금의 서울 종로구 안국동 현대사옥 바로 뒤에 있었다. 세종은 최양선이 미치고 망령된 사람이라 믿을 게 못되지만, 그래도 성인은 무식한 나무꾼의 말도 가려듣는다면서 그의 주장을 검증하게 했다. 이에 전 판청주목사 이진은 남산목멱산에 올라가서 살펴보고, 최양선의 주장이 옳다고 보고했다. 하지만 영의정 황희, 서운관 이양달 등은 "현재의 경복궁이 명당"이라고 했다.

⁝ 세종, 풍수에 안목을 기르다 ⁝

세종은 경복궁의 명당 여부를 가리는 자신의 안목을 기르고자 했다. 지신사비서실장 안숭선은 풍수학은 잡된 술수로 황당하고 난잡해 임금이 배우는 학문이 아니라고 반대했지만, 세종은 풍수학이 비록 잡된 술수라고 해도 그 근원을 캐보고 싶다는 강한 의지를 갖고 있었기에, 풍수학자 이양달, 예문제학 정인지 등 집현전 학자들과 풍수지리에 대해 공부했다.

승문원 터(서울 종로구 현대사옥 바로 뒤) | 태종 11년 문서응봉사를 승문원으로 이름을 바꿨으며 조선시대 외교문서를 관장했다.

세종은 경복궁 터에 대한 주장이 서로 엇갈리자, 양쪽이 함께 백악산과 봉황암에 올라 조사하게 했다. 최양선 등은 이렇게 주장했다.

"삼각산 보현봉의 바른 줄기가 승문원 터로 들어왔으니, 승문원이 나라의 명당입니다."

반면 이양달 등은 이런 주장을 폈다.

"보현봉의 바른 봉우리가 직접 백악산으로 내려왔습니다. 경복궁은 명당입니다."

삼각산 보현봉의 바른 줄기가 승문원 터로 들어왔는지, 경복궁 뒤 백악산으로 직접 내려왔는지에 따라서 명당의 위치가 갈라지는 것이다.

세종은 직접 백악산에 올라 살펴보고는 이렇게 말했다.

"삼각산 보현봉의 산맥이 바르게 백악산으로 들어왔으니 경복궁은 명당이다. 그러나 승문원의 내맥풍수지리에서 종산에서 내려온 산줄기도 보통이 아니다."

경복궁이 명당이라는 주장에 공감하면서도 최양선의 주장을 배척하지 않았다. 현장을 답사하고 양쪽의 주장을 들었으나 결론을 내리지 못한 것이다.

: 권도의 간언 :

예조 좌참판 권도는 최양선의 허황되고 망령된 주장에 동요해서는 안 되며, 간사한 학설을 멀리하고, 온 조정이 수군거리니 집현전과의 지리강론을 그만두라고 장문의 상소를 올렸다. 공자나 주자는 나라와 세상을 근심하는 데 풍수학을 쓴 바 없으며, 고려가 도참설을 믿어 한양에 궁궐을 지어 임금이 머물기도 했으나 결국 망했고, 황제가 출생한 땅이 길하여 제왕이 되었다는 말도 들어본 적이 없다고 했다.

세종은 풍수지리가 간혹 허황하고 망령되지만, 아주 무시할 수는 없다고 답했다. 예부터 나라를 세우고 도읍을 정하는 데 지리를 이용했고, 백성들도 부모의 묏자리를 고를 때는 산수의 지형을 살폈다고 했다.

이조판서 허조는 태조가 세운 궁궐을 놔두고 새삼스레 명당의 혈자리를 찾는 최양선은 허황되고 망령되므로 죄를 주어야 한다고 했으나, 세종은 그가 공부한 것을 말한 것이니 죄를 줄 수 없다고 했다.

: 경복궁은 명당이다 :

최양선이 경복궁 터에 이의를 제기한 지 한 달여 후, 영의정 황희, 예조판서 신상, 유후 김자지, 전 대제학 하연, 왕의 지리 경연책임자 정인지 등은 현장답사와 조사보고를 통해서 승문원은 명당이 될 수 없고, 경복궁이 명당임을 논리적 근거를 바탕으로 명확히 밝혔다. 경복궁 풍수 논란에 종지부를 찍은 것이다.

"경복궁은 삼각산 보현봉의 본줄기가 백악산에 이르렀고, 남쪽의 목멱산과 주객이 서로 호흥하는 명당입니다. 현무와 백호는 풍성한 형상으로 쭈그리고 앉은 것이 실로 형세에 부합하며, 다만 청룡이 낮고 약해서 물줄기가 흐르지 못할 뿐입니다."

세종은 물줄기가 흐르지 못하는 경복궁의 단점을 보완하기 위해서 궁궐의 동서북쪽과 남대문 밖에 연못을 파게 했다. 현재 남대문 앞에는 연못이 있던 남지터南池址의 표지석이 세워져 있는데, 그것이 바로 세종 때 판 연못 터이다.

: 더 이상 풍수를 믿지 않다 :

세종은 최양선이 경복궁 터에 이의를 제기했을 때, 이조와 사헌부에서 망령된 글이라며 죄를 청했음에도 막지 않았고 벌을 주지도 않았다. 자신의 학문에 대해 이야기하는 것을 막을 수 없다는 이유였다. 이것이 불씨였을까?

최양선은 계속 파문을 일으켰다. 이번에는 태종과 원경왕후의 헌릉 앞 큰길이 주산의 내맥이므로 막아야 한다고 주장했다. 서운관 이양달과 고중안은 헌릉 앞 큰길은 산맥에는 해가 없기에 막을 이유가 없다고 반박했고, 세종은 집현전에 종합적 의견을 내라고 했다.

"사람의 발길이 많으면 좋은 땅이므로 나중에 흥하게 될 것이고,

남지터(서울 남대문 앞 연못) | 세종은 경복궁의 오른쪽은 대체로 산세가 낮고 미약하며 넓게 헤벌어져서 품에 안은 생김새가 없다 해서, 남대문 밖에 못을 파고 석축을 쌓고, 남대문 안에 지천사를 두게 했다.

태종과 원경왕후 능인 헌릉(서울 서초구 대모산) | 헌릉은 왕과 왕비의 봉분을 달리한 쌍봉이다. 원경왕후 민씨는 태종보다 2년 먼저 승하했다. 두 분 사이에는 4남 4녀가 태어났고 세종은 셋째 아들이다. 태종은 왕후 외에 11명의 후궁에게 얻은 21명까지 모두 29명의 자녀를 두어 조선의 다산 왕이다.

사람의 발길이 적으면 궂은 땅입니다. 그래서 인적이 많고 적음으로 훗날의 흥과 패를 예측할 수 있습니다. 사람의 발길이 산천의 기운을 늘리거나 줄여서 복되게 하거나 화를 입힐 수 있는 것이 아닙니다. 또한 한성은 전국 사방에서 사람이 오는 곳이기에 주산의 길이 끊어져 있는데, 그 길을 막을 수는 없습니다. 헌릉 앞 큰길은 벌의 허리에 해당하는데, 산에서 벌의 허리는 자연스러운 것이고 해가 없습니다. 그대로 두어야 합니다."

세종은 집현전이 내린 결론에 너 이상의 시비를 하지 말라고 했다.

최양선은 이번에는 태조와 태종이 왕에서 물러난 후 머물렀던 수강궁 터현재 창덕궁 자리도 풍수상 맞지 않는다고 했다. 이후에도 끊임없이 여러 주장을 했고, 몇 년 후에는 경복궁을 옮겨야 한다고 또 주장했다. 정인지는 이미 세종 15년에 결론을 내린 일을 다시 상소를 하니 징계해야 한다고 했지만, 세종은 나라를 위해서 하는 주장이라고 죄를 주지 않았다.

세종은 부왕 태종 옆에 자신의 수릉임금이 살아서 만드는 자기 무덤을 만들었다. 그런데 종4품 서운부정이었던 최양선은 수릉 주혈의 방향이 잘못됐다고 지적하고, 이 터를 고른 풍수학 제조 이정녕과 정2품 정인지에게 모욕적인 말을 했다. 왕은 예를 잃었다는 이유로 최양선을 의금부에 가두지만 국문은 하지 않았다.

몇 년 후 왕의 인내도 한계에 다다랐다. 최양선이 이후에도 끊임없이 음양지리로 길흉화복을 주장하자, 마침내 국가의 일에 참여하지 못하게 하고, 그의 말은 허망하고 상식에 어긋난다면서 글을 불태우게 했다. 10여 년간 옹호한 후에 취한 조치였다.

세종 27년, 왕이 여러 병을 앓자 풍수가 승원로, 안효례는 거처를 옮겨야 한다고 권했다. 조선에서는 왕이 질병으로 고생하면 재앙을 피하기 위해 거처를 옮기는 피방을 했는데 이는 일종의 음양풍수학이다. 세종은 이렇게 말했다.

"내가 최양선에게 한 행동은 그의 말을 신뢰해서가 아니었다. 그의 말을 검증하기 위해서였다. 조정 원로들은 아직도 최양선을 따라 나에게 풍수를 권한다. 그러나 나는 음양지리의 괴이한 말을 믿지 않는다."

최양선의 상식에 어긋난 행동을 봐준 대가를 톡톡히 치른 후, 더 이상 풍수를 믿지 않는다는 사실을 분명히 한 것이다.

경복궁 터는 태조가 풍수학을 참고해서 조선 정궁의 터로 삼았고, 세종의 치밀한 검증을 통해서 명당임을 다시 확인했다. 그런데도 조선의 끝이 일제강점기로 이어졌기 때문에 경복궁 터가 평가절하를 받기도 한다. 하지만 세계사에서 500년 이상 지속한 왕조는 그리 흔하지 않다. 풍수학의 발원지 중국조차 300년 이상 지속한 왕조가 거의 없을 정도이다.

인간은 '나약한 존재'에서 '만물의 영장'까지 다양하게 정의된다. 또한 다른 생물체와 달리 사고하고 노력해서 더 나은 행동을 할 수 있는 특권을 가지고 있다. 운명도 개척할 수 있는 것이다. 인간이 비록 나약한 존재일지라도 땅의 모양새로 행복과 불행을 따지고, 거기에 운명을 맡기는 것은 인간이 가진 특권을 무의미하게 만드는 일이 아닐까?

남은 이야기

강녕전에 나타난 뱀

강녕전은 경복궁의 정무공간 사정전의 바로 뒤에 있는데 '연침'이라고 했다. 임금이 한가롭게 거처하는 궁궐이라는 것이다. 임금은 사정전에서 업무를 마치면 강녕전으로 가서 독서를 하거나 휴식을 취하고 잠을 자기도 했다.

강녕전康寧殿이라는 이름도 정도전이 지었는데, '강녕'은 오복 중 하나로 '건강하고 마음이 편한 것'을 말한다. 『서경』에 따르면, 중국 고대 전설상의 하나라 우왕의 정치도덕 9가지홍범구주를 지키면 장수수壽와 복福을 누리고, 몸이 건강하고 마음이 편하며강녕康寧, 덕을 좋아하고유호덕攸好德, 하늘로부터 받은 명대로 살다 편히 죽는다고종명考終命고 했다. 임금이 마음을 바르게 하고 덕을 닦아 법도를 세우면 백성이 오복을 누린다는 것이다. 강녕전의 향오문嚮伍門은 '다섯으로 향한다'는 의미로 오복과 연관지을 수 있다.

어느 날 밤, 강녕전에 뱀이 나타났다. 세종은 이를 괴이하게 여겨 내시와 궁녀들에게 찾게 했지만 이미 사라진 뒤였다.

경복궁 강녕전(위) | 강녕전은 왕의 연침(燕寢)이다. 연(燕)은 '제비' 외에 '즐겁다, 편안하다'의 뜻도 있다. 강녕전은 왕이 한가롭게 거처하는 침전으로 정면 11칸, 측면 5칸으로 4단의 기단이 설치돼 있는 월대를 갖추고 있다.
향오문(아래) | 강녕전으로 들어가는 대문이다.

뱀은 결국 왕의 책상 위에서 발견됐다. 왜 책상 위에 있는 것일까? 세종은 한평생 책을 가까이 한 사람답게 골똘히 생각한 뒤 결론을 내렸다.

당시 가뭄이 심해 며칠 전부터 기우제를 지내고 있었다. 세종은 그동안 기상이변이 계속 나타난 것으로 보아 하늘의 또 다른 꾸짖음이 있을 텐데, 뱀이 그것을 미리 알려주는 것이라 생각했다.

세종은 그 꾸지람을 피하기 위해 피방을 결정하고, 둘째 아들 진양대군후에 수양대군으로 이름을 바꿈의 집으로 거처를 옮겼다. 뱀의 출현으로 거처까지 옮긴 것이다.

600여 년 전 경복궁 뒤는 바로 백악산으로 연결되고, 주변에는 드문드문 관청과 민가가 자연과 어우러져 있었다. 경복궁에 뱀이 나타난 것은 어찌 보면 당연한 자연현상이다.

자연현상을 바라보는 600여 년 전의 시각에 오늘의 잣대를 갖다댈 수는 없지만, 세종은 뱀의 출현을 두려워했고 그 위험을 피하고자 거처까지 옮겼다. 우리는 세종의 눈을 통해 당시의 자연관을 엿볼 수 있다.

조선시대에 기상이변이 생기면 왕은 하늘을 두려워하고 수양해서 반성해야 했다. 음식의 가짓수를 줄이고 술을 금하며 몸을 단정히 하고 하늘의 응답을 기다렸다.

오늘날 인류는 자연에 대해 많은 지식을 축적했지만, 위험은 갈수록 커져 지구온난화, 태풍, 가뭄, 산불 등이 삶을 위협하고 있다. 현재 자연을 개발하고 이용하는 인간은 그 자연에 대해서 얼마나 두려워하고 삼가고 있을까? 그런 점에서 비록 우리보다 과학지식이 부족했지만, 자연을 두려워했던 조선을 평가절하할 수는 없을 것이다.

남은 이야기

수릉과 영릉 그리고 풍수학

태종 곁에 묻히고자 했던 세종

세종은 즉위 20년이 되던 41세 때 수릉을 마련했다. 부왕 태종 곁에 묻히고 싶어 했는데, 태종의 헌릉은 당시 경기도 광주현재 서울 서초구 내곡동의 대모산에 있었다. 세자 문종, 수양대군, 안평대군 등의 자식들, 풍수가, 조정대신들이 여러 차례 풍수와 현장답사를 해서 헌릉 옆 서쪽에 수릉 자리를 정했다. 세종은 자신의 수릉을 문반 4품의 수릉관을 두어 보살피게 했고, 31년 6개월을 재위하고 54세에 세상을 떠나 자신이 원했던 곳에 묻혔다. 그런데 현재 세종의 영릉은 경기도 여주에 있다. 후에 능을 여주로 옮긴 것이다.

영릉을 옮기고자 했던 세조

세종이 정한 수릉 자리를 흉지로 여긴 사람이 있었으니 바로 최양선이다.

"손이 끊어지고 맏아들을 잃을 자리입니다."

세종은 단호하게 물리쳤다.

"선영조상의 무덤 옆보다 운수 좋은 땅이 달리 있겠는가. 근심할 것이 아니다."

그런데 결과적으로 세종의 맏아들 문종이 죽고, 그 아들 단종도 죽어 손이 끊어졌다. 세조의 맏아들 의경세자도 일찍 죽었다.

이러한 사실이 세조에게 어떤 영향을 미쳤는지는 알 수 없다. 하지만 세조는 헌릉과 영릉 곁에 보은사를 짓고자 땅을 측량했으며, 신하들에게 영릉의 개장에 관해 논의하라고 했다. 능을 그대로 두고 절을 지어 영혼을 위로하거나, 능을 옮길 것을 염두에 둔 것이다. 부왕의 능을 바라보는 세조의 마음이 매우 복잡했음을 알 수 있다.

이긍익의 『연려실기술』에는 세조가 영릉에 대해 서거정과 나눈 대화가 나온다.

"영릉은 사람들이 좋은 자리가 아니라고 하니 이장을 하는 것이 어떻겠는가?"

하지만 서거정은 풍수와 자식의 길흉화복과의 관계를 모르겠다면서 이렇게 말했다.

"이장을 하는 것은 복을 구하기 위한 것인데, 왕위에 오른 이상 무엇을 더 바라겠습니까?"

세조는 서거정의 말을 듣고 뜻을 거두었다.

영릉을 천장하다

세종의 영릉을 옮긴 것은 손자 제8대 예종이다. 예종은 영릉을 옮길

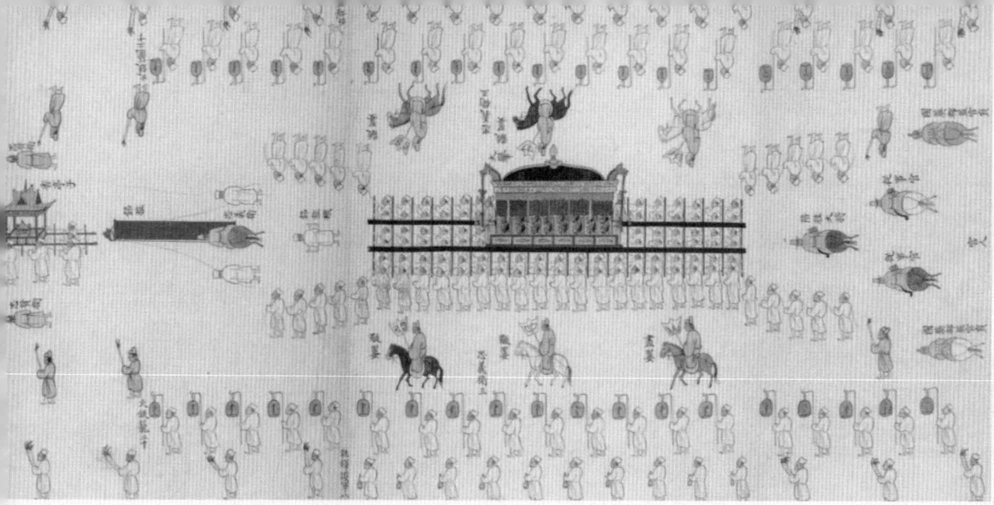

왕의 국장 | 숙종의 장례 행렬도 중 일부이다. 『숙종국장도감의궤』에 수록되어 있다.

땅을 살핀 후 경기도 여주 이계전의 분묘를 알맞은 곳으로 점찍었다. 이계전의 묘 옆에는 이인손의 분묘도 있었다. 둘의 묘를 이장하고 그 터에 영릉을 옮긴 것이다.

이계전은 고려의 중신 이색의 손자로 세조 때 병조판서를 지냈고, 세 아들이 모두 과거에 급제했으며 조정에서 큰 역할을 했다. 이인손은 세조 때 우의정을 지냈고, 다섯 아들이 모두 과거에 급제했고 높은 자리까지 올랐다. 둘 다 자식농사를 잘 지은 것이다.

왕의 무덤은 일반적으로 후대 왕이 하루 안에 참배할 수 있는 거리에 둔다. 하지만 경기도 여주는 경복궁에서 하루에 갔다올 수 있는 거리가 아니다. 그런데 예종은 왜 할아버지 세종의 영릉을 여주로 옮겼을까?

예종은 즉위 후 매우 이례적인 조치를 취했다. 즉위 3개월 후, 종친과 핵심 관료들을 두 무리로 나누어 여주와 용인을 답사하게 했다. 아직 부왕 세조의 능도 다 조성하지 않았을 때인데, 할아버지 능을 옮기겠다고 한 것이다. 이는 예삿일이 아니었다.

이런 경우 조정에서는 보통 치열한 논쟁이 벌어지거나 풍수가들의 의견을 듣는데, 『예종실록』에는 그런 내용이 전혀 없다. 예종과 신하들 간에 사전에 공감대가 있었기 때문일 것이다. 그 실마리를 부왕 세조에게서 찾을 수 있다.

앞서 얘기했듯이 세조는 세종의 능을 옮기고 싶어 했으나 행동으로 옮기지 못했다. 이러한 사실이 아들 예종에게 영향을 미쳤을 것이다.

또한 예종도 비극적인 일들을 겪었다. 세자 때인 11세에 5세 연상인 한명회의 딸을 세자빈으로 맞이하고 이듬해 원손이 태어났지만, 기쁨도 잠시, 5일 후 세자빈이 죽고 원손도 3세에 죽었다. 너무 젊은 나이에 아내와 아들을 앞세운 것이다.

예종 1년 2월, 능을 옮기기 위해 세종의 영릉을 개장했다. 다행히 우려했던 물기는 없었고 관도 옷도 깨끗했다.

영릉과 문종, 단종, 의경세자 죽음과의 관계

세종의 영릉이 처음 자리잡았던 곳은 문종, 단종, 의경세자의 죽음과 관련이 있을까? 흉지라는 최양선의 말은 사실일까?

현대 의학으로 보면 문종의 죽음은 종기라는 병이 원인이고, 단종의 생명을 단축시킨 것은 세조였으며, 세조의 맏아들 의경세자는 19세에 병으로 세상을 떠났다구체적 기록이 없어서 정확한 병명은 알 수 없다. 이들의 죽음을 세종의 예전 영릉과 관련이 있다고 할 수 있을까?

세종은 부모 곁에 묻히고 싶은 소망으로 자신의 수릉 자리를 결정했지만, 손자에 의해서 잠자리를 옮겨야 했다. 예종이 할아버지 세종의 능을 옮긴 것은 더 큰 복을 기대하거나 나쁜 일이 생기지 않았으면 하는 바람 때문이었을 것이다.

그러나 예종은 왕위에 오른 지 1년 2개월 만인 19세에 병으로 승하했다. 젊은 나이에 세상을 떠난 것이다.

세조가 개장한 부왕 세종의 능이 깨끗한 것을 봤다면 어떤 심정이었을까? 자신의 걱정이 기우에 불과했다고 생각했을까?

풍수는 글자 그대로 해석하면 바람과 물이다. 여기에 땅이 결합해서 풍수지리가 된다. 바람과 물은 인간이 생명을 유지하는 데 필수적이고 고마운 존재이다. 그런데 인간은 왜 길흉을 그 탓으로 돌리는 것일까? 오히려 바람과 물에 고마워해야 하지 않을까?

남은 이야기

문종, 종기로 죽음에 닿다

문종은 세자를 30년, 왕을 2년 3개월 했다. 조선 최장수 세자로서 잦은 병치레를 하는 세종을 보필했다. 학문에 소홀하지 않았으며 술과 여색을 멀리하고 모든 일에 법도를 따랐다고 한다. 세자 시절부터 날마다 윗전에 문안인사를 드리고 수라를 옆에서 모시기도 했다. 모범적인 세자였고 극진한 효자였다고 한다.

문종은 부모상을 거의 6년 동안 치렀다. 슬픔에 젖어 음식을 절제해서 바싹 야위었다고 한다. 세종이 승하한 한 달기월 동안은 고기가 없는 간단한 반찬소선을 올리게 했다.

우참찬 안숭선은 백성들이 문종의 영릉 참배 행차를 보고는 "임금의 얼굴천안이 이전보다 못하다"라고 하는 소리를 듣고 놀라, 역대 임금들이 모두 부왕이 승하한 한 달 동안에도 고기를 먹었다며 권했으나 문종은 받아들이지 않았다. 그러고는 매일 아침저녁으로 세종의 관을 모신 빈전에 상식을 올렸다.

문종은 세자 시절부터 허리와 무릎 위에 종기가 나는 지병이 있었다.

승정원에서 몸조리를 해야 한다고 말렸으나, 자신의 몸을 돌보지 않았다.

문종은 재위기간 내내 종기에 시달렸지만, 임금임에도 불구하고 제대로 된 진료를 받지 못했다. 승하하기 며칠 전부터 종기로 몸이 나빠졌으나 내의 전순의, 변한산, 최읍은 천하태평으로 3, 4일만 있으면 완전히 나을 것이라고 했다. 그리고 대신들이 물으면 태연자약하게 대답했다.

"오늘은 어제보다 전하의 건강이 회복되고 있습니다."

승하 당일 왕의 병세가 심상치 않음을 깨달았지만, 이미 손쓸 수 없는 지경이었다. 조선시대에 사람을 살리는 긴요한 약으로 믿었던 청심원조차 쓸 겨를이 없었다. 세종 때『향약집성방』,『의방유취』가 편찬되고 의학의 질이 개선되었으나, 조선 초기 내의의 수준이 이 정도였던 것이다. 문종은 결국 39세에 승하했다.

조선 왕 중에서 종기를 앓은 것은 문종만이 아니었다. 태종, 세종, 성종, 중종, 광해군, 효종, 현종, 숙종, 경종, 정조 등이 모두 종기를 치료한 기록이 있다. 성종과 효종은 종기가 죽음의 한 원인이었던 것으로 보인다. 성종은 승하 당일 종기 치료에 능한 의원 전명춘을 불러 진찰했으나 약도 써보지 못하고 38세에 승하했다. 효종도 머리 위에 작은 종기를 앓고 있었는데, 왕세자의 병이 더 중해 신경쓰지 않던 차에 기우제를 지내느라 상처가 더 악화됐다. 승하 당일 의관이 침을 놓은 자리에서 피가 그치지 않았고 위중한 상태가 되었다가 41세에 세상을 떠났다. 종기로 죽음을 맞이한 것은 문종만의 특이한 경우가 아니었던 것이다.

4장

세조, 정치적 풍운아의 승부수

계란으로 바위를 깨뜨리다

: 세조의 장자방 한명회 :

세종의 둘째 아들 수양대군이 제7대 세조로 왕위에 오른 것은 한명회가 있었기에 가능했다. 한명회를 만나지 않았다면 왕권을 향한 그의 야망은 물거품이 되었을지도 모를 일이다. 우선 그 이야기부터 시작해보겠다.

세조가 왕위에 오른 지 2년, 왕은 경복궁 사정전에서 조회를 열고 정무를 처리한 후 동생 임영대군 이구, 밀성군 이침을 비롯한 종친 5명과 우승지 한명회를 별도로 남게 했다. 종친을 제외하고는, 조회에 참석한 신하 14명 중에서 한명회만 남게 한 것이다. 누가 봐도 특별대우였다.

왕은 술자리를 베풀고 중전 정희왕후 윤 씨도 참석하게 했다. 세조는 신하들과 공적, 사적 모임에 중전 윤씨를 자주 참석시켰다. 이 자리에서 왕은 중전과 함께 잔대를 잡고 한명회에게 술을 내렸다. 왕이 직접 술을 내린 것만도 특별대우인데, 중전과 함께 잔대를 잡고 내렸으니 초특급 대우이다. 조선의 유일한 사례가 아닐까 한다. 왕이 신하들과의 술자리에 중전을 참석시킨 것은 세조 외에는 거의 찾아볼 수 없기 때문이다.

세조는 다음 날 조회에서 한명회에게 베푼 초특급 대우를 언급하기까지 했다.

"한명회는 다른 공신들과 비할 바가 아니다. 그래서 내가 중전과 함께 술을 내렸다."

세조가 한명회를 얼마나 중시했는지 알 수 있다. 한명회와 같은 시대에 활동한 서거정이 쓴 『사가집』은 세조가 이렇게 말하곤 했다고 전한다.

"한명회는 나의 장자방이다."

: 한명회와의 첫 만남 :

잘 알려져 있다시피, 한명회는 일곱 달 만에 사지가 덜 자란 상태로 세상에 나왔다. 부모는 그 모습을 보고 놀라 거두려고 하지 않았다. 그를 키운 것은 집안의 늙은 여종이었다. 핏덩이를 목화솜에 두고 몇 개월 동안 정성스럽게 돌보니 차츰 튼튼해졌다. 등과 배에 별 모양 검은 사마귀가 있어 사람들이 기이하게 여겼다고 한다.

14세 때 아버지가 죽고 집안이 기울자 호조참판을 지낸 종조부할아버지의 동생 한상덕의 집으로 보내졌다. 한상덕은 일찍부터 한명회의 남다름을 알아보았다.

"이 아이는 범상치 않은 그릇이다. 반드시 우리 집안을 일으킬 것이다."

한명회가 어릴 때 집안이 기울었으나, 자라면서 산천을 유랑하고 많은 사람을 사귄 것은 종조부 덕인 것으로 보인다. 할아버지인 한상질은 예문관 관리로 명나라에 가서 '조선'이라는 국호를 받아왔고, 예문춘추관 태학사까지 지냈다. 한명회의 아버지 한기는 정6품 승의랑 사헌감찰을 지냈다. 한명회는 이른바 뼈대 있는 사대부 집안 출신인 것이다.

서거정이 쓴 한명회의 신도비 묘비문에 따르면, 한명회는 우리가 보통 알고 있는 것과는 달리, 체구가 눈에 띌 정도로 크고 아주 미남이었다고 한다. 서거정은 원주로 유람온 다섯 살 위 한명회와 그의 친구 권람남을 만났고 평생지기가 됐다. 한명회는 책 읽기를 좋아했고 과거공부도 했으나 권람과 함께 자주 산천을 유람하고 벗을 사귀었다고 한다.

서거정과 권람은 과거에 급제했지만, 한명회는 여러 번 떨어졌다. 한명회는 권람에게 농담을 하곤 했다.

"내가 문장과 도덕은 그대만 못하지만, 사업을 경륜함에 있어서는 어찌 크게 뒤지겠는가."

한명회는 문종 때 음서로 관직에 나가 38세에는 경덕궁태조가 왕위에 오르기 전에 살던 사저을 관리하는 한직을 맡았다. 그가 한직에 있으면서도 왕실의 종친 수양대군을 만날 수 있었던 것은 친구 권람이 다리를 놓아준 덕분이었다. 권람은 과거급제 후 문종의 명으로 수양대군과 함께 병서를 편찬한 인연이 있었다.

한명회는 권람에게 시국에 대한 견해를 밝힌 바 있었다.

"임금단종은 어리고 권력을 마음대로 하는 대신들이 요직을 차지하여 나라가 잘못되고 있다. 그 중심에는 안평대군이 있다. 반면 수양대군은 똑똑하고 굳세며 사심이 없다."

수양대군은 권람에게 동생 안평대군의 세력에게 감시를 당하고 있다며 답답한 심경을 토로했다. 무과 급제자 성문치가 동생 임영대군의 집에 출입한 것이 드러나 변방의 수령으로 쫓겨났고, 자신은 바깥 출입도 함부로 할 수 없는 처지라 했다.

"한명회는 어려서부터 기개가 범상치 않고 포부도 큽니다. 지위가 낮아서 사람들은 그를 모릅니다. 공이 난을 일으킬 뜻이 있다면 한명회가 아니면 할 수 없을 것입니다."

"예로부터 영웅은 세상이 험악해서 처세하기 어렵다. 직위가 낮은 것은 상관없다. 내가 비록 그의 얼굴은 알지 못하지만 참으로 뛰어난 선비다."

단종 즉위년에 수양대군과 한명회의 첫 만남이 이루어졌다. 서거정이 쓴 한명회의 신도비에 따르면, 수양대군은 급히 한명회를 만나고자 했으며, 사람들의 눈을 피하느라 복면을 쓰고 들어갔다고 한다. 한명회가 두 살 위였지만, 둘은 첫 만남부터 오래된 벗처럼 서로 뜻이 잘 맞았다.

당시 수양대군 주변에는 권람 외에 뚜렷한 인물이 없었다. 게다가 권람은 병약해서 사직한 상황이었다. 영의정 황보인은 권람의 형 양주부사 권지에게 아우를 깨우쳐주라고 하기도 했다.

"너의 아우가 수양대군을 자주 만나고 있다. 여러 재상들이 이것을 옳지 못하게 여기고 있다. 출입을 삼가도록 하라."

조선시대에는 인사를 할 때 문과는 이조, 무과는 병조에서 3명을 추천하고, 왕이 그중에서 한 명을 선택했다. 나이 어린 단종은 신하들의 인물됨을 잘 알지 못했다. 그래서 이조와 병조에서 의정부 대신들과 상의해서 3명을 추천한 뒤 그중 한 명의 이름 밑에 노란색 표를 붙이면, 단종은 그 표에 동그라미를 쳤다. 이것을 '황표정사黃標政事'라고 한다. 영의정 황보인과 좌의정 김종서가 황표정사를 주도했으니, 자연히 조정에 세력이 많을 수밖에 없었다. 이들은 안평대군에게 마음이 기울어져 있었다.

요즘의 기준으로 해석하면, 안평대군 주변에는 국무총리를 비롯해서 장관, 고시 합격자 출신의 고위 관료가 즐비했다. 반면 수양대군 주변은 병으로 사직하고도 견제를 받는 중간급 간부권람, 한미한 궁지기로 이름도 알려지지 않은 중하위직 공무원한명회뿐이었다. 한명회는 당시 조정의 어떤 대신도 관심을 가질 만한 인물이 아니었다. 안평대군 주변에는 바위처럼 단단한 세력이 형성돼 있었고, 수양대군 주변은 조금만 힘을 가해도 깨지고 마는 계란과도 같았다.

수양대군은 한명회에게 진심을 드러내 보였다.

"임금이 덕을 잃고 좋은 인재를 배치하지 않으면 백성은 도탄에 빠지고 나라는 망한다. 그대의 뜻을 알았으니 나를 위해서 좋은 계책을 내라."

"어린 임금의 주변에 권력을 농락하는 사람이 있어서 나라에 화를 불러옵니다. 안평대군과 주변 대신들이 역모를 꾀하고 있는 것은 길 가는 사람도 다 알고 있습니다. 이럴 때 충의로운 신하가 나타나서 반정을 하여 어려움을 극복해야 합니다."

한명회는 수양대군을 충의로운 신하로 칭송하면서 '반정'까지 각

오해야 함을 암시했다.

: 고명사은사로 명나라에 가다 :

단종은 즉위 후 명나라에 고명사은사를 보내야 했다. 고명사은사는 조선의 새 왕을 인정한 것에 감사를 표하기 위해 가는 사신으로, 임무가 매우 중하기에 보통 삼정승이 차례로 갔다. 그런데 영의정 황보인은 명나라에 사신으로 갔다온 지 얼마 되지 않았고, 좌의정 남지는 병이 났으며, 우의정 김종서는 69세라는 나이와 건강 때문에 가고 싶지 않았는지, 변방의 야인들이 자신이 한성을 비운 것을 알면 쳐들어올지도 모른다는 핑계를 대며 주저했다.

이에 수양대군이 고명사은사로 가겠다고 나섰다. 그러자 안평대군은 자신이 가겠다며 심복 이현로를 황보인과 김종서의 집으로 보내 힘을 보태달라고 부탁했다. 이에 김종서도 고명사은사로 가겠다고 태도를 바꿨다. 수양대군에게 견제구가 들어온 것이다.

단종은 김종서와 두 삼촌이 서로 고명사은사로 가겠다고 하니 골치가 아파 의정부에 제3자인 부마를 보내자고 했다. 의정부는 이런 큰일에 부마를 보내는 것은 옳지 않고, 종친을 보낸다면 수양대군이 좋겠지만, 과연 종친에게 사신 임무를 맡기는 것이 의義에 맞는지 의문이라고 했다.

그러자 수양대군이 나섰다.

"주상께서는 나이가 어리시니 조정대신들은 정사를 처리해야 합니다. 종친은 하는 일이 없으므로, 신이 사신으로 가기를 청합니다."

결국 수양대군이 고명사은사로서 명나라로 가게 됐다. 안평대군과 심복 이현로는 분을 참지 못했다. 이 소식을 듣고 권람이 수양대군에게 달려와 말했다.

"큰일반정을 앞두고 어찌 생각이 깊지 못하십니까?"

수양대군은 웃으면서 답했다.

"안평대군은 나의 적수가 못된다. 황보인, 김종서가 어찌 감히 움직이겠는가?"

수양대군에게는 복안이 있었다. 영의정 황보인과 우의정 김종서의 아들들을 데리고 갈 생각이었다. 둘이 움직이지 못하도록 볼모로 삼기 위함이었다.

수양대군은 왜 고명사은사를 자처했을까? 부왕 세종은 대군들의 정치활동을 엄격히 금한 태종과 달리, 수양대군, 안평대군 등에게 책을 편찬하는 책임을 맡겼다. 자연스럽게 신하들을 만나고 국정에 참여하는 빌미가 됐으며, 이는 단종 대까지 이어졌다.

조정대신들은 어린 왕을 대신해 사실상 인사권을 행사하는 영의정 황보인과 우의정 김종서의 눈치를 봐야 했고, 덩달아 두 정승의 마음이 기운 안평대군 편에 섰다. 수양대군의 주변에는 권람과 한명회 외에 뜻을 같이하는 신하가 없었다. 명나라 사신으로 가는 것은 조선 조정에서 입지를 넓히고, 명나라 조정에 자신의 존재를 드러낼 절호의 기회였다. 갔다오는 데 몇 개월 걸리므로 수행하는 대신들과 친분을 쌓을 수도 있었다.

수양대군은 같이 갈 부사로 장차 큰힘이 될 수 있는 병조판서 민신을 지목했지만, 민신은 병을 핑계로 거절했다. 이번에는 인사업무를 겸하던 좌참찬 허후를 지목했더니, 허후는 겉으로는 기쁜 척했으나 실록 편찬으로 바쁘다는 구실을 내세워 고사했다. 수양대군은 조정대신들의 속내를 읽고 괘씸했다. 1년 후 계유정난 때 민신과 허후는 안평대군의 편으로 여겨져 죽임을 당했다. 인생사 1년 앞을 내다보는 것조차 참으로 어려운 일이다.

수양대군은 황보인의 아들 황보석과 김종서의 아들 김승규를 종사관으로 데리고 명나라로 갔다 돌아왔고, 단종은 대군을 수행한 공을 인정해서 둘의 품계를 높여주었다. 두 정승은 자식들이 무사히 돌아와 품계까지 오르니, 수양대군에 대한 경계심이 조금은 누그러졌을 것이다. 수양대군의 승부수가 일부 통한 것이다.

그런데 이에 반발해 종5품 사헌부 지평 유성원이 상소를 올렸다.

"수양대군을 수행한 종사관들의 품계를 올려주자고 한 자가 누구입니까? 승정원입니까, 이조입니까? 만약 종친에게 아부해서 품계가 올랐다면 그 죄가 매우 클 것입니다. 신하는 만 리를 가더라도 직분을 다하는 것이 당연한 일인데, 어찌 상을 주겠습니까? 신 등은 그 자를 밝혀서 따지고 물어야겠습니다…."

여기서 종친은 수양대군을 가리킨다. 이에 단종은 명을 번복하고, 황보석과 김승규에게 올려준 품계를 취소했다.

"유성원은 제 아비를 닮아 어진 체하는구나."

"임금의 승급 취소 결정은 가벼운 것 같다."

황보인과 김종서는 불평했지만 속으로는 뜨끔했을 것이다. 수양대군도 입장이 난처해졌다. 유성원은 단종이 세자일 때 서연관이자 시학으로 학문을 가르쳤고, 지금은 왕에게 바른 말을 해야 하는 사헌부 관리였다. 왕이 종친과 두 정승에게 휘둘려 정치가 흔들리는 것을 바로잡고자 한 것이다.

: 포섭 :

한편 한명회는 수양대군의 진심을 파악하고 장자방이 되기 위해 본격적인 행동을 시작했다.

첫 번째 계책은 정보를 수집하는 것이었다. 한명회는 자신의 종 조득림으로 하여금 안평대군의 종을 비롯한 여러 소인배와 사귀게 했다. 덕분에, 안평대군의 집에 출입하는 대신이나 관리뿐만 아니라 심복까지 파악할 수 있었다. 또한 한명회는 종 조득림이 얻은 정보를 통해 안평대군의 심복 조번도 직접 만났다. 조번은 문종의 비 현덕왕후의 묘를 돌보는 자로 직급은 낮았지만, 안평대군의 집에서 노복처럼 일하는 까닭에 집안 사정에 훤했다. 그는 안평대군의 거사에 대비해서 무기를 관장하는 군기녹사를 맡을 만큼 안평대군의 신임을 받고 있었다.

한명회는 조번과 자주 만나 친밀한 관계가 됐다. 한명회가 조번에게 속마음을 숨긴 채 안평대군의 사람이 되고 싶다고 하자, 조번은 안평대군의 거사에 참여하는 대신들, 군사동원 및 무기조달 방법, 대략의 거사 날짜까지 알려주었다조번은 자신이 한명회에게 송두리째 털어놓은 정보로 인해 계유정난 때 이슬로 사라진다.

한명회는 양정, 유수, 유하 등 무인들도 끌어들였다. 이들은 모두 내금위 소속 병사로, 후에 수양대군이 김종서를 제거할 때 몰래 따라가서 힘이 되어주었다.

무과 급제자 홍달손도 포섭했다. 홍달손은 야간 순찰을 감독하는 감순청의 감순이 될 예정이었다. 감순청은 밤에 인정통행금지를 알리는 종. 종을 33번 침에서 파루통행금지 해제를 알리는 종. 종을 28번 침까지 한성의 통행금지 시간을 단속하는 부서다.

"홍달손이 같이한다면 순라하는 군졸 수백 명을 얻는 것과 같습니다."

수양대군은 한명회가 수집한 정보로 안평대군 세력을 손바닥 보듯이 알았고, 많은 행동대원을 얻었다. 이것만으로도 한명회는 가히 수양대군의 장자방이라 할 것이다.

권람도 정보수집을 게을리하지 않았다. 그의 종 계수는 영의정 황보인의 종과 가죽 일을 동업하고 있었는데, 그 종을 통해 안평대군의 거사계획을 상세히 알아낼 수 있었다. 안평대군 측은 10월 12일과 22일을 넘기지 않을 계획이라 했다.

수양대군은 즉시 한명회, 권람, 홍달손을 불러서 대책을 논의했다. 먼저 거사를 일으키고, 단종에게는 나중에 보고하기로 했다. 단종 주변의 내시들도 김종서의 사람인 까닭에 정보가 새나갈 것을 우려한 것이다.

: 선수를 치다 :

수양대군은 안평대군이 거사하기로 한 단종 1년 10월 12일보다 이틀 앞선 10월 10일을 거사 날짜로 잡았다. 선수를 치기로 한 것이다.

거사 8일 전, 수양대군은 한명회로부터 영의정 황보인과 좌의정 김종서가 자신들의 움직임을 알고 있다는 보고를 받았다. 거사일을 더 이상 미룰 수 없었다.

"저들은 회의 3일, 경영 3일, 약속하는 데 3일이 걸릴 것이다. 우리가 정한 거사일인 10월 10일이 어그러지지 않으면 성공할 수 있을 것이다."

거사일 새벽, 수양대군은 권람, 한명회, 홍달손을 불러 마지막 점검을 했다.

"내가 무사들을 불러 후원에서 활쏘기를 한 후 뜻을 밝히겠다. 너희들은 오후 늦게 다시 오라."

수양대군은 무사들을 불러 활쏘기를 하고 술자리를 베풀었다. 해가 저물자 홍달손은 감순 업무를 위해 먼저 나갔다. 수양대군은 무사들에게 뜻을 밝혔다.

"김종서 등이 권력을 농락하고, 안평대군과 몰래 손잡고 반역을 꾀하려고 한다. 내가 이들을 베고 종묘와 사직을 편안히 하고자 한다."

무사들은 수양대군의 뜻을 따르겠다고 했으나 의견 차이가 있었다. 수양대군은 먼저 거사를 일으킨 후에 왕에게 알리고자 했으나, 무사들은 다수가 왕에게 먼저 거사 계획을 알려야 한다고 주장했다. 그러지 않고 거사를 일으켰다가 실패하면 역적으로 몰리기 때문이다. 의견이 분분하자 도망가는 이탈자도 나왔다. 수양대군은 한명회에게 의견을 구했다.

"왕에게 사전에 알리지 않고 거사를 일으키는 것은 안 된다고 주장하는 이들이 많다. 어떻게 해야 하는가?"

"'길가에 집을 지으면 3년이 지나도 못 짓는다'고들 합니다. 작은 일도 이러합니다. 하물며 큰일을 할 때는 과감하게 결단을 내려야 합니다. 결정은 이미 끝났습니다. 의견이 통일되길 기다릴 수 없습니다. 먼저 공이 일어나면 모두가 따를 것입니다."

결심을 굳힌 수양대군은 말리는 자를 발길로 차고 하늘을 향해 맹세했다.

"따를 자는 따르고, 갈 자는 가라. 군사의 움직임은 신속함이 생명이다."

수양대군이 중문을 나서니 부인 윤 씨가 갑옷을 가져와서 입혀주었다. 고려의 태조 왕건은 궁예의 폭정을 더 이상 두고 볼 수 없던 신하들이 밤에 찾아와 왕으로 추대하려 하자 단호히 거절했는데, 부인 유 씨가 이를 보고 손수 갑옷을 가져와서 입혔다고 한다. 윤 씨와 유 씨 모두 남편을 왕으로 만든 숨은 조력자였던 것이다.

: 김종서를 처단하다 :

수양대군은 종 임어을운만 데리고 홀로 말을 타고 김종서 집으로 갔다. 내금위 군사 양정 등 3명이 미복 차림으로 몰래 따랐다. 무사의 일부는 돈의문서대문 안에 매복시켰다. 김종서 집이 돈의문 밖에 있어서 만일의 사태에 대비하기 위해서였다.

김종서가 사는 동네 어귀에 아들 김승규 집이 있었다. 김승규 집

앞에는 무사 3명과 말을 탄 무사 30여 명이 이야기를 나누고 있었다. 수양대군이 웃으면서 "누구냐?"라고 묻자 이들은 흩어졌다. 수양대군은 김승규에게 아버지를 뵙고자 왔으니 전해달라고 했다.

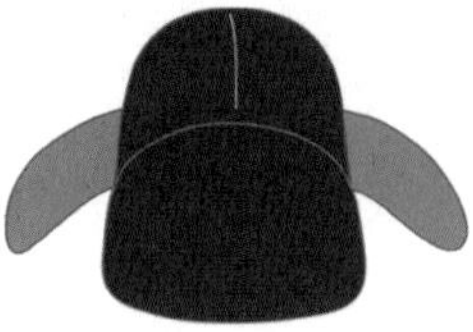

사모의 좌우로 뻗어 나온 잠자리 날개 같은 모양의 검은 뿔을 '사모뿔'이라 한다.

이윽고 김종서는 수양대군을 맞으며 집으로 들어오라고 청했다.

"이미 해가 저물었으니 댁으로 들어가기는 어렵고 청이 있습니다."

수양대군은 마침 사모뿔이 떨어져 잃어버린 참이었다.

"정승의 사모뿔을 빌립시다."

수양대군이 웃으며 말하자, 김종서는 급히 자신의 사모뿔을 빼서 주었다. 그러자 수양대군은 뜬금없이 영응대군 부인의 탄핵 건에 관해서 물었다. 김종서는 말없이 하늘을 우러러보고만 있었다.

수양대군은 김종서 곁을 지키는 가신 윤광은, 신사면에게 말했다.

"비밀의 청이 있으니 너희들은 물러가라."

이들이 물러가자, 수양대군은 김종서에게 말했다.

"청을 드리는 편지를 가지고 왔습니다."

김종서는 편지를 받아서 달빛에 비추어 보았다. 이때 수양대군이 눈짓을 하자, 종 임어을운이 철퇴로 김종서를 쳐서 땅에 쓰러뜨렸다. 아들 김승규가 놀라서 아버지 위에 엎드리니, 이번에는 양정이 칼을 빼서 김승규를 베었다. 수양대군은 김종서 부자가 죽은 것으로 여기고 돈의문으로 돌아갔다.

그런데 이날 김종서도 자신의 안위를 대비하고 있었다. 힘센 장사들을 모아서 밥을 먹이고 병기를 손질하게 했다. 그리고 수양대군이 오는지 망을 보게 하고 지시했다.

"사람들이 적으면 마중을 하고, 많으면 활을 쏘라."

"사람들이 적습니다."

김종서는 보고를 듣고, 칼을 벽에 걸어두고 빈 몸으로 나왔다. 결과적으로 수양대군이 종 하나만 데리고 단출하게 온 것이 김종서를 방심하게 한 것이다.

김종서는 죽지 않고 깨어났다. 김종서는 심복 원구에게 의정부에 가서 약을 구해오라 하고, 안평대군과 연락을 취하라고 하는 한편, 내금위를 움직이려고 했다. 하지만 모든 것이 뜻대로 되지 않았다.

김종서는 부랴부랴 상처를 싸매고 직접 돈의문서대문, 서소문소의문, 숭례문남대문으로 달려가 성 안으로 들어가려고 했다. 하지만 뜻을 이루지 못했다. 문을 지키는 군사들이 수양대군의 편에 선 감순 홍달손의 지휘 아래 있었던 것이다.

김종서는 아들 김승벽의 처가에 숨어 있다가 발각되어 결국 죽임을 당했다. 영의정 황보인 등 10여 명도 철퇴와 칼에 희생당했고, 김종서 부자와 함께 저자에 효수됐다.

한편 안평대군은 아들 이우직과 함께 체포되어 강화로 압송됐다. 수양대군은 안평대군에게 편지를 보냈다.

"너의 죄가 커서 죽이는 것이 마땅하지만, 아버지세종와 형님문종께서 너를 사랑한 마음을 생각해 용서한다."

안평대군은 수양대군이 보낸 사자에게 눈물을 보였다.

"나 또한 죄가 있음을 안다. 이렇게 되는 것이 마땅하다."

그러나 압송 도중 자신의 종에게 몰래 명을 내렸다.

"너는 급히 김종서에게 가서 때를 놓친 실수를 전하라."

안평대군은 김종서가 이미 변을 당한 것을 모른 채 꺼져가는 불씨를 살리고자 했으나 허사였다. 결국 안평대군은 강화에 안치된 8일 후 사약을 받고 36세로 생을 마감했다. 아들 이우직도 10개월 후 죽임을 당했다. 수양대군은 한명회와 만난 지 약 1년 2개월 만에 계란으로 바위를 깨트린 것이다.

: 계유정난 공신 소동 :

역사는 수양대군의 거사를 '계유정난'이라고 한다. 계유년단종 1년에 난을 평정했다는 의미다. 수양대군은 계유정난으로 영의정부사가 되었고, 판이·병조사를 겸임해서 인사와 군사까지 틀어쥐었다. 수양대군은 기회를 잡았지만, 단종에게는 시련이 시작됐다.

단종 3년, 수양대군은 동생 금성대군 이유세종의 여섯째 아들가 혜빈 양 씨, 상궁 박 씨, 한남군 이어, 영풍군 이전 등과 반란을 도모했다고 몰아갔다. 혜빈 양 씨는 세종의 후궁으로 세 아들을 두었으며 단종의 유모였다. 그 아들 수춘군 이현은 일찍이 수양대군을 한갓 필부라고 얕잡아보았고, 주변에 궁중의 일은 어머니가 맡기로 양평대군과 약조했다는 말까지 했다. 한명회는 죄를 주자고 했으나, 수양대군은 뿌리 안평대군이 제거됐으니 가지는 그냥 지켜보자고 한 바 있다.

수양대군은 금성대군이 광평대군세종의 다섯째 아들과 모의하고, 혜빈 양 씨에게 뇌물을 주어 궁인, 환관들과 결탁했으며, 비밀리에 무사들을 모았다고 했다. 하지만 금성대군이 군사를 동원하는 등 구체적 움직임이 있었던 것은 아니다. 조정은 단종에게 즉각 이들의 죄를 물어야 한다고 청했다. 결국 금성대군과 혜빈 양씨 등은 유배를 가게 되었고, 이후 금성대군은 사약을 받았다.

단종 1년에 일어난 계유정난을 모의하고 실행한 사람은 수양대군, 한명회, 권람, 홍달손과 일부 무사들이었다. 하지만 승진잔치를 통해서 세력을 넓히고자 했던 수양대군은 계유정난의 공을 이보다 훨씬 많은 83명에게 돌리고 그들의 벼슬을 높여주었다.

계유정난의 공신으로 환관 엄자치와 전균이 각각 영성군과 강천군으로 봉해졌다. 이는 단종의 뜻이라기보다는, 임금의 움직임을 자세히 알고자 한 영의정 수양대군의 입김이 작용한 것이라고 봐야 할 것이다.

조선은 왕자와 특별한 공이 있는 신하만 '군君'으로 봉하고 별도의 전답과 노비를 내렸다. 임금의 정비의 아들에게는 정안대군, 충녕대군, 수양대군처럼 '대군'을 붙이고, 후비의 아들에게는 함녕군, 계성군, 밀성군 식으로 '군'을 붙였다. 개국공신 정도전은 봉화군, 조준은 평양부원군, 한명회는 상당군, 신숙주는 고령군 등 '군'을 받았다. 세종은 상에 매우 엄격해 군을 거의 내리지 않았는데, 20년간 영의정 자리에 있던 황희에게조차 군을 내리지 않았을 정도였다. 그런데 내시 엄자치와 전균에게 '군'을 내리다니!

"환관이 득세하면 나라가 망합니다."

사헌부와 사간원은 두 환관의 봉군을 취소하라는 상소를 번갈아 올렸다. 상소를 10여 일 동안 13차례나 올리고 사직하겠다고 나섰다. 단종은 결국 두 환관의 봉군을 취소하고 이개 등의 사직서를 돌려주었다. 이는 수양대군에게 정치적 타격을 입혔다.

: 단종의 선위와 수양대군의 즉위 :

단종은 금성대군을 유배를 보낸 후, 우의정 한확과 환관 전균에게 밝혔다.

"나는 어려서 나라 안팎의 일을 알지 못하고, 간사한 무리들이 난을 도모하는 싹이 그치지 않는다. 왕의 자리를 영의정 수양대군에게 넘기고자 한다."

경복궁 경회루에서 대보를 전하는 의식이 치러졌다. 수양대군은 엎드려 울면서 극구 사양했으나, 결국 왕위에 올랐다. 의정부는 바로 집현전에 단종의 선위교서와 수양대군의 즉위교서를 짓도록 했다. 단종의 선위와 수양대군의 즉위가 동시에 이루어진 것이다. 이렇게 제7대 세조가 탄생했다. 후에 단종은 상왕으로 물러나서 창덕궁으로 옮겨 거처하다가 영월로 유배를 가서 결국 사사된다.

남은 이야기

수양대군의 계란과 안평대군의 바위

역사는 승자의 기록이다. 계유정난도 승자의 기록으로, 수양대군과 한명회의 시선으로 볼 수밖에 없다. 다만 승자의 기록을 어떻게 해석할 것인가는 읽는 사람의 몫이다.

수양대군과 한명회는 나라를 바로 세운다는 명분을 내세웠고, 그 명분 아래 목숨을 바칠 각오가 된 사람들이 모였다. 철저한 준비를 바탕으로 상대를 분석했고 목표를 이루겠다는 절실함을 갖고 있었다. 패배하면 모든 것을 버릴 각오도 되어 있었다.

반면 안평대군과 그 주변은 이익자리와 뇌물으로 맺어졌다. 많은 사람들이 이익을 위해 모였고 현실적인 권한을 갖게 됐다. 그러나 현실의 우위에 안주해서 자기들끼리 분열이 생기고 있는 것을 몰랐다. 새로운 목표를 이루겠다는 절실함보다는 현실의 이익을 지키는 것이 급선무였다. 또한 머리는 많았으나 목숨을 걸고 움직여줄 행동대원이 없었다. 그 결과 계란이 바위를 깨트릴 수 있었던 것이다.

조선왕조실록에서는 왕과 수많은 신하들, 사건들을 만나게 된다. 그들의 삶과 죽음, 그리고 사건의 전개과정을 보면서 늘 스스로에게 질문을 던지곤 했다. '삶의 명분은 무엇이고, 그 명분을 달성하기 위해서는 절실하게 무엇을 해야 하는가?'

기이한 현상을 정치에 이용하다

국가의 상서를 알고 있느냐?

『세조실록』에는 기이한 현상이 유독 많이 기록돼 있다.

"감로단이슬가 내려서 초목이 목욕한 것 같다. / 꽃비가 내렸다. / 하늘의 향기가 펴졌다. / 선학 두 마리가 구름 속으로 날았다. / 사리가 여러 개로 나누어져 다섯 색깔의 빛을 띠었다. / 석가여래가 나타났다. / 수타미나뭇잎에 맺히는 신비한 단 물질가 곳곳에 있다."

민간에서 이어져온 얘기도 있다. 세조의 어가가 지날 때 나뭇가지를 스스로 들어올렸다는 정이품송, 세조의 피부병을 치료해준 문수동자 얘기 등을 들 수 있다. 세조 때는 왜 이런 기이한 현상이 많이 나타났을까? 이런 현상이 실제로 있었을까? 이런 얘기를 통해서 얻고자 한 것은 무엇일까?

세조 14년, 왕이 일본으로 가는 통신사 권각에게 물었다.

"국가의 상서복되고 좋은 일이 일어날 조짐를 알고 있느냐? 수타미를 알고 있느냐?"

"원각사에서 불공을 드릴 때 사리가 분신하고 하늘 비가 사방으로 꽃이 되는 상서가 여러 번 있었다고 들었습니다. 그러나 신은 업무 중이어서 보지는 못했습니다."

외국으로 가는 사신에게 외교정책이나 준비상황이 아니라 나라의 상서에 대해 들었는지를 물었다. 세조는 일본의 사신으로 온 승려 융원에게 수타미를 맛보게 하고 본국으로 가져가게 했다. 수타미는 양국의 화젯거리가 되었다. 유구국 왕의 아우 민의가 사신으로 왔을 때도 수타미를 내렸는데 이에 사신들이 감격했다고 전해진다. 수타미가 조선왕조실록에 처음 등장하는 것은 세조 11년이다. 다른 왕의 실록에서는 수타미에 대한 기록이 없다.

⁝ 정이품송 이야기 ⁝

세조 때에는 기이한 자연 현상들이 자주 일어났는데 널리 알려진 정이품송 얘기도 그중 하나다. 세조 10년, 왕이 가마를 타고 속리산 법주사로 행차했는데 큰 소나무의 가지가 앞을 가로막았다.

임금이 타던 가마 연의 모습. 가마에 탄 임금의 모습은 그리지 않는다.

"연이 걸린다!"

그러자 소나무가 가지를 위로 들어 길을 내주었다고 한다. 후에 세조는 이 소나무에 정2품 벼슬을 내렸고 차츰 '정이품송', '연결이 소나무'라고 불리게 됐다고 전해진다. 세조가 지나다가 이 소나무 아래에서 비를 피했다는 말도 있다.

그런데 『세조실록』에는 정이품송 얘기가 없다. 세조 10년에 속리사법주사로 행차한 기록은 있다. 1월 왕비와 함께 한성을 출발해 충청도 진천 길상산에서 군사 4만 명으로 군사훈련 삼아 사냥을 하고, 청주를 거쳐서 회인현에 머물고, 다음 날 보은현 동평을 지나서 속리사 근처 병풍송 아래에 머물렀다고 한다. 『세조실록』에 구체적인 설명이 없어 이 소나무가 정이품송인지는 알 수 없다.

정이품송 얘기는 없지만, 속리사와 복천사에서 부처가 빛을 발하고 사리가 분신하고 영묘한 샘이 솟았다는 얘기는 기록돼 있다. 그것이 바로 중국 태평성대에 솟아났다는 단물샘 예천이라며, 큰 경사가 났다는 이유로 사면령을 내렸다. 상원사도 두 번이나 갔는데 문수동자를 만나 피부병을 치료했다는 야사가 전해진다. 『세조실록』에는 문수동자 얘기는 없고 상원사에 갔을 때 관음보살이 나타났다는 얘기는 있다. 세조는 이때도 교서를 반포하고 사면령을 내렸다.

: 전국에서 나타난 기이한 현상 :

세조 때 기이한 현상은 전국 곳곳에서 나타났다. 금강산을 갔을 때는 서기상서로운 기운가 뻗치고, 상서로운 구름이 둘렀으며, 오동잎 같은 꽃비가 내리고, 감로가 뿌려져서 초목이 목욕한 것 같았고, 선학이 쌍으로 날아 구름 가에 돌고, 산중의 여러 절에서 사리가 분신해서 오색 빛을 띠었다고 한다. 금강산에서 돌아오는 길에도 낙산사, 오대산, 월정사, 서수정사, 미지산, 용문사에서 사리, 꽃비, 감로, 기이한 향기의 상서가 있었다고 한다.

세조 10년, 큰아버지 효령대군이 양주 회암사에서 원각법회를 베풀 때 석가여래가 나타나고 감로가 내렸다고 한다. 이는 오로지 효령대군만 본 일이었다. 세조는 이러한 상서는 만나기 어려우므로 폐지했던 한성 도성 안의 절 흥복사를 복원해 원각사로 삼겠다고 했다. 이를 위해 민가 200여 채를 철거하고 군사 2,100명을 동원해서 공사를 시작했다. 흥복사 터가 시장의 중심지에 있었기에 집값을 두 배로 보상해주고 부역에 스스로 참여한 병사나 성중관임금의 호위나 숙위를 맡는 관리에게 상으로 관직이나 포목을 주었다. 효령대군은 새로 짓는 원각사에도 상서가 나타났고 인부, 도성 사람, 선비의 부인들도 이를 봤다고 했다. 이후에도 원각사에는 상서가 계속 일어났다.

: 하늘이 임금을 인정하다 :

세조는 상서가 일어날 때마다 사면령을 반포하고 상을 내렸다. 상서가 일어나는 것은 하늘이 임금을 인정한다는 의미로 해석할 수 있다. 세조는 상서를 정치에 이용한 것이다.

원각사는 약 10개월간의 공사 끝에 완공됐다. 큰 종을 주조하는 데만도 동 4만여 근이 들었다. 왕은 원각사 완공을 기념해서 경찬회를 베풀었다. 경찬회에 참석한 승려는 128명이었으나 전국에서 승려 2만 명이 모여들었다고 한다. 서기가 자주 일어나는 원각사 낙성식은 전국적으로 화제를 모았던 것이다.

그러나 원각사에 그렇게 많이 나타났던 상서는 세조 이후 사라져 버렸다. 심지어 성종은 원각사의 종을 치지 못하게 했고, 불사로 종을 칠 때는 사전에 허가를 받도록 했다. 궁궐에서 인정과 파루에 치는 종소리와 구별되지 않는다는 것이 이유였다. 성종은 원각사에서 세조가 머물던 어실도 아예 없애버렸다.

:"이 늙은이가 취해서 망령스럽구나":

세조가 승하하자 기이한 현상을 바라보는 신하들의 눈도 달라졌다. 예종은 부왕의 영향을 받아 승정원에 이렇게 말한 바 있다.

"천우사화꽃비가 내리는 기이한 일이 생겼으니, 사형죄를 제외하고 사면을 하고자 한다."

그러나 왕을 시종하는 측근이나 군관들은 사뭇 다른 반응을 보였다.

"천우사화를 보지 못하였습니다."

"꽃비가 보이지 않았습니다."

사실 세조 때 기이한 현상의 진실을 곧이곧대로 말한 신하가 있었으니 바로 영의정 정인지이다. 세조와 사돈지간으로, 나이는 21세 많았으며, 즉위 전에 정인지의 맏아들이 수양대군의 외동딸과 결혼했다. 세조 3년, 왕이 부처의 사리와 천우사화의 기이한 현상을 말하자, 정인지가 대답했다.

"백 개의 사리가 나와도 한 명의 가난한 자를 먹여 살리지 못합니다. 지금 남쪽지방은 가물어 땅을 쓸 수 없는 마을이 수십입니다. 신은 천우사화가 내리기를 원치 않습니다."

"이 늙은이가 취해서 망령스럽구나!"

세조는 화를 내며 사위 정현조에게 술자리에서 아버지를 데리고 나가라고 했다. 정현조가 나와서 정인지에게 물었다.

"아버지, 어찌해서 그런 말을 하셨습니까?"

"너 같은 어린아이가 무얼 알겠느냐! 늙은 신하가 이런 말을 하지 않으면 누가 감히 말하겠느냐?"

세조와 사돈이면서 영의정인 정인지조차 이렇게 무안을 당했으니, 누가 감히 진실을 이야기할 수 있었을까? 정인지 외에는 간언한 신하가 아무도 없었다.

⁝ 모든 왕이 상서를 인정한 것은 아니다 ⁝

기이한 현상이 세조 때만 나타난 것은 아니다. 조선에서 상서로 가장 많이 등장하는 것 중 하나가 감로이다. 감로는 달콤한 이슬이라는 뜻으로, 중국에서는 임금이 선정을 베풀어 천하가 태평하면 하늘이 상서를 내린다고 했다. 조선왕조실록에 감로가 등장하는 것은 태종 때부터인데, 왕의 생각은 각기 달랐다.

태종 14년, 백운산과 함주의 월광구미리 등에서 감로가 나타났다는 보고가 올라왔다. 영의정부사 하윤 등이 글을 올려서 하례를 하고자 하니 태종이 말했다.

"지금 가물어 비를 간절히 바라고 있는데, 감로가 내렸다고 해서 상서로울 것이 없다. 나는 상서를 좋아하지 않는다. 더군다나 내가 성인도 아닌데 어찌 감로가 내린다는 것인가?"

태종은 단호히 물리치고 하례를 못하게 했다.

"비가 제때에 내리고 햇볕이 나서 오곡이 풍성하게 익어가는 것이 바로 상서이다. 옛날에 감로가 있었다고 하지만, 그것은 올바른 세상에 있는 것이 아니었다."

세종 때도 감로가 나타났다. 세종 16년, 정6품 전 좌랑 홍원용은 소나무 가지에 맺힌 감로 한 소반을 왕에게 바쳤다.

"맛이 꿀맛 같은 게 진짜 감로입니다."

여러 승지들이 하례를 올리려 하자, 세종은 감로가 있다는 사실은 인정했으나 하례는 하지 못하게 했다.

"어저께 부왕의 헌릉을 찾아뵈었을 때 동궁별감이 감로가 맺힌 소나무 가지를 꺾어 세자에게 보여줬다고 한다. 궁궐로 돌아와서 내시에게 살펴보게 했더니, 후원의 소나무 가지 위에도 감로가 많이 내렸다고 했다. 나는 내시의 말을 믿지 않았다. 그러나 홍원용이 바친 것을 보니 감로가 있다는 것을 알겠다."

세종의 애매한 태도가 계기가 되었을까? 영의정 황희가 축하 글을 올리자, 전라도 감사를 제외한 전국의 모든 감사들이 축하 글을 올렸고, 함길도 감사와 평안도 감사는 그곳에 내린 감로를 왕에게 바쳤다. 세종은 아무런 말도 하지 않고 하례도 받지 않았다.

세종 27년, 경상도 도절제사 최숙손은 왕에게 흰 까치를 바쳤다. 예조판서 김종서가 하례를 올리자 세종이 말했다.

"의학서적에서 감로는 '항상 마신다'고 하는 걸 보니, 감로는 상서라고 할 수 없다. 중국에서는 흰 까치를 상서라며 하례를 하지만, 어찌 상서가 될 수 있겠는가? 나는 (이런일로) 하례를 받는 것이 부끄럽다. 앞으로 두 번 다시 상서에 대해 말하지 말고 하례도 하지 마라."

문종은 함길도 관찰사 김문기가 함흥부 버드나무 숲에 맺힌 이슬의 빛깔과 맛이 감로 같다며 바치자 단호히 물리쳤다.

"차가운 공기가 엉긴 것인데, 어찌 감로라고 할 수 있겠는가?"

단종 때는 감로에 대한 기록이 없다. 태종과 세종, 문종은 왕이 선정을 베풀어 하늘에서 내린다는 감로의 달콤한 유혹에 빠지지 않았다. 자연현상은 자연현상으로 받아들이고, 정치에 이용하기 위해 왜곡하지 않았다.

: 세조가 상서에 빠진 이유 :

세조는 할아버지태종, 아버지세종, 형문종과는 전혀 다르게, 상서와 정이품송, 문수동자 얘기가 전해온다. 왜 그랬을까? 세조는 왕좌에 오르고 그 자리를 지키기 위해서 너무 많은 피를 뿌렸다. 두 동생과 김종서 등 많은 신하를 죽였고 조카의 왕 자리를 빼앗았다. 왕위에 올라서도 상왕으로 올려놓았던 조카를 내치고 죽음에 이르게 했으며, 성삼문 등 많은 신하를 죽음으로 몰아넣었다.

조선은 왕이 되기 위해서는 천명과 덕이 있어야 한다고 생각했다. 상서는 하늘이 임금의 선정에 감동해서 내리는 것으로 천명과 연결된다. 세조는 상서를 이용해서 자신이 천명을 받고 있음을 보여주고, 사면령을 발표하고 상을 줌으로써 덕이 있음을 보여주고자 했다. 상서와 기이한 현상은 세조에게 부족한 천명과 덕을 부여하는 중요한 수단이었다.

"뿌리 깊은 나무는 바람에 아니 뮐새, 샘이 깊은 물은 가뭄에 아니 그칠새." 〈용비어천가〉 제2장

세조는 왕위에 오르기 위한 뿌리가 깊지 못했다. 인간은 뿌리가 튼튼하지 못하면 다른 수단을 이용해서 겉모습을 포장하려고 한다. 세조에게 상서는 이 같은 것이었던 셈이다. 세조는 상서를 통해서 자신의 집권을 어느 정도 정당화할 수 있었을까? 역사는 묻는다.

술로 소통과 죽음의 갈림길에 세우다

: 술자리를 자주 연 세조 :

문명의 기기는 어떻게 이용하느냐에 따라서 쓸모있는 이기가 되기도 하고, 흉기가 되기도 한다. 술도 마찬가지다. 어색한 분위기를 누그러뜨리고 솔직한 마음을 드러내도록 하는 소통의 매개체가 되기도 하지만, 감정을 조절하지 못해 낭패를 당하거나 화를 입도록 만들기도 한다. 심지어 술 때문에 목숨을 잃기도 한다.

조선의 왕들 중에는 술로 소통하는 왕이 있었고, 금주령을 내린 왕도 있었다. 조선왕조실록에서 '술자리'를 검색하면 1,205건이 나오는데, 이중에서 577건이 14년간 재위한 세조 때이다. 조선왕조 500년에서 세조 재위시절이 거의 절반의 횟수를 차지하는 것이다. 세조가 얼마나 자주 술자리를 마련했는지 알 수 있다. 반면 '금주령'

근정전 내부의 어좌와 어탑

을 검색하면 225건이 나온다. 가뭄 등 자연재해가 닥치면 근신의 의미로 금주령을 내렸다. 세조 때도 가뭄이 있었지만 금주령을 내린 기록은 없다.

세조는 즉위 5개월 후 사정전에서 조정대신들과 국정을 논한 뒤 술자리를 가졌다. 술잔이 몇 순배 돌자, 사헌부 집의 이예는 술에 취해서 어탑 위에 올라가 임금에게 이렇게 요구했다.

"이유를 강력히 처벌하십시오."

금성대군 이유는 세종의 여섯 번째 아들이자 세조의 동생으로 당시 반역 혐의로 유배 중이었다. 사헌부는 나라의 기강과 풍속을 바로잡고 관리들을 규찰하고 탄핵하는 권한을 갖고 있다. 종3품 사헌부 집의 이예가 이유의 처벌을 요구하는 것은 문제가 없었지만, 술에 취해 어탑까지 올라간 것은 전혀 다른 문제였다.

조선시대에는 임금의 얼굴을 똑바로 볼 수 없었다. 영조 때 경연에서 어사로 잘 알려진 박문수가 목소리를 높이고 임금의 얼굴을 쳐다봤다고 죄를 물어야 한다는 소리를 들었을 정도이다. 그런데 참석자 중 가장 낮은 종3품 사헌부 집의가 술에 취해 임금에게 고함을 질렀으니 난리가 났을 것이다.

이예는 다음 날 왕에게 사죄했다.

"신이 어저께 술에 취해 예의를 잃었으니 벌을 주십시오."

그러나 세조의 반응은 의외였다. 벌을 주기는커녕 담비가죽으로 만든 귀마개를 선물로 내렸다.

"고마워 말고 신경쓰지 마라."

: 호랑이 발톱을 감추다 :

한 달 후 비슷한 일이 또 벌어졌다. 사정전에서 국정을 논한 후 가진 술자리에서 '이석산 살인사건'에 대한 논쟁이 벌어졌다.

이석산이라는 사람이 친구와 함께 집을 나가서 며칠째 돌아오지 않는다는 신고가 들어왔다. 형조가 같이 간 친구를 심문하니, 이석산이 첨지 민발의 첩과 간통했는데 그 이후는 자신도 모른다고 했다. 이석산의 시체를 반송정현재 서울시 서대문구 연천동 아래에서 찾아 검시한 결과 눈알이 빠지고 음경까지 베인 채 잔인하게 살해당했음이 밝혀졌다.

동부승지 이휘는 민발 첩의 집을 수색해서 핏자국을 발견하고, 이석산의 몸에 있는 찔린 상처와 모양이 꼭 맞는 창, 방석 밑에 숨겨둔 신발 한 짝도 찾았다. 의금부는 이러한 증거를 바탕으로 민발을 범인으로 지목하고 어명을 받아 가두었다. 그런데 세조는 마음을 바꾸어 민발을 풀어주라고 명했다.

"현상금을 걸고 범인을 다시 찾아라."

민발은 재상이고 게다가 원종공신이었다. 세조는 즉위 후 수백 명을 원종공신으로 세웠다. 왕이 되기 전부터 터럭만큼이라도 관련이 있으면 공신으로 삼았다. 민발은 원조공신1등으로, 공신1등은 죄를 너그럽게 용서해준다는 조항이 있었다.

이날 술자리에서 사간원 좌헌납 구종직은 재조사를 요구했다.

"관련자들을 다시 추국해야 합니다."

세조는 답하지 않고 동석한 세자에게 느닷없이 물었다.

"너는 구종직의 사람됨을 아느냐? 참으로 어진 선비이니라."

이석산 살인사건 얘기는 더 이상 듣고 싶지 않다는 것이다. 하지만 술에 취한 구종직은 눈치채지 못하고 말을 되풀이했다.

"살인사건에 연루된 사람을 풀어주는 것은 마땅치 않습니다."

인내심의 한계를 느낀 세조는 파평군 윤암에게 구종직을 술자리에서 끌어내라고 했다.

다음 날, 구종직은 이예처럼 왕을 뵙고 술주정을 사죄했다.

"소신이 어제 술에 취해 예의를 잃었으니 벌을 주십시오."

"나는 이미 이석산을 살해한 범인을 추국하겠다고 결단했다. 경의 생각과 무슨 차이가 있겠느냐? 경의 나이가 많음52세을 불쌍히 여긴다. 임무에 충실하라."

세조는 또 너그러이 용서하고 구종직의 관작을 1등급 더 올려주었다. 구종직은 왕에게 죄를 빌러 갔다가 오히려 상을 받은 셈이다. 세조가 집권 초기에 신하들이 술자리에서 저지른 실수에 대해 매우 너그러웠음을 알 수 있다.

세조는 술자리에 사관도 참석시켰다. 술자리를 단순한 여흥이 아니라 업무의 연장으로 보았던 것이다.

"임금과 신하 간의 만남을 상세히 기록해서 뒷날에도 볼 수 있도록 하라."

세조는 사정전에서 이른 새벽 상참조회을 마친 후 바로 술자리를 갖기도 했다. 다른 왕 때는 신하들이 상참을 마치고 집에 가서 식사를 하고 다시 출근하는 경우가 대부분이었지만, 세조는 새벽 회의와 술자리를 바로 이은 것이다. 세조가 술을 취하도록 마셨다는 기록은 거의 없다. 스스로 '술을 좋아한다'든지 '술이 세다'고 말한 적도 없다.

세조 3년, 왕이 드물게 술에 취해서 영의정 정인지와 대사헌 김순에게 같이 어울려 춤을 추게 하고는 병조참판 구치관에게 말했다.

"나는 군사에 관한 일을 생각하면 밤에 잠을 설친다. 술에 취해서도 잊지 못한다."

병조참판 구치관은 정신이 번쩍 들었을 것이다. 왕은 이번에는 영의정 정인지에게 말했다.

"오늘 술을 마시는 것은 술이 달아 즐겁게 마시는 것이 아니겠는가?"

"성상께서는 궁궐 안에서 술을 마시지 않는다고 들었습니다. 하지만 오늘은 모두 공신들이니 어찌 안 되겠습니까?"

정인지는 맞장구를 쳤다. 왕이 정인지에게 다시 물었다.

"한나라 고조 유방이 한신과 팽월을 어떻게 대우했는가?"

한신과 팽월은 유방을 도운 일등공신이었지만, 후에 배반해서 유방에게 죽임을 당했다.

"한신과 팽월은 부족함이 없이 대우를 잘 받았습니다. 성상께서도 아실 텐데, 신이 어찌 옳고 그름을 다시 논하겠습니까?"

정인지도 이날 부축을 받으며 나갈 정도로 술을 많이 마셨지만, 왕의 질문을 잘 비켜갔다. 그날의 참석자는 모두 공신이었다. 세조는 공신이라도 배반하면 죽일 수 있다는 무서운 경고를 한 것이다. 술에 취한 척하면서 신하들의 마음을 슬쩍 떠본 것인지는 알 수 없다. 하지만 세조가 베푼 술자리의 분위기는 이렇듯 조금씩 바뀌기 시작했다.

: "취중의 일이라 기억하지 못합니다" :

세조 4년, 역시 사정전에서 공신들에게 중삭연을 베풀었다. 중삭연이란 왕이 신하들에게 일년에 2월, 5월, 8월, 11월 네 번 베푸는 정기적인 잔치로, 5공신이 모두 참석해서 차례로 술을 올리고 왕의 장수를 빌었다.

"5공신이 장수를 비는 술을 올리니, 내가 경사롭기 그지없구나."

세조는 기분이 매우 좋아 궁중의 여자 악공과 기녀들에게 음악을 연주하게 하고 신하들이 일어나 춤을 추도록 했다. 그런데 영의정 정인지가 앞으로 나아가서 왕에게 말했다.

“성상께서는 주자소에서 『법화경』 수백 권, 『대장경』 50권을 이미 간행했습니다. 그런데 또 『석보』를 간행하시니 신은 옳지 않다 생각합니다.”

5공신

개국공신
정사공신(제1차 왕자의 난)
좌명공신(제2차 왕자의 난)
정난공신(세조의 계유정난)
좌익공신(세조의 즉위)

조선은 성리학을 통치이념으로 내세웠지만, 초기 왕들은 태종을 제외하고는 불교를 계속 숭상했다. 태조는 무학대사를 스승으로 모셨고, 세종은 궁궐 안에 내불당을 지었으며, 세조도 불교를 배척하지 않고 불경을 간행했다. 이에 정인지가 세조의 불교정책을 비판한 것인데, 이는 영의정으로서 충분히 할 수 있는 말이었다.

정인지는 가끔 술자리에서 왕에게 직언을 올리고, 다음 날 기억이 잘 안 난다고 핑계를 대곤 했다. 술을 마시면 감정조절을 제대로 못했다. 세조는 정인지의 말을 듣고 화를 내며 바로 술자리를 파했다. 술자리에서의 일을 너그러이 봐주던 집권 초기의 모습이 바뀌기 시작한 것이다.

세조의 불편한 심기는 다음 날까지 이어졌다. 경복궁 후원에서 양녕대군을 비롯해 주요 종친, 중신들과 함께 활쏘기를 참관했는데, 그 자리에서 영의정 정인지에게 따져 물었다.

“내가 인왕산에 복세암을 세우고 불교 경전을 베끼는 종이를 만들어도, 경은 한마디 말이 없었다. 그런데 어제 취중에 나를 욕보인 것은 무슨 까닭인가?"

"취중의 일이라 기억하지 못합니다."

세조는 전과 달리 그냥 넘어가지 않았다.

"지금은 술에 취하지 않았으니, 부처와 유학의 도리에 대해서 상세하게 설명하라."

정인지는 분명하게 답하지 못했다.

"군왕의 질문에 대답을 못하니 이것은 불경이다."

왕조국가에서 '불경'은 매우 엄중한 벌을 받는 중대 범죄이다. 정인지는 자책했다.

'신숙주는 술을 많이 마셔도 취하지 않는데, 나는 신숙주보다 술이 약하니 이 지경에 이르렀구나.'

날이 저물자 세조는 정인지를 일단 집으로 돌려보냈지만, 의금부에서 잡아들여 추국하게 했다. 어제 정인지가 "임금은 부처를 좋아해서 하루도 보전할 수 없다"고 했고, 『중용』과 『대학』에 대해서 묻자 승려의 설법으로 왕을 업신여기는 대답을 했다며 그 이유를 알아내라고 했다.

의금부가 추국을 마친 뒤 정인지가 불경을 칭찬하고 오히려 『중용』을 비판하더라고 보고하자, 세조는 다시 국문하라고 명했다가 잠시 후 마음을 바꾸어 승지에게 말했다.

"정인지는 잘난 체해서 부득이 의금부에 가두었다. 그러나 늙은 신하를 오랫동안 옥중에 둘 수 없으니 오늘 중에 국문을 끝내라."

하지만 고신을 거뒀다. 고신은 조선시대의 관리 임명장을 말하는데 '고신을 거둔다'는 것은 자리에서 물러나라는 것이다. 정인지는 술자리의 부적절한 처신으로 의금부에서 국문까지 당하는 곤욕을 치르고 영의정에서 물러나야 했다. 정인지는 며칠 후 고신을 돌려받았지만, 영의정으로서 체면을 구겼다.

: 경연을 멀리한 세조 :

세조가 술자리를 자주 여는 대신 포기한 것이 있었으니 바로 경연이다. 경연은 조강, 주강, 석강까지 하루에 세 번 했는데, 가끔 보충수업이라 할 수 있는 야대를 하기도 했다.

태조는 건국 초에 임금은 경연관을 17명서리 1명, 세자는 서연관을 16명서리 4명을 두게 했다. 왕이 경연을 통해서 백성을 사랑하고 성군이 되길 바라서였다. 정도전이 꿈꾸던 신권강화의 한 장치라고 볼 수 있다. 왕의 경연 교재는 주로 유교 경전과 우리와 중국의 역사서였고, 세자의 서연 교재는 대부분 유학의 기본서 『소학』부터 시작했다. 임금과 신하의 대화에서 중국의 사례가 자주 등장하는 이유이다.

세조 6년, 사정전에서 상참 후 마련한 술자리에 좌의정 신숙주를 비롯 대신들과 신진들이 참석했다. 신진은 성균관 생원으로서 명경과에 갓 급제한 선비들을 말한다.

왕이 장원한 이맹현의 재주를 시험하고자 먼저 시를 읊었다.

"세상을 구제하는 본업은 경진과 『사기』에 있으니
어찌 때때로 익히지 않으리오?
경연을 폐지했다고 말하지 마오.
경연에는 의지할 만한 것이 없다오."

그러자 이맹현이 화답하는 시를 읊었다.

"마음을 올바르게 하려면 경전과 『사기』뿐이로다.
때때로 익히지 아니함이 없다네.
천 번 생각하면 반드시 한 가지를 얻으리니
경연에 어찌 의지할 만한 것이 없으리오."

왕이 이제 갓 급제한 신진에게 보기 좋게 일격을 당한 것이다. 세조는 이맹현을 재능이 뛰어난 '낭중지추'라고 칭찬하고, 성균관에 술 150병, 산돼지 2마리, 말린 노루 3마리, 대구 40마리, 준치 50마리를 하사했다. 성균관 학생들은 동료의 배짱 좋은 시 한 편 덕분에 왕으로부터 푸짐한 술과 안줏감을 받은 것이다.

: 영의정 정창손 쫓겨나다 :

세조는 여전히 술자리를 자주 열었으나, 이제 술자리에서 보여주던 초기의 너그러움은 더욱 찾아보기 어렵게 됐다.

세조 8년, 영의정 정창손이 술자리에서 한 말이 문제가 됐다. 세조는 사정전에서 상참 후 술자리에서 호조참의 안철손에게 공물의 대납에 대해 물었다.

안철손은 공물 대납의 폐해가 크다고 답했으나, 세조는 대납제도가 문제가 아니라 일처리를 제대로 못하는 수령들에게 문제가 있다고 보았다. 세조 5년과 6년에 형조는 백성들에게 공물을 두 배로 거두고는 조정에 납부하지 않은 대납인 93명을 옥에 가둔 바 있다.

세조는 세자에게 술을 올리라고 하고, 군왕이 취해야 할 자세에 대해 말했다.

"군사와 형벌은 나라의 큰일이다. 세자는 군사훈련을 직접 참관

했으니 군의 일은 잘 알 것이다. 형벌은 사람의 생사에 관계되는 것이므로 더 잘 알아야 한다."

또한 최근 세자의 『중용』 공부가 일취월장한 것을 기뻐하면서 영의정 정창손에게 말했다.

"세자의 학문이 크게 통달한 뒤에 국사를 물려주려고 한다."

정창손이 답했다.

"진실로 마땅합니다."

그런데 이것이 크게 문제가 됐다. 세자의 학문이 발전하는 것을 기뻐하고 더 잘되기를 바라는 일상적인 대화처럼 보일 수도 있지만, 영의정 정창손이 왕이 왕위를 세자에게 물려줘야 한다고 생각하고 있다는 해석도 가능하다. 세조는 후자에 무게를 두었다. 저녁에 교태전으로 가서 도승지 홍응을 불러 느닷없이 명을 내렸다.

"내가 세자에게 선위하려고 하니 속히 모든 일을 준비하라."

"선위는 국가의 대사인데 감히 명을 받들 수 없습니다."

도승지 홍응이 거부하자 왕은 짐짓 나무랐다.

"정창손은 나에게 왕위를 빨리 넘기라고 한다. 그런데 너는 어째서 명을 따르지 않는가?"

다음 날 좌의정 신숙주 등은 정창손을 국문하여 진의를 밝혀야 한다고 주장했다. 세조는 이를 받아들여 정창손을 영의정에서 파직했다. 술자리에서 나눈 대화를 이유로 정인지에 이어서 영의정을 두 번째로 쫓아낸 것이다. 사간원, 충훈부 등은 여기서 그치지 않고, 정창손을 더욱 엄히 처벌할 것을 요구했다.

"내가 아들 사랑이 지나쳐서 칭찬하다가 정창손에게 죄를 짓게 했구나."

세조는 후회했지만 결국 정창손을 유배를 보냈다. 정창손은 사위 김질과 단종 복위운동을 밀고하여 공신이 되어 영의정 자리까지 올랐지만, 술자리의 말 한마디로 자리에서 물러나 전라도 여산현 전북 익산시에서 약 6개월간 귀양살이를 했다.

이제 세조가 집권 초기 술자리에서 보여주었던 너그러움은 찾아볼 수 없게 됐다. 신하들은 술자리에서 말을 더욱더 가려야 했다. 세조는 술자리를 자주 마련해서 신하들과 소통하려고 했으나, 그 술로 인해서 차츰 자리에서 사라지는 공신들이 늘어났다.

: 죽음을 불러온 양정의 실수 :

세조 12년, 평안도 도절제사 양정이 임무를 마치고 돌아오자, 왕은 술자리를 열었다. 양정은 무인으로 함길도와 평안도 등 북방 국경에서 오랫동안 근무했다. 세자와 한명회, 신숙주 등 대신들이 반쯤 술에 취하자, 세조는 종부시 첨정 최호원과 관상감 첨정 안효례를 불러 술자리의 흥을 돋우는 만담을 시켰다. 두 사람은 가끔 왕의

술자리에 불려나와 심심파적의 입씨름을 하는 배우 역할을 했다. 그런데 평소와 달리 둘은 서로 말을 하지 않고 버텼다.

"임금이 명령을 내렸는데, 어찌 신하가 말을 하지 않는 것인가?"

세조가 화가 나서 둘을 하옥하라고 하자, 양정이 앞으로 나와 무릎을 꿇고 말했다.

"전하께서는 일을 지나치게 열심히 하십니다."

그러고는 말을 덧붙였다.

"임금 자리에 오래 계셨으니, 이제 한가하게 편안한 나날을 보내는 것이 마땅합니다."

"경은 지방에서 오래 근무했는데, 그 지방의 인심도 그러하던가?"

"그렇습니다."

"내가 임금의 자리를 탐내는 사람인가?"

양정의 말은 왕위에서 물러나라는 의미로 오해할 수도 있었다.

세조는 세자에게 양위하겠다며 도승지 신면신숙주의 아들에게 대보를 가져오라고 명했다. 신면은 대보가 보관된 상서원으로 갔으나, 차라리 임금의 명을 어긴 죄를 받겠다며 대보를 들고 움직이지 않았다. 왕은 계속 좌부승지, 우부승지, 동부승지를 상서원으로 보내 대보를 가져오라고 다그쳤으나, 이들도 신면과 같이 행동했다. 이에 왕은 다시 영순군 이부 등 종친들을 상서원으로 보냈으나, 이들도 어찌할 바를 몰랐다. 양정은 그때까지도 임금의 속내를 파악하지 못하고 있었다.

이윽고 세조는 세자에게 대보를 가져오라고 했다. 신면 등은 상서원으로 온 세자를 돌려보냈다.

"대보는 신들이 처리하겠습니다."

세조의 양위 파동은 그날 삼경밤 11시~새벽 1시까지 이어졌다.

다음 날, 4년 전 술자리의 말실수로 곤욕을 치른 정창손을 비롯한 신숙주, 한명회 등 대신들은 양정을 국법에 따라 처벌하라고 청했다. 그의 발언은 종묘와 사직을 흔드는 것이라며 극형에 처해야 한다고 주장했다. 왕의 생각도 별반 다르지 않았다. 임금의 은혜와 사랑을 믿고 자만하다가 배신해 죽임을 당한 한신과 팽월의 예를 다시 들었다.

"만약 내가 양정의 말을 혼자 들었다면 헛된 소리로 넘어가겠지만, 여러 신하들도 모두 들었다. 양정은 패악한 역도이다."

양정은 사흘 후 참수되었다. 동생 세 명은 파직되고 아들 세 명은 관노비가 됐다.

양정은 계유정난 때 내금위 군사로 수양대군이 김종서를 제거하러 갈 때 변복하고 따라가 김종서의 아들 김승규를 칼로 쳐서 죽인 공으로 이등공신에 올랐고, 국경으로 파견되어 여진족을 물리치는

데 힘을 쏟았다. 그런데 세조는 변방에서 공을 세우고 돌아온 양정을 위로하고자 마련한 술자리 끝에 그를 죽음으로 몰아넣었다. 신하를 위로하고 소통하기 위한 술자리가 끝내는 공신의 목숨을 빼앗은 것이다.

: 세조의 역린 :

'역린을 건드리면 죽임을 당한다'는 전설이 있다. 역린은 용의 목에 거꾸로 난 비늘을 말한다. 세조는 왕위에 오르고 그 자리를 지키기 위해서 여러 번 피를 봤다. 황보인과 김종서, 단종과 사육신, 동생들과 많은 신하들을 죽였다. 세조에게는 왕의 자리 자체가 역린이었는지도 모른다. 세조는 수많은 사람들을 희생시키며 그 역린을 지키고자 했으나 14년간 재위한 뒤 52세를 일기로 승하했다.

"초심을 잃지 말자"는 격언이 있다. 세조의 태도는 왜 차츰 변했을까? 세조는 선위로 왕이 되었지만, 평화롭고 축복받는 과정이 아니었고, 스스로 그 사실을 잘 알고 있었다. 그런 까닭에 공신을 남발해서 세력을 넓히고자 했고, 술자리를 통해서 신하들을 포용했다. 그러나 차츰 왕의 권위가 세워지고 신하들이 머리를 조아리기 시작하자, 더 이상 너그러움이 필요하지 않았을 것이다. 이것이 세조의 초심이 바뀐 이유겠다.

세조는 단운短韻, 짧은 글 9장을 남겼는데 제5장의 내용은 이렇다.

"백성은 나라가 아니면 어찌 보호를 받을 수 있으며,

나라는 백성이 아니면 어찌 부유하겠는가?

정치는 관용이 없으면 어찌 여유가 있을 것이며,

임금의 자리는 예가 아니면 어찌 견고하겠는가?"

세조는 글에서 정치를 하면서 관용의 여유를 부리고 예를 다해야 임금의 자리가 튼튼해진다고 자문자답했다. 초심을 잃어가는 마음을 다잡기 위해서 경계가 되는 글을 지었는지도 모른다. 세조는 초심을 잃지 않으려고 노력했으나 끝까지 붙들지는 못했다. '초심'을 지키는 방법은 자주 돌아보는 것밖에 없다.

당대의 난신이요, 후대의 충신이다

- 단종복위운동

: 정치 일번지 사정전 :

경복궁 근정전의 넓은 뜰과 전각을 뒤돌아가면 바로 사정전이 나온다. 사정전은 임금이 주요 대신들과 국가 대사를 의논하고 결정하는 집무실로 정치 일번지라고 할 수 있다. 정도전은 사정전이라는 이름의 의미를 이렇게 설명했다.

"천하의 이치는 생각하면 얻을 수 있고, 생각하지 않으면 잃어버린다. 모든 백성은 슬기롭고 어질고 어리석고 못난 것이 섞여 있다. 또한 모든 일은 옳고 그르고 이롭고 해로움이 섞여 있다. 높은 자리에 있는 임금이 깊이 생각하고 세밀하게 살피지 않으면, 옳고 그르거나 착하거나 착하지 못한 사람을 구분해서 등용할 수 있겠는가?"

사정전은 임금과 신하들이 매일 만나서 백성들을 위한 길을 생각하

경복궁 사정전(보물 제1759호, 좌) | 임금의 정무공간이다. 임진왜란 전까지는 조선의 정치가 대부분 사정전에서 이뤄졌다(태종과 성종은 창덕궁으로 옮겨 정치를 했다). 뜰에서 음력 섣달 그믐날에 귀신을 쫓는 나희공연, 격구놀이, 왕비가 베푸는 양로연, 성삼문 등 사육신의 추국도 했다.
경복궁 사정전 내부(우) | 임금을 중심으로 해서 조선왕조실록을 기록하는 사관과 『승정원일기』를 기록하는 주서의 자리가 있고, 신하들은 고개 숙이고 바닥에 엎드렸다. 어좌 뒤의 그림은 〈일월오봉도〉이다.

는 곳이므로, 생각의 중요성을 강조하는 뜻에서 '사정전思政殿'이라 이름 붙인 것이다.

사정전은 태조가 경복궁을 처음 건설할 때 같이 지었는데, 약 30년 후인 세종 11년1429년부터 본격적으로 사용됐다. 세종은 사정전을 고쳐 지어 국정을 논하는 상참례를 하고, 중국이나 일본 사신을 맞아 잔치를 베풀기도 했다. 또한 뜰에서 종친들이 격구를 치는 것을 보고, 박연이 만든 종과 경으로 구성된 아악을 감상하고, 음력 섣달 그믐날 밤에는 나희를 구경했다. 나희는 궁중에서 요사스러운 귀신을 쫓아내기 위해서 하는 의식으로 연극, 노래, 춤으로 구성됐다.

세종의 비 소헌왕후는 80세 이상 신하들의 부인을 사정전으로 초대해서 연회를 베풀기도 했다. 2품 이상의 부인은 14명, 4품 이상의 부인은 30명, 9품 이상의 부인은 66명, 공·사노비의 부인은 118명으로 모두 228명이었다. 당시 한성 인구가 약 10만 명이었고, 조선시대 평균 수명과 연락수단을 감안하면 의외로 많은 숫자이다. 소헌왕후는 이후로도 사정전에서 부녀자들을 위한 양로연을 몇 차례 더 열었다. 이렇듯 사정전에서는 세종에서 문종과 단종 대에 이르기까지 국가의 크고 작은 행사들이 열렸다.

사정전은 왕의 빈전으로도 사용됐다. 단종은 부왕 문종의 빈소를 사정전에 차리고 음식을 올리고 곡을 했다. 종친들은 문종 승하 이후 거의 5개월 만에 단종을 처음으로 뵈었다. 종친 중 가장 어른인 수양대군이 아뢰었다.

"오늘 천안임금의 얼굴을 뵐 수 있으니 다행입니다. 뵙고서 한 말씀 드리고자 했으나, 너무 엄숙하시고 신들에게 말을 걸지 않으셔서 감히 아뢰지 못했습니다. 다음에 뵈면 반드시 아뢰겠습니다."

이때만 해도 수양대군은 단종에게 감히 말을 걸지 못할 정도로 공손했다. 단종도 사정전에서 음력 섣달 그믐날 밤에 할아버지 세종처럼 나희를 구경하고, 중국 사신에게 연회를 베풀기도 했다. 그러나 이후 사정전의 평온함을 깨트리는 참혹한 피바람이 휘몰아치게 된다.

: 단종복위운동, 피바람의 시작 :

세조 2년 6월, 성균사예 김질과 그의 장인 우찬성부총리급 정창손이 궁에 들어왔다.

"비밀리 아뢸 것이 있습니다."

사정전에서 세조를 만난 이들은 좌부승지 성삼문이 반역을 꾀하고 있다고 아뢰었다. 단종복위운동에 가담한 수많은 목숨을 위태롭게 만드는 역사적 사건의 방아쇠를 당긴 것이다. 김질이 최근 성삼문의 청으로 그의 집을 방문했더니, 성삼문이 이렇게 말했다고 한다.

"최근에 혜성이 나타나고, 임금의 음식을 만드는 사옹방의 시루가 울었다고 하니, 장차 무슨 일이 일어날 것인가?"

그리고 성삼문은 이렇게 말을 이었다.

"상왕단종과 세자는 모두 어리다. 만약 왕위를 다투게 된다면 상왕을 보필하는 것이 옳은 길이다. 장인을 설득해보라."

성삼문이 역모를 연상케 하는 속내를 드러냈다는 것이다. 김질은 성삼문의 말에 이렇게 얼버무렸다고 한다.

"만약 그런 일이 있더라도, 우리 장인어른 혼자서 어떻게 그런 일을 할 수 있겠는가?"

"지금 좌의정 한확은 중국에 사신으로 가 있고, 우의정 이사철은 결단력이 없다. 그대의 장인은 모두 정직하다고 평하고 있으니, 의를 내세우면 모두가 따를 것이다."

그러면서 성삼문은 거사가 승산이 있다며, 이개, 하위지, 유응부도 뜻을 같이하고 있다고 했다는 것이다.

세조는 김질의 밀고를 듣고 바로 숙직 군사를 집합시키고, 성삼문을 사정전으로 잡아들여 직접 심문했다.

"너는 김질과 무슨 일을 의논했느냐?"

성삼문은 하늘을 우러러보며 한참 동안 말이 없었다. 세조는 김질을 불러와 대질을 시키고 곤장을 때렸다. 성삼문은 사실을 인정하고 공모자를 밝혔는데 박팽년, 이개, 하위지, 유성원, 유응부, 박쟁

등의 이름이 나왔다. 역사에서 '사육신'이라고 부르는 사람들이다. 세조는 이들을 모두 잡아오게 했다.

하위지와 이개가 먼저 잡혀왔다.

"성삼문과 무슨 일을 의논했느냐?"

하위지는 기억이 안 난다고 하고, 이개는 알지 못한다고 부인했다. 세조는 엄한 형벌로 국문하겠다면서 이들을 의금부에 가뒀다.

세조가 사정전에서 다시 박팽년에게 고문을 하고 동참자를 묻자, 박팽년은 아버지 박중림을 포함한 10여 명의 이름을 밝혔다. 이들은 모두 공모를 인정했으나, 오직 김문기만은 공초에 불복했다. 함길도 도절제사와 공조판서를 지낸 김문기는 박팽년의 친척이었고, 임금의 친위부대 책임자인 도진무였다. 박팽년은 김문기가 이런 말을 했다고 말했다.

"그대들은 궁궐 안에서 거사를 성공시켜라. 나는 밖에서 군사를 거느리고 있으니, 비록 거역하는 자가 있어도 제압하는 것이 어렵지 않을 것이다."

김문기는 박팽년의 공초를 인정하지 않았지만, 결국 사육신과 함께 거열형을 받고 3일 동안 저자에 효수됐다.

세조가 박팽년에게 거사의 실행방법에 대해 묻자, 박팽년은 어젯밤 세조와 상왕단종이 창덕궁 후원의 광연루에서 명나라 사신을 위한 연회를 베풀 때 거사를 하려고 했다고 밝혔다. 임금을 곁에서 모시고 호위하는 별운검 성승성삼문의 부친, 유응부, 박쟁도 동참하기로 되어 있었다.

그런데 거사 계획에 차질이 생겼다. 세조가 광연루의 누각이 좁다며 별운검은 입시하지 말라고 지시한 것이다. 이에 성삼문이 승정원을 통해 별운검은 왕 곁에서 떨어지면 안 된다고 건의했으나, 세조가 다시 신숙주에게 건물 내부를 살펴보게 하고는 결국 별운검을 누각에서 빼라고 했던 것이다. 박팽년은 그래서 거사를 하지 못했고, 훗날 임금이 백성의 농사를 살피러 나갈 때 다시 거사하기로 했다고 밝혔다한명회의 신도비에는 자신이 세조에게 광연루 내부가 좁고 더워서 세자도, 별운검을 포함한 여러 장수들도 입시하지 못하게 해야 한다고 건의했다는 내용이 기록돼 있다.

거사를 하기로 한 날, 별운검 유응부는 바로 행동에 나서야 한다고 주장했다고 한다.

"거사는 신속하게 처리해야 하고, 후일로 미루면 누설될까 두렵다."

유응부는 사육신 중에서 유일하게 무과 출신으로 키가 크고 활을 잘 쏘았으며 담장을 뛰어넘을 정도로 날쌨다고 한다.

박팽년 등은 유응부의 주장을 따르지 않고, 완벽한 기회가 다시 올 때까지 거사를 뒷날로 미뤘다. 그리고 사태를 관망하던 김질은 거사가 실행되지 않자, 바로 다음 날 장인과 함께 세조에게 밀고한 것이다.

사육신의 단종복위운동은 이렇게 실패로 끝났다. 이들이 유응부의 주장대로 거사를 서둘렀다면, 또 다른 역사가 쓰였을 것이다. 세조가 계유정난을 일으키면서 내세운 것 중 하나가 '신속함'이다. 거사의 성공과 실패에는 각각 그 이유가 있다.

남은 이야기

사육신에 대한 기록

경학, 문장, 필법에 모두 능한 박팽년

박팽년은 세종 17년 『세종실록』에 처음으로 등장한다. 집현전에서 훈민정음의 해석과 범례를 짓는 데 참여했고, 왕세손단종을 가르치기도 했으나, 문종의 승려 우대정책을 비판하다가 자리에서 물러났다. 이후 종3품 집현전 직제학이 된 그는 문종에게 올린 상소에서 사대부들이 의리와 절개를 버리고 권세와 이익에 아부해서 벼슬을 하는 경우가 많다고 한탄하고, 교화를 통해서 문풍을 떨치고 어진 선비를 길러야 한다고 주장했다. 이를 통해 예나 지금이나 별반 다르지 않은 세상의 단면을 엿볼 수 있다.

단종 때 박팽년은 우승지로서 수양대군과 함께 단종의 비 정순왕후 송씨를 간택하는 데 참여했다. 송 씨는 종6품 풍저창부사 송현수의 딸이다. 박팽년은 세조 때 충청도 관찰사, 예문제학, 형조참판 등을 지냈다. 이에 국문장에서 세조가 그를 힐난했다.

"너는 나에게 '신'이라 칭하며 녹을 받아먹었으면서 반란을 일으켰다."

사육신 묘(서울시 동작구 노량진) | 사육신 묘는 안타깝게도 정확하게 누구의 무덤인지 알 수 없다. 『연려실기술』에는 "어떤 중이 사육신의 주검을 져다가 묻었는데 그 중은 김시습이다"라고 기록돼 있다.

이에 박팽년이 대답했다.

"나는 일찍이 '신'이라 칭하지 않았고, 너의 녹도 먹지 않았다."

확인해보니 정말 박팽년은 세조에게 장계를 올릴 때 '신臣'이라는 말을 쓰지 않았고, 녹봉으로 받은 곡식은 날짜를 기록하고 창고에 그대로 쌓아 두었다. 성삼문과 하위지도 마찬가지였다. 세조를 왕으로 인정하지 않았던 것이다.

박팽년은 경학, 문장, 필법에 모두 능해서 '집대성'이라고도 했다. 박팽년은 형장에서 죽음을 앞두고 마지막 말을 남겼다.

"너희들은 우리들을 난신이라고 생각하지 마라."

박팽년과 아버지 박중림, 갓 생원시에 합격한 아들 박순은 모두 이때 죽었다. 하지만 운 좋게 자손은 이어갈 수 있었다. 당시 임신한 며느리가 대구 친정에 내려가 있었는데, 조정은 아들이 태어나면 죽일 것을 명했다. 때마침 며느리의 여종도 임신 중이었는데, 박팽년의 며느리는 아들을, 여종은 딸을 낳자 서로 바꿔 키웠다. 아들의 이름은 '박비'라고 했다.

성종 때 박비는 경상도 병마절도사인 이모부 이극균의 권유로 자수해서 왕으로부터 용서를 받았고, 이름을 박일산으로 고치고 가문을 정식으로 되찾았다. 이후 선조 때는 증손 박충후를 태안군수로 제수하니, 사육신 중에서 유일하게 박팽년만 대를 이을 수 있었다.

세조가 재주를 아낀 하위지

하위지는 세종 20년 문과에 장원급제하여 종6품 집현전 부수찬으로 발탁됐다. 집현전에서 오례의 주해를 세밀히 정하는 데 참여했고 그중에서 흉례의 상복제도를 마련했다. 간통사건에 연루된 형의 억울함을 상소했으나 유배를 가게 되자 따라 나서기 위해 사직을 청했다. 세종은 휴직을 허락하고 역마를 내어주었다. 그는 부모가 일찍 세상을 떠나 가장 노릇을 한 형의 유배생활을 극진히 돌봤다. 사람들은 형제 사이가 이 정도면 족하다고 크게 칭찬했고, 세종은 인재를 논하며 하위지를 맨 앞자리에 놓기도 했다.

하위지는 당시 집현전 관원이었던 성삼문, 이개와 함께 문종의 명으로 수양대군과 함께 군사 책 『병요』를 편집했다. 수양대군은 단종에게 이들

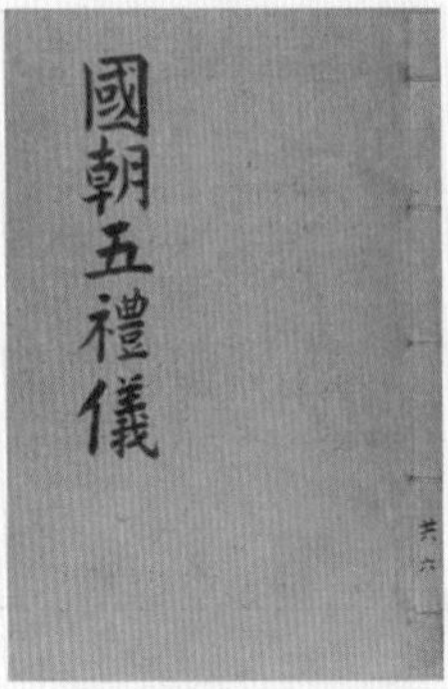

성종 때 간행된 『국조오례의』 | 국가행사의 기본 예식을 다섯 가지로 나누어 정리했다. 오례는 길례(제사), 흉례(국상/국장), 군례(군사의 출정), 빈례(외국사신 영접), 가례(국혼/책봉/잔치) 등이다.

의 품계를 한 등급 올려줄 것을 청했지만, 이 들은 이는 집현전 본래의 직분이라며 상을 거둬달라고 청했다. 특히 하위지는 종친 수양대군의 요청이므로 더욱더 상을 받을 수 없다면서 파면을 청했는데 받아들여지지 않자 사직하고 고향으로 내려갔다. 스스로 정당하지 못하다고 여긴 상에 사직으로 답한 것이다. 명예를 중시하는 조선 선비의 기개를 느낄 수 있다.

세조는 즉위 후 왕권을 강화하는 육조직계제로 나라를 운영하고자 했다. 건국 후 태조 때는 도평의사사정종 2년 의정부로 고침에 정치를 맡겼다. 정도전이 주장한 대로 신권을 강화한 것이다. 그러나 태종은 왕권을 강화하기 위해 육조직계제로 바꿨다. 왕과 육조이조, 병조, 호조, 예조, 형조, 공조가 직접 소통해서 정치를 한 것이다. 이를 세종은 다시 원래대로 돌려놓았다. 즉, 영의정·좌의정·우의정·좌찬성·우찬성 등을 포함한 대신들의 의정부 기능을 강화하고, 육조는 그 결정을 집행하는 실무기능을 하도록 했다.

그런데 세조는 이것을 다시 육조가 직접 왕에게 업무를 보고하고 지시를 하달받는 제도로 바꾸려고 한 것이다.

태조 – 도평의사사
정종 – 의정부
태종 – 육조직계제
세종 – 의정부 강화, 육조 실무
세조 – 육조직계제

예조참판 하위지는 주나라 제도를 참고해서 의정부 권한을 강화해 정치를 재상총재에게 위임해야 한다며 반대했다. 이에 세조는 재상에게 임금의 권한을 위임하는 것은 '임금이 승하할 때'라면서 노발대발하고 하위지를 극형에 처할 거라며 의금부에 가둔 바 있었다. 또한 하위지가 단종 때 술자리에서 한 말을 문제삼기도 했다.

"수양대군은 문종의 자손단종을 마음을 다해서 보필해야 합니다."

세조는 하위지가 술자리에서 자신을 의심하는 말을 했다는 것에 노여움을 드러낸 것이다. 그러나 세조는 마음을 고쳐먹었다.

"하위지는 본래 정직하다. 나는 나의 과실을 듣고자 한다. 너그러운 법을 따를 것이다. …오늘 일로 인해서 나의 과오를 지나쳐서는 안 된다. 단, 이와 같은 일은 두 번 다시 말하지 말라."

하위지는 예조참판으로서 세조에게 후궁을 더 들일 것을 권하기도 했는데, 세조는 왕손을 많이 두어야 한다는 뜻은 알겠지만 자신은 색을 좋아하지 않는다고 누누이 밝혔다. 세조는 후궁을 한 명 두었을 뿐이다.

국문장에서 세조는 하위지에게 은밀히 말했다.

"만일 네가 음모에 참여한 것을 숨긴다면 죄를 면할 수 있을 것이다."

다른 이들에게는 불에 달군 쇠로 몸을 지지는 가혹한 고문을 했지만, 부왕 세종처럼 하위지의 재주를 아꼈기에 고문을 중단하기도 했다. 하위지는 세조의 제안에 웃을 뿐 답이 없었다고 한다.

일편단심 이개

이개는 목은 이색의 증손자로서 집현전 관원으로 『운회』의 번역과 『명황계감』의 편찬에 참여했다. 시와 문에 뛰어났던 이개는 세조가 국문을 하면서 이방원의 〈하여가〉를 읊자 널리 알려진 다음의 시로 응답했다.

"까마귀 눈비 맞아 희난 듯 검노매라.

야광명월밝은 달이 밤인들 어두우랴.

임 향한 일편단심이 변할 줄이 있으랴."

이개는 계유정난 때 한 일이 없음에도, 세조가 승진잔치를 통해 세력을 넓히고자 한 까닭에 승진 명단에 들어 있었다. 이에 이개는 상을 받을 이유가 없다며 바로잡아 달라고 했으나 받아들여지지 않자 사직을 청했다. 환관 엄자치와 전균이 '군'으로 봉해졌을 때도 상소를 올리고 사직을 청한 바 있다.

후에 제22대 정조는 단종의 장릉에 모실 정단正壇 32명을 뽑았다. 모두 계유정난, 단종복위운동, 금성대군 이유의 난 등으로 세조에 의해서 희생된 사람들이다. 정조는 이들을 충신이라 하고 사당에 모셨다. 32명의 이력도 각각 기록했는데, 정조는 이개의 이력에 그가 처형되기 전에 지은 시를 소개했다.

"우임금의 솥• 이 무게가 있을 때는 삶의 의미도 역시 크지만,

생명이 기러기 털보다 가벼운 곳에서는 오히려 죽음이 영광이로다."

이개는 삶과 죽음의 갈림길에서 자신이 선택한 길을 영광으로 여기고 초연히 죽음을 맞이했다.

단종의 스승 유성원

유성원은 세종 26년 문과에 급제하고 집현전에서 『의방유취』의 편찬

• **우임금의 솥** : 우임금은 중국 고대 전설에 나오는 하나라의 시조로, 황하의 홍수를 잘 다스리고 정치를 잘한 왕으로 알려져 있다. 우왕이 천하 구주의 쇠를 거두어 솥을 만들어 백 가지 물건을 새겼는데 이것이 바로 '우왕의 솥'이다. 왕권을 상징한다.

에 참여했다. 문종 즉위년에 이극감과 함께 세자단종의 시학으로 임명되어 가르쳤다. 유성원은 단종을 향한 절개를 지켰지만, 이극감은 다른 길을 가서 후에 형조판서에까지 올랐다.

한편 유성원은 집현전 관원으로서 원치 않는 일을 해야 했다. 계유정난을 일으킨 수양대군의 공을 인정하고 칭찬하는 교서를 지은 것이다.

"왕은 이르노라. 숙부수양대군는 삼광••과 오악•••의 정기로 태어나고 바람과 서리에 절개를 가다듬었다. 재능과 도량은 준엄하고 깊었으며 지조와 기개는 확고하고 엄정하였다…."

집현전 관원들이 모두 교서를 쓰기 싫어 피했으나 당직이어서 어쩔 수 없었다. 유성원은 임금의 명으로 붓을 움직였으나, 집으로 돌아와 통곡했다고 한다.

유성원은 성삼문 등이 잡혀와서 고문을 받은 날도 성균관 당직이었다. 궁궐에서 소식을 듣고 집으로 돌아와 아내에게 술상을 차리라고 하고, 집 뒤쪽에 마련된 사당으로 들어갔다. 아내는 유성원이 시간이 지나도 나오지 않자 사당으로 들어갔다가, 관대를 한 채 자결한 남편을 발견했다. 조선은 불의를 용납하지 않고, 왕이 바른 길로 나갈 수 있도록 보좌하는 추상같은 기개를 가진 선비를 잃은 것이다.

무인 출신 유응부

유응부는 무과 출신으로 언제 무과에 급제했는지는 기록이 없다. 세종 30년 첨지중추원사종2품 또는 정3품로 임명된 것이 그에 대한 첫 기록이다.

•• **삼광** : 해와 달, 별, 특히 별은 북두칠성을 말한다.

••• **오악** : 중국의 5대 명산 태산(동), 화산(서), 형산(남), 함산(북), 숭산(중앙)을 말한다.

첨지중추원사는 세종 때에 처음으로 등장한 관직인데, 나이가 들어 더이상 현장에서 나라를 지키기 힘든 무신 중에서 관리 사무에 능한 사람을 기용했다. 이후에 유응부는 경원 도호부사, 경원 절제사, 의주 목사, 평안도 도절제사, 동지중추원사 등으로 임명됐다. 주로 함길도함경도나 평안도 등에서 국경을 방어하는 임무를 맡았는데 아쉽게도 그가 발언한 내용은 찾아볼 수 없다.

유응부는 앞서 소개한 대로 거사 당일 별운검이었다. 그의 행동을 알 수 있는 유일한 기록은 거사가 일어나기 한 달 보름 전, 경복궁 경회루에서 세조 앞에서 활쏘기를 했다는 것이다. 거사 전에 한성에 머물렀음을 알 수 있다. 개인문집들에 따르면 유응부는 성격이 강직하고 과격했다. 거사를 앞두고 주먹을 불끈 쥐며 힘자랑을 했다고 한다.

"권람과 한명회를 죽이는 데는 이 주먹만으로 족할 것이다. 어찌 검을 쓰겠는가."

정2품 판서에 해당하는 동지중추원사의 반열에 올랐지만 매우 청빈했다고 한다. 집은 거적자리로 방문을 가릴 정도였고 때로는 양식이 떨어졌다. 조정은 거사 가담자들의 재산을 환수해서 다른 공신들에게 나누어 주었는데, 유응부의 배천평안도 국경 부근과 포천의 논밭을 회수했다는 기록을 볼 수 있다『세조실록』. 한성 주변에 땅을 갖고 있지 않았던 것이다. 유응부의 부인은 "생전에 편안하게 살지 못했으며 큰 화를 입고 죽었다"라며 울었다고 한다. 그는 무인이지만 시 한 편을 남겼다.

"장군이 부절을 잡고임금의 명을 받들고 국경의 오랑캐를 진정시키니
변방의 티끌오랑캐은 없어지고 군사조차 졸고 있도다.
해가 길게 늘어진 빈 뜰에서 무엇을 구경하는가.
날쌘 매 삼백 마리가 누 앞에 앉았구나."

유응부가 북방의 국경에서 오랑캐를 물리치고 관사로 돌아와서 편안한 시간을 보내는 모습이 그려진다. 이것이 그가 꿈꾸고 바랐던 평안한 세상일지도 모르겠다.

세조를 위해 일한 성삼문

성삼문에 관한 자료는 다른 사람들의 것보다 몇 번 더 읽고 꼼꼼히 확인했다. 납득할 수 없는 부분이 있었기 때문이다.

학창시절 성삼문을 사육신의 가장 앞자리에 놓고 충과 절개를 상징하는 인물이라고 배웠다. 김질은 세조에게 밀고할 때 거사의 기획자로 성삼문을 지목했고, 가장 먼저 체포돼서 심문을 받았다『세조실록』. 반대로 성삼문을 수양대군과 같은 편으로 여길 만한 내용도 있다.

성삼문은 세종 20년에 문과에 급제하고 집현전에서 신숙주와 함께 훈민정음의 창제에 힘을 보탰다. 훈민정음 완성 8개월 전에는 왕의 명으로 신숙주와 함께 요동에 가서 운서를 연구하고 훈민정음의 해석과 범례를 만들었다. 『동국정운』의 편찬에도 참여하는 등 신숙주와 함께 세종의 사랑을 받았다.

문종은 즉위 후 도승지 이계전에게 능력 위주로 인재의 이름을 올리라고 했는데, 성삼문의 이름이 없었다. 왕이 그 이유를 묻자, 이계전은 문종이 부왕 세종이 아꼈던 승려 신미의 칭호를 높여주자 박팽년 등이 부당하다고 상소를 올렸을 때, 성삼문이 그 상소에 이름을 올리지 않아 지사의 기풍이 없다는 평판을 받았기 때문이라고 답했다.

단종 때, 성삼문은 왕비 책봉 문제로 수양대군과 의견을 달리했다. 단종은 12세 때 홀로 즉위했고 임금이 되어 왕비를 맞이했다. 왕비 책봉은 보통 대왕대비나 왕대비가 주도하지만, 단종은 할머니 소헌왕후, 어머니 현덕왕후가 이미 세상을 떠났기에 종친의 어른이자 영의정 수양대군이 간택을 주도했다.

단종이 "부모의 상 3년 이내에 결혼하지 않는다"라는 법을 앞세워 간택을 반대하자, 수양대군은 왕비 자리를 비워둘 수 없다며 밀어부쳤다. 종6품 풍저창부사 송현수종6품의 딸이 간택됐다. 수양대군의 사돈이 종1품 좌찬성 한확과 정2품 병조판서 한명회인 것에 비해 너무나 한미한 가문이었다. 단종에게는 대왕대비, 왕대비, 장인 등의 보호막이 전혀 없었다. 그런 단종에게 버팀목이 되어야 할 삼촌들은 오히려 서로 왕이 되겠다고 덤비고 있었으니 불행은 예고된 것이었다.

경복궁 근정전에서 왕비를 책봉하는 의식을 치렀다. 그런데 다음 날 단종은 폭탄선언을 했다.

"신료들의 청에 쫓겨 왕비를 맞이하고자 했다. 이것이 오히려 내 마음을 불편하게 한다. 왕비를 맞이하는 일을 중지하라."

그동안 조정 내에서 곡절이 있었다. 왕비를 맞은 후 소복으로 돌아가야 할지, 아니면 길복삼년상 마친 뒤 입는 보통 옷을 그대로 입어야 할지 논란이 팽팽했다. 요즘의 눈으로 보면 소복이든 길복이든 뭐가 그리 중요할까. 하지만 조선은 예를 어떻게 보느냐에 따라 인생관과 편이 나누어졌고, 목숨을 걸 정도로 예법을 중시했다.

수양대군이 나서서 조정의 팽팽한 논쟁을 길복으로 정리했다. 그러나 사간원 좌사간이었던 성삼문은 다시 논쟁을 소복으로 뒤집고, 예를 중시한 임금의 마음을 움직여 왕비를 맞이하는 절차를 중단시켰다.

수양대군은 화를 내며 성삼문의 벼슬을 빼앗고 의금부에 가뒀다. 그리고 다시 단종을 설득해서 길복으로 바꾸고 왕비를 맞이하도록 한 후, 성삼문의 벼슬을 돌려주고 풀어주었다. 이 예법 논쟁을 통해서 성삼문은 원칙주의자이고, 수양대군은 실용주의자로서 서로 의견이 달랐음을 알 수 있다. 그러나 이것이 성삼문이 거사를 도모한 이유라고 볼 수는 없다. 앞서 말한 대로 이 사건 이후에 성삼문은 세조의 공신과 승지가 되었기 때문이다.

계유정난으로 성삼문은 수양대군과 함께 공신에 책봉됐다. 수양대군, 권람, 한명회, 홍달손은 1등, 신숙주는 2등, 성삼문은 3등 공신에 올랐다.

조선시대에 공신에 오르면 혜택이 어마어마했다. 공신3등인 성삼문이 국가로부터 받는 혜택도 매우 컸다. 먼저 전각을 세워서 초상을 붙일 수 있었고, 비석을 세워서 그 공을 기록했다. 부모와 처의 봉작도 1등 올려주었다조선시대에는 외명부라고 해서 남편의 직품에 따라서 부인도 봉작을 받을 수 있었다.. 자식은 음서로 벼슬에 오를 수 있었고, 자식이 없는 경우 사위나 조카에게 그 벼슬을 넘겨줄 수 있었다. 또한 논밭 100결과 노비 7명, 일종의 관노비인 구사 3명, 출퇴근 시 가마를 메고 호위도 하는 반당 6명을 받았으며, 이는 장자에게 세습도 되었다. 아울러 역모 등을 제외한 죄를 범해도 처벌을 받지 않았다.

성삼문은 품계가 종3품 집현전 부제학에서 정3품 사간원 우사간으로 올랐고, 수충 정난공신 사간원 좌사간대부라는 칭호를 받았다. 이에 더해서 내구마임금의 수레를 끄는 말을 기르는 사복시의 말 1필, 백은 10냥, 채단혼인 때 신랑집에서 신부집으로 미리 보내는, 청색과 홍색의 두 가지 비단을 받았다. 즉, 공신이 되면 자신뿐만 아니라 대를 이어 혜택을 누릴 수 있는 달콤한 꿀단지를 받는 것이다.

3등 공신 성삼문은 꿀단지를 지켰을까? 이개와 유성원은 계유정난 때 한 일이 없다며 바로 사직을 청했지만, 성삼문은 한 달여 동안 공신을 거절하거나 반납하려 한 기록이 없다.

그런데 변수가 생겼다. 며칠 후 단종이 환관 엄자치와 전균을 영성군과 강천군으로 봉하자, 사헌부에서 철회하라는 상소를 올리고, 조정대신들은 공신을 반납하겠다고 나섰다. 공신1등 도승지 최항, 공신2등 좌승지 신숙주, 이어서 공신2등 사헌부 수장 권준과 함께 성삼문도 자기의 공신을 삭제하라고 청을 올렸다. 신숙주는 한 번으로 그쳤으나 성삼문은 이후 두 번 더 사직을 청했다. 단종은 모두 받아들이지 않았다. 단종 3년, 성삼문은 예조참의가 되어 공신 혜택을 받고 맹족공신들이 맹세한 말과 이름을 열거한 족자을 나누어 가졌다.

이후 성삼문은 또다시 세조의 공신이 됐다. 단종 3년 윤6월, 왕이 수양대군에게 왕위를 물려주었다. 형식은 평화롭게 왕위를 넘겨주는 선위였지만, 실상은 찬탈과 마찬가지였다. 이때 수양대군을 왕위에 오르도록 도와준 신하들을 '좌익공신'이라고 한다.

세조는 3개월 후 좌익공신 명단을 발표했다. 자신이 왕위에 오르도록 도와준 44명에게 공신잔치를 벌인 것이다. 한명회와 신숙주 등 1등 7명, 정인지와 환관 전균 등 2등 12명, 단종의 시학 이극감과 성삼문 등 3등 25명이었다. 성삼문은 사육신 중에서 유일하게 좌익공신이 됐다. 성삼문이 계유정난 공신을 반납한 기록이 없고, 더군다나 좌익공신을 그대로 유지한 것은 이해하기 어려운 부분이다.

성삼문은 세조가 즉위하면서 왕의 비서실인 승정원으로 발령을 받아 우부승지가 됐다. 조선시대 승정원 승지의 별칭은 '후설'이다. 후설은 목구멍과 혀라는 뜻이다. 말 그대로 임금의 뜻을 신하들에게 전하고, 신하들의 여론을 임금에게 전하는 역할을 했다. 임금과 승지는 호흡이 척척 맞을 수밖에 없었다. 성삼문은 세조가 즉위한 이후 거사 때까지 승지로 있었다.

또한 성삼문은 공교롭게도 한명회의 자리를 계속 이어받았다. 단종 3년 한명회는 우부승지, 성삼문은 동부승지가 됐고, 세조가 즉위하면서 한명회는 좌부승지, 성삼문은 우부승지가 됐다조선시대 관직은 같은 품계라도 우보다 좌가 앞선다. 이어서 한명회가 우승지가 되자 성삼문은 좌부승지가 됐다. 세조를 극단적으로 다르게 보는 두 사람이 나란히 왕을 보필하고 자리를 이어받은 것이 아이러니하다. 다만, 성삼문에 대한 기록은 거사 40여 일 전부터 『세조실록』에서 사라진다. 세조와 불화가 있었다든가, 사직서를 제출했다는 기록이 없어 둘의 관계를 더욱 설명하기 어렵다.

세조를 위해 일했던 성삼문이 단종 복위를 위해 거사를 일으킨 까닭은 충과 절개 외에 무엇일까? 조선왕조실록만으로는 한계가 있기에 개인문집에 기록된 이야기를 몇 가지 보겠다.

성씨지묘 | 사육신 묘비에는 성씨지묘, 이씨지묘, 하씨지묘, 박씨지묘, 유(兪)씨지묘, 유(柳)씨지묘라고 새겨져 있다. 성삼문, 이개, 하위지, 박팽년, 유응부, 유성원의 묘로 추정된다.

세조의 즉위 때 성삼문은 어떤 역할을 했기에 좌익공신이 됐을까?

단종은 경복궁 경회루에서 세조에게 대보를 넘겼다. 동부승지였던 성삼문은 상서사로 가서 대보를 가지고 와서 환관 전균에게 넘겼고, 전균이 수양대군에게 대보를 바쳤다. 성삼문은 이때 대보를 안고 목놓아 통곡했고, 박팽년은 경회루에 빠져 죽으려고 했다. 성삼문은 이렇게 말하며 박팽년을 말렸다고 한다.

"비록 왕위는 넘겼지만, 아직 상왕단종이 계시고 우리들이 살아 있으니 장차 일을 도모하다가 죽어도 늦지 않다."

둘은 세조가 즉위한 날 단종 복위를 결의한 것이다.

세조가 국문장에서 성삼문을 심문할 때, 마침 신숙주가 왕의 뒤에 서 있었다. 성삼문은 신숙주를 보고 쏘아붙였다.

"너와 내가 집현전에서 숙직할 때, 세종께서 원손단종을 안고 뜰을 거닐면서 '너희들은 모름지기 이 아이를 잘 보살펴달라'고 하신 말씀이 아직도 귓전에 생생하다."

이 일로 인해 성삼문은 충과 절개를 지킨 신하로 각인됐고, 신숙주는 변절한 '숙주나물'이라는 불명예스러운 별명을 얻게 된다.

성삼문은 형장으로 가면서 옛 동료들에게 "너희들은 어진 임금을 도와서 태평성대를 이룩하라. 나는 돌아가서 옛 임금을 지하에서 뵙겠다"라고 외치고 시 한 편을 지었다.

"둥둥둥 북소리는 사람 목숨 재촉하는데
머리 돌려 돌아보니 해는 이미 기울었네.
머나먼 황천길에 주막 하나 없으니
오늘 밤은 누구의 집에서 자야 할까."

개인문집들에서도 성삼문의 충과 절개를 칭송하는 대목들이 눈에 띄지만, 조선왕조실록보다 세조와의 관계를 명확히 설명하는 자료는 아직 찾지 못했다.

성삼문은 사형장으로 끌려가는 수레 뒤로 대여섯 살인 딸이 울면서 따라오는 것을 보고 마지막 말을 남겼다고 한다. "사내자식은 다 죽을 것이나 너는 딸이니까 살 것이다." 그는 아들 다섯을 두었다고 한다. 사육신에게는 모두 연좌제가 적용되어 남자아이는 모두 죽였고, 여자들은 생명은 부지했으나 노비가 되었다. 이때 노비로 전락한 부녀자는 173명에 달했는데 대신이나 공신들에게 물건처럼 나누어주었다. 인간은 왜 이리 독할까? 왕조사회의 끔찍한 폐해였다.

역적에서 충신으로, 300년 걸리다

조선왕조실록에서는 단종복위운동을 '병자년의 난' 혹은 '병자사화'라고 쓰고 있다. 난을 일으킨 역적으로 보는 것이다. 반면 개인문집들은 사육신을 충과 절개를 지킨 신하들로 칭송하고 있다. 관점에 따라 충과 역적의 개념이 달라지는 것이다. 사육신이 제대로 평가받기까지는 오랜 시간이 걸렸다.

성종 때, 김종직이 왕 앞에서 이렇게 말했다.

"성삼문은 충신입니다."

왕의 얼굴빛이 달라졌고, 김종직은 재빨리 분위기를 눈치챘다.

"만일 변고가 있다면, 신은 마땅히 성삼문이 되겠습니다."

이 말에 성종의 얼굴빛이 환하게 바뀌었다고 한다.

선조 때, 판서 박계현은 경연에서 "성삼문은 참으로 충신입니다"라고 하면서, 왕에게 남효온이 지은 『육신전』을 볼 것을 권했다. 선조는 이 책을 읽고 치를 떨었다고 한다.

"엉터리 같은 말로 조상을 모욕하고 있다. 책을 모두 찾아내서 불태우겠다. 이 책을 언급하는 자에게 벌을 주겠다."

후에 선조는 영의정 홍섬에게 사육신의 충정에 관한 얘기를 듣고 이명을 거두었다. 임진왜란이 끝난 후에는 박팽년의 후손 박충후를 찾아 태안군수에 제수했다.

숙종은 사육신을 복직시키고 사당을 짓고 '민절'이라는 편액을 내렸다. 민절은 절개를 가엾게 여긴다는 뜻이다. 그리고 "신하가 가장 하기 어려운 것이 절의에 죽는 것이다"라는 비망기를 내렸다.

정조는 사육신을 '충신'으로 규정하고, 단종의 장릉에 신주죽은 사람의 위패를 모셨다. 사육신이 역적에서 충신으로 바뀌는 데 300년이 넘게 걸린 것이다.

세조는 살아 생전 이렇게 말했다고 한다.

"박팽년 등은 당대의 난신이고 후대의 충신이다."『효종실록』

세자예종는 부왕 세조의 병이 악화되자, 승하하기 이틀 전에 계유정난과 단종 복위에 연좌된 200여 명을 모두 방면했다.

왕조시대의 충과 절개를 오늘날에 적용하기에는 무리가 있다. 그래도 그 바탕에서 조선의 선비로서 정의롭게 살고자 한, 당시의 시대정신을 지키고자 한 노력을 엿볼 수 있다.

오늘날 우리는 무엇을 위해서 정의롭게 살아야 할까? 우리의 시대정신은 무엇일까? 역사에 질문을 하고 답을 찾는 일을 게을리해서는 안 될 것이다.

* 사육신과 관련된 내용은 『세종실록』, 『문종실록』, 『단종실록』, 『세조실록』, 『효종실록』, 『숙종실록』, 『선조실록』, 『선조수정실록』, 『정조실록』을 바탕으로 썼다. 그리고 개인문집 『홍재전서』 제60권, 『연려실기술』, 『추강집』, 『육신전』, 『용재총화』, 『사가집』, 『동각잡기』, 『석담일기』를 참고했다.

흥례문에서
국가 비상훈련을 하다

지하철 광화문역에 내려서 경복궁으로 걸어가면 나도 모르게 기분이 좋아진다. 봉긋 솟아오른 백악산 아래 자리잡은 경복궁이 제 모습을 찾아가고 있고, 광화문 정문을 지나 흥례문, 근정문으로 들어서면 우뚝 솟은 근정전을 정면으로 볼 수 있다. 근정전을 정면으로 보는 것이 무슨 대수냐고 할 수도 있을 것이다. 경복궁은 태조 4년인 1395년에 완공됐고 그로부터 600여 년이 지났지만, 일반 백성이 광화문, 흥례문, 근정문 세 문을 정면으로 통과해서 경복궁을 구석구석 살펴볼 수 있게 된 것은 그리 오래되지 않았다.

: 출입이 엄격히 제한됐던 경복궁 :

경복궁은 태조가 조선을 세우고 처음으로 지은 정궁이다. 임금,

왕비, 세자, 대비 등 왕실 주요 인물들의 생활공간이자 나라의 정책을 결정하는 정치공간이다. 임금의 즉위식, 나라의 주요 행사, 외국 사신 맞이 등 국가적 행사를 치르던 곳이기도 하다. 임금을 비롯한 왕실의 안전과 국가의 기밀유지를 위해 궁을 삼엄하게 수비했다.

조선시대에 경복궁을 본격적으로 이용한 것은 세종 4년1422부터이다. 태조는 경복궁을 완공한 후 3년 정도 거주했으나, 정종은 개성으로 환도했고, 그 후 태종은 한성으로 다시 돌아왔지만 새로 지은 창덕궁으로 거처를 옮겼다. 세종도 경복궁 근정전에서 즉위했으나, 부왕이 계신 창덕궁에서 정무를 시작했다. 세종 4년1422년 5월에 부왕이 승하하자 상제를 마치고, 그해 10월 비로소 거처를 옮겨 본격적인 경복궁 시대를 열었다.

세종은 경복궁으로 옮기기 이틀 전 신부제도를 마련했다. 신부信符는 궁궐을 드나들 수 있는 출입증이다. 사모와 뿔 있는 두건을 쓴 자 외에, 궁궐을 드나드는 삼군의 갑사병사, 대장, 대부들과 궁궐 안에 직무가 있는 남녀에게 신부를 발행했다.

신부(국립중앙박물관) | 조선 후기에 구리로 만든 네모난 신부. 병조에서 발급했는데, 한 면에는 '신부(信符)', 다른 면에는 날짜가 새겨져 있다. 술을 달아 장식 효과를 냈다.

신부는 약 2촌6.6cm 길이의 나무조각으로 한 면에는 '부서'의 이름을 쓰고, 다른 면에는 '신부'라고 낙인을 찍어 병조에서 관리했다. 신부를 발행한 것은 궁궐 출입을 더욱 엄격하게 관리하기 위함이었다.

세종 이전에도 궁궐 출입을 엄격하게 관리해야 한다는 논의가 있었다. 태조 때는 사헌부에서 왕의 옛 친구나 친척이 무시로 궁궐에 드나드는 것을 막아야 한다고 했으나 잘 지켜지지는 않았던 것 같다. 태종은 단속이 허술하다며 궁궐을 지키는 금법을 엄격하게 적용하고, 궁중에 난이 생기는 것을 우려해 부녀자들의 출입을 금했다. 태종 11년에는 궁궐 출입을 허가받은 자에게 인패印牌를 주도록 했다.

세종은 신부를 발행하고 구체적 운용조항도 만들었다. 예를 들어 신부에 갑사와 대장, 대부는 관직과 이름을 적고, 궁궐의 노비는 '본궁노비'로, 나인의 식솔은 '나인가속' 등 구체적으로 적게 했다. 신부를 빌려주거나 빌리는 자, 훼손한 자, 잃어버린 자, 허가받지 않은 곳을 출입하는 자는 병조와 진무소가 감찰해서 형조로 넘겼다. 벼슬에서 물러나면 신부를 병조에 반납해야 했다. 신부 발행이 필요할 때는 각 부서에서 병조에 공문서로 요청하고, 임시직, 하급관리의 신부는 각 부서에서 관리하고 궁궐에 출입할 때 나눠주었다.

세종 5년에는 신부 발행 대상을 더욱 명확히 하기 위해 병조에 벼슬아치와 부서에 필요한 구체적 숫자를 올리도록 했다. 발행 대상자는 총 7,233명이었다. 신부가 가장 많이 발행되는 부서는 궁궐 수비를 담당하는 병사들이 포함된 병조로 4,937명이었고, 가장 적은 부서는 형조로 17명이었다. 형조는 궁궐 밖에서 심문하거나 형을 집행하므로 궁궐을 출입할 일이 적었다.

궁궐 안에서 신부를 차고 다닐 수 있는 노비의 숫자도 정했다. 왕의 대전을 출입하는 종은 388명남자 376명, 여자 12명, 왕비전은 119명남자 104명, 여자 15명, 후궁전은 83명남자 74명, 여자 9명이었다. 이 숫자로 보면 세종 때 왕과 왕비, 빈을 위한 남자 종은 554명, 여자 종은 36명이었음을 알 수 있다. 드라마에서처럼 여자 종이 많지 않았던 것이다. 오히려 남자 종이 여자 종보다 15배 정도 많았다.

임금이 급히 궁으로 사람을 불러들일 때는 아패를 사용했고, 내관이 나누어주었다. 아패는 상아로 만들었는데 '승정원'이라는 글씨가 새겨져 있었다. 화재 등 위급한 상황에서도 외부인은 아패가 없으면 궁궐에 들어갈 수 없었다. 궁녀들의 출입도 엄격하게 관리했다. 궁녀들이 집에 다녀올 경우 승정원에 보고한 후 나서도록 했다. 궁중의 비밀이 새나가는 것을 막기 위해 궁녀가 집에서 잠을 자는 것은 금지했다.

궁궐 출입증인 신부는 귀한 물건이 됐다. 그런데 시간이 지나면서 문제가 생기기 시작했다. 잃어버린 신부를 줍거나 훔쳐서 버젓이 차고 다니는 사람도 있었고, 사고파는 무리까지 생겼으며, 고위 관리의 수행자라고 사칭까지 했다. 이에 다양한 위조 방지책이 마련됐다.

'신부'와 '소속 관명'을 더 깊게 새기고, 글자체를 달리하고, 해마다 발행하면서 정미년은 丁자, 무신년은 戊자 식으로 육십갑자를 넣었다. 모양도 모지거나 둥글거나 육각형 등 네 가지로 만들었고, 새로운 신부를 줄 때는 옛 신부를 회수해서 불태웠다. 이처럼 궁궐 출입은 엄격하게 관리됐고, 일반 백성들이 특별한 이유 없이 궁궐에 들어가는 것은 불가능했다.

시강원 상아패(국립고궁박물관) | 임금이 세자의 공부를 위해서 시강원 관리를 부를 때 사용한 상아패. 시강원이란 글자와 그 아래 고종의 수결이 있다.

그 후 경복궁은 임진왜란으로 불타서 고종 때 중건1868년될 때까지 약 270여 년간 폐허로 방치됐다. 잡초만 무성한 퇴락의 장소로 바뀐 것이다.

: 마침내 근정전을 정면으로 보다 :

제26대 고종 때인 1868년 대원군은 여러 어려움을 무릅쓰고 경복궁을 중건했다. 그러나 중건된 경복궁을 오래 사용하지는 못했다. 고종은 일본공사 미우라가 주도한 을미사변과 그후 아관파천1896년으로 경복궁을 떠나 러시아 공관으로 갔다. 주인인 왕이 경복궁을 떠난 것이다. 고종은 아관파천 후 경복궁이 아니라 경운궁현 덕수궁으로 돌아왔다. 경복궁은 중건했으나 30년도 채 사용되지 못했다.

경복궁은 주인을 잃은 채 덩그러니 비어 있다가 조선총독부가 들어왔다. 일제는 1914년에는 조선물산공진회를 연다는 구실로 왕과 왕비의 강녕전과 교태전을 훼손하고 수많은 전각들을 철거했다. 또한 근정전 바로 앞 공간, 즉 현재의 흥례문 자리에 조선총독부를 지어 광화문, 흥례문, 근정문으로 이어지는 동선을 끊어버렸다. 조선

흥례문 앞 넓은 뜰에 있던 조선총독부 건물이 철거되고, 2001년 흥례문이 복원되면서 광화문 → 흥례문 → 근정문을 거쳐 근정전을 정면에서 마주할 수 있게 되었다.

흥례문 앞 넓은 뜰 | 조선시대 흥례문 앞 넓은 뜰에는 의정부, 육조, 사헌부 등의 신하들이 아침 조회에 참석하기 위해 대기하는 각 관청의 작은 대기소 건물들이 있었다. 임금의 애도 장소, 왜, 여진족 등의 접대 장소로도 사용되었고, 때로는 국문 장소, 국가 방위를 위한 훈련장소로도 사용됐는데, 세조 때는 국가 비상훈련 '취각령'이 열리기도 했다.

총독부는 1927년 완공되어 공사기간 1916~1926년 1997년 철거될 때까지 70년간 근정전 앞을 가로막고 있었다.

필자는 1990년대 초 경복궁에 처음으로 갔는데, 광화문, 흥례문, 근정문을 지나 정면에서 근정전을 본 것이 아니었다. 경복궁 동쪽의 쪽문으로 들어가니, 이름을 알 수 없는 목조건물의 옆모습이 보이고, 그 건물을 따라서 다시 돌아가서야 현판을 보고 근정전이라는 것을 알았다. 첫인상이 중요하다. 우뚝 선 근정전을 정면으로 보지 않으면 그 위엄을 제대로 느낄 수 없다.

조선총독부가 철거된 터에 2001년 흥례문이 복원됐다. 지금은 조선시대 출입증 신부 대신 입장료만 내면 누구나 자유롭게 출입할 수 있고, 매월 마지막 수요일은 문화의 날이어서 무료로 들어갈 수도 있다.

광화문, 흥례문, 근정문의 동선도 다시 살아나서 근정전을 정면으로 마주할 수 있다. 이렇듯 일반인이 경복궁 정문으로 들어가 근정전을 정면으로 바라보게 된 지는 불과 20년 남짓밖에 되지 않았다. 우리는 매우 당연한 것으로 생각하지만 사실은 먼길을 돌고 돌아 얻은 소중한 행복인 것이다.

: 흥례문의 다양한 용도 :

백악산 아래 경복궁이 넓게 펼쳐져 있고, 정문 광화문에 들어서면 탁 트인 공간이 나온다. 조선총독부 건물은 사라졌고, 2001년 복원된 흥례문과 그 앞의 넓은 뜰이 우리를 맞이한다. 조선시대, 이 넓은 뜰에서는 어떤 일들이 펼쳐졌을까?

흥례문 앞 넓은 뜰의 좌우에는 관가의 건물 공해公廨가 있었다. 이곳에서 의정부와 육조, 사헌부, 삼군부, 돈녕부, 예문관 등의 신하들이 아침 조회에 참석하기 위해서 대기했다. 각 관청의 부속건물로 일종의 행랑채라고 할 수 있다. 조회는 조정의 모임을 말하는데, 조선시대에는 상참, 조참, 대조 등으로 구분했다.

조선은 '육아일'이라고 해서 한 달에 여섯 번 조참을 해서 임금에게 정사를 보고했다. 아일衙日은 임금이 조참에서 관리들로부터 정사를 듣는 날을 말한다. 조선 초기에는 육아일이었으나 차츰 줄어들어 『경국대전』에는 5일, 11일, 21일, 25일의 사아일로 돼 있다.

조선은 이외에도 상참이라고 해서 원칙적으로는 6품 이상일반적으로는 3품 당상관 이상은 이른 새벽에 열리는 약식 조회를 했다. 의정부, 육조, 종친부, 충훈부, 의빈부, 돈녕부, 한성부 당상관, 사간원의 각 한

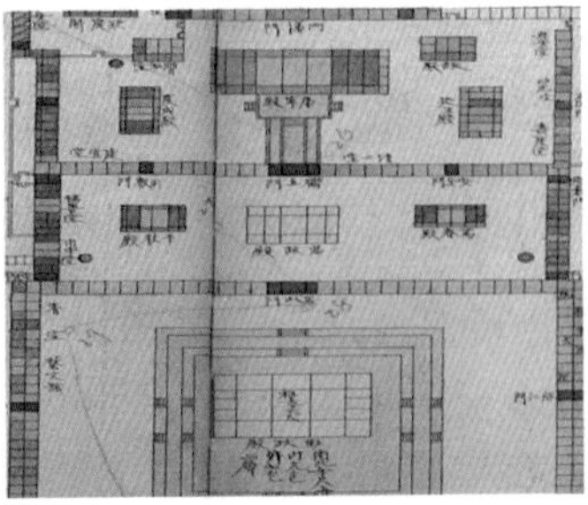

상참(常參) | 세종 11년 마련한 상참의식에 따르면, 날마다 이른 새벽에 궁궐의 뜰에 자리를 마련하고 6품 이상의 관원이 참석한다. 실제로는 편전에서 당상관 이상만 참석하기도 했다. 매일 참석하는 것이 너무 힘들기에 나이 든 대신들에게는 예외가 인정됐다. 서거정은 "오경(새벽 3시~5시) 북소리가 또 사람을 재촉하네"라고 상참에 나가야 하는 고단함을 시로 표현했다.

명 등이 참석했다.

상참은 말 그대로 '일상적으로 참여한다'는 뜻으로, 매일 여는 것이 원칙이었다. 상참은 5경 4점에 했다. 5경은 새벽 3~5시로 대략 중간을 잡아도 새벽 4시에 상참이 열렸다. 왕은 잠에서 깨어 얼굴을 씻고 의관을 갖추려면 새벽 3시에는 일어나야 했다. 신하들은 더 일찍 일어나야 했을 것이다. 의관을 차려입고 집에서 궁궐까지 걷거나 가마를 타고 와서 대기했다. 홍례문 좌우로 자리잡은 자신들이 속한 부서의 공해에 일찍이 도착해서 서로 안부를 묻거나 정보를 교환하고 왕에게 아뢸 정책을 다듬었다.

세조는 너무 이른 시간에 열리는 상참에 참석하는 고단함을 토로하기도 했다.

"나이 많고 지친 임금은 쉽게 하지 못할 것이며, 게으른 임금은 아예 할 생각을 안 할 것이다."

세종도 66세의 좌의정 황희, 69세의 우의정 맹사성에게 상참에 5일에 한 번씩만 참석해도 좋다고 했다.

"늙은 대신들은 매일 상참에 참석하면 병이 날 것이다."

임금이 한 달에 몇 번 조참을 여는 날, 홍례문 앞은 이른 새벽부터 신하들로 북적댔다. 신하들은 홍례문으로 들어가서 근정전에서 왕에게 주요 업무를 보고하고 정책들을 결정했고, 그 정책들은 다시 홍례문과 광화문을 거쳐 전국으로 퍼져나갔다.

임금이 홍례문 밖으로 나오는 경우도 있었다. 가까운 친척이나 아끼는 신하가 세상을 떠났을 때이다. 임금은 홍례문까지 나와서 애도를 표했다. 이것을 '거애擧哀'라고 한다.

임금은 비와 빈, 공주, 왕자, 종친과 외척, 그리고 정2품 이상 관리의 부음에 거애할 수 있었다. 세종은 우의정을 지낸 유관과 이복동생 혜령군 이지가 죽자, 백관을 거느리고 홍례문 밖에서 거애했다. 흰옷으로 갈아입고 하얀 산선베로 만든 임금의 의장물. 우산처럼 생김을 앞세워서 홍례문까지 여를 타고 와서 신위가 마련된 곳에서 의식 진행자 판통례의 인도에 따라서 곡을 했다. 임금이 곡을 하는 횟수는 기록에서 찾을 수 없다. 신하들은 종6품 통찬의 인도에 따라 15번 소리를 내어 울었다. 임금이 먼저 곡을 하고 그다음에 신하들은 한꺼번에 곡을 하여 소리가 서로 섞이지 않도록 했다.

홍례문은 이처럼 신하들이 조회를 대기하는 장소뿐만 아니라 임금의 애도 장소로도 사용됐다. 이외에도 왜, 유구국, 여진족들은 왕을 뵙고 난 후 홍례문 좌우의 전각에서 음식을 대접받았다. 형조는 왕의 명령에 따라서 국문하는 장소로 홍례문 앞의 뜰을 사용하기도 했다.

: 국가 방위를 위한 훈련장소 :

무엇보다도 홍례문의 넓은 뜰은 국가 방위를 위한 훈련장소로도 활용됐다. 세조 때에 실시한 국가 비상훈련인 취각령을 보자. 조선에서 전국 규모로 실시한 유일한 취각령의 사례이다. 취각령이란 소라와 대각을 불어 임금의 명령을 하달하는 것을 말한다. 오늘날 사

신기전 | 화약을 장치하거나 불을 달아 화살을 쏘았다.

이렌을 울려서 실시하는 민방위 훈련에 빗댈 수 있을 것이다.

세조 1년1455년 11월, 취각령은 임금이 홍례문에 도착해서 자리잡고 앉는 것으로 시작됐다. 종친들은 섬돌 위, 신하들은 섬돌 아래에서 동서로 나누어 서고, 장수, 절제사와 도진무 등도 병사들을 거느리고 갑옷을 입고 이미 정렬해 있었다.

임금의 명령이 하달되면 취라치취타수가 광화문에 올라가서 소라와 대각을 차례로 불었다. 그러면 궁궐 후원에서 신기전을 쏘았다. 이것을 신호로 경복궁 뒤의 백악산, 남산, 홍인문동대문, 성균관 북쪽 고개, 인왕산 고개, 돈의문서대문 등 6곳에서 대각을 불고, 신기전을 쏘아 호응했다. 국가 비상훈련의 신호가 모두 전달된 것이다.

임금은 병조의 판서·참판·참의·지사와 영의정, 좌의정, 좌찬성, 우찬성 등을 소집해서 군사를 모아서 배치하는 상세계획을 논의했다. 임금의 명령은 선전표신•과 오매부로 전달했다. 병조는 이틀 전에 취각령의 구체적 계획, 즉 군사를 모아 배치하는 취군절목을 임금에게 미리 보고

오매부(烏梅符) | '오매패'라고도 한다. 임금이 신하들을 소집할 때 사용한다. 임금은 평소 오른쪽을 갖고 있다가 신하에게 주면, 신하는 미리 받은 왼쪽과 짝을 맞추어 확인했다.

• **선전표신**(宣傳標信): 임금의 명령으로 군사를 소집하거나 궁궐 문을 여닫을 때 사용하는 것으로 상아로 둥근 모양으로 만들었고, 직경은 2촌(6.6cm) 정도이며 사슴 가죽으로 끈을 달았다. 전면에는 '선전', 뒷면에는 '어압'이라 썼다.

했다. 중앙의 군사 내금위, 충순위, 충의위, 도성위, 그리고 지방에서 올라오는 경상도, 전라도, 충청도 등의 군사 배치 상황을 논의했다.

이에 따라 내금위 등 각 위의 절제사는 광화문 앞에서 자신의 부대를 지휘했다. 병조, 진무소, 훈련관, 군기감도 당직자 한 명을 제외하고는 모두 광화문에 모여 명령에 따랐다.

문관도 각 부서의 한 명을 제외하고 모두 평상시 근무복 차림으로 병장기를 가지고 홍례문의 공해에서 명령을 기다렸고, 성 밖에 관청을 둔 부서는 그곳에서 명령을 기다렸다. 궁궐의 모든 문은 갑옷과 병장기를 갖춘 병사들이 지키고 선전표신이 있어야 출입이 가능했다.

특히 지방에서 올라온 군사로 구성된 오사伍司는 인원이 많아서 종루와 동대문까지 배치했다.

경상우도 군사인 용양사는 광화문 앞에 섰다. 그리고 황해도의 충무사, 경상좌도의 의흥사, 전라도의 충좌사, 충청도의 호분사가 차례로 배치됐다. 지방에서 한성까지 올라오는 데는 비용이 많이 들었기 때문에 쉬운 일이 아니었다. 별도로 종루 남쪽에 대기하고 있다가 동대문까지 행진하는 부대도 있었다.

취각령을 궁궐 주변에서만 옹기종기 모여서 한 것은 아니다. 종루에서 동대문까지 시가행진을 해서 백성들도 볼 수 있게 했다.

세조 때 실시한 취각령은 해가 저물 때까지 계속됐다. 병조나 군사 관련 부서뿐만 아니라 임금과 종친, 문무백관, 한성과 지방 등 모두가 동원된 국가 비상훈련이었다. 그러나 전국적 규모의 취각령은 조선시대를 통틀어 딱 한 번 실시했다.

물론 군사훈련으로 취각령만 한 것은 아니다. 군사를 모으기 위한 북 치기, 종치기, 진법훈련, 활쏘기훈련, 사냥을 통한 군사훈련, 임금의 사열 등도 실시했는데, 전국적 규모로 한 경우는 거의 없다. 이에 대해서는 나중에 소개하기로 하겠다.

전국적 규모는 세조 때 딱 한 번이었지만, 소규모 취각령은 조선 전기까지는 자주 실시됐다. 태종 때 시작되어 세종은 취각령을 위한 구체적 안까지 마련했다. 하지만 세조 이후로는 실시한 기록이 거의 없다.

경복궁의 정문 광화문을 들어서면 마주하는 탁 트인 홍례문 앞의 넓은 뜰, 지금은 비어 있어서 그저 근정문을 지나 근정전으로 들어가는 입구로 여길 수 있다. 하지만 이 공간에는 조선과 근대의 역사가 남아 있다.

역사는 기록을 통해서 과거를 돌아보고 미래를 이야기한다. 세조의 취각령처럼 국가 비상훈련을 계속했다면 홍례문 앞뜰에 조선총독부 건물이 들어설 여지가 없었을지도 모른다. 국가 비상훈련 취각령이 지속적으로 실시되지 못한 이유를 되돌아봐야 할 것이다.

남은 이야기

흥례문과 홍례문

흥례문興禮門의 원래 이름은 '클 홍弘'을 써서 홍례문弘禮門이었다. 고종 3년 청나라의 칙사가 방문한 것을 계기로 흥례문으로 이름을 바꿨다. 청나라 건륭제의 이름 '홍력弘曆'에 들어간 것과 같은 글자를 쓰지 않기 위해서였다.

조선시대에는 황제나 왕의 이름을 함부로 부르거나 사용할 수 없었고, 공문서에도 쓰지 않았다. 이것을 '피휘'라고 한다. 임금의 이름을 대부분 외자로 하거나, 일반적으로 잘 사용하지 않는 한자를 쓴 이유이다. 태조의 이름은 단旦, 세종은 도祹, 성종은 혈娎, 영조는 금昑, 정조는 산祘이다. 태종은 방원芳遠, 단종은 홍위弘暐로 두 자를 사용한 경우도 있다. 발음이 왕의 이름과 같아도 피휘했다. 세종의 이름이 이도李祹였기에, 개성 유휴 이도분은 이사분으로, 충청도의 이도역은 이인역으로 이름을 바꾼 사례가 있다.

현재 경복궁이 복원되면서 흥례문도 2001년 복원됐다. 이름도 조선 초기의 '홍례문'으로 돌아가야 할 텐데, 그렇게 하지 않은 이유는 경복궁

홍례문 | 흥례문은 2층 문으로 정면 3칸, 측면 2칸이다. 흥례문과 그 앞 공간은 일제가 훼손해서 조선 총독부 건물을 세웠으나 경복궁 복원사업으로 2001년 제모습을 찾았다.

이 북궐도형을 바탕으로 복원되고 있기 때문이다. 북궐도형은 경복궁의 평면배치도로 흥선대원군이 경복궁을 중건한 뒤 19세기 말에 제작된 것으로 추정된다. 만약 조선 초기의 경복궁 배치도가 있었다면 그 기준에 따랐을 텐데, 아쉽게도 아직까지 발견되지 않고 있다.

군사훈련과 실전, 강무와 북정

조선의 군사훈련 중에 사냥을 통한 군사훈련을 '강무'라고 한다. 군사를 일정한 지역에 배치하고 사슴, 노루, 날짐승 등을 몰이하여 활로 쏘거나 잡는다. 조선시대 우리 땅에는 사슴과 노루가 참 많았던 것 같다. 먹잇감이 많았기에 호랑이도 많았다. 경복궁이나 창덕궁에 호랑이가 들어왔다는 기록이 있을 정도이다. 경복궁을 둘러싼 인왕산과 백악산에서 호랑이몰이를 해서 잡기도 했다.

강무는 서울 주변, 청계산, 경기도 광주, 양주 목장 등에서 자주 했고, 때로는 강원도, 충청도까지 넓은 지역에 걸쳐서 이루어졌다. 강무의 목적은 "편안할 때 위태함을 잊지 않아야 한다"는 교훈을 새기기 위해서였지만 현실적인 필요성도 있었다. 고기를 종묘와 사직의 제물로 올리거나 중국 사신 접대에 쓴 것이다.

강무는 봄과 가을에 하는 것이 원칙이었고 한 번에 10일 전후로

했다. 그러나 임금에 따라서 횟수는 달랐다.

특히 태종은 강무를 자주 했다. 이방원이 활을 잡고 사냥을 즐긴 것은 30세 전후라고 하는데, 34세에 왕위에 올라 뒤늦게 배운 사냥의 재미를 포기할 수 없었던 모양이다. 이와 관련한 재미있는 일화가 있다.

태종 4년, 왕이 개성의 궁궐에서 풍해도황해도 해주로 강무를 나갔다. 그런데 말을 타고 활을 잡고 노루를 쏘다가 땅에 떨어져 체면을 구겼다. 말에서 떨어진 부끄러움이나 상처보다 더 걱정스러운 일이 머리에 스쳤나 보다.

"사관이 알게 하지 마라."

왕의 입에서 나온 첫 마디였다.

그런데 사관은 오히려 "사관이 알게 하지 마라"는 말까지 기록했다. 세상에서는 역설적인 일이 자주 일어난다. 이 말로 인해 태종이 말에서 떨어진 일과 역사에서 그 사건을 지우고자 했던 속마음이 오늘날까지 두고두고 회자되고 있으니 말이다.

강무를 하는 군사는 적게는 천 명에서 많게는 수만 명에 이르렀다. 임금과 더불어 세자가 참여하기도 했고, 병조뿐만 아니라 주요 대신들도 갑옷인 융복을 입고 참가했다. 활과 비올 때를 대비한 도롱이인 사의도 준비했다.

강무는 중국의 주나라에서 시작됐는데, 봄과 여름에는 군막에서 군사들을 훈련하고, 가을과 겨울에는 사열해서 사시사철 병사들을 단련시켰다고 한다. 조선은 이러한 예를 참고해서 태조 때 사계절 사냥하는 방법을 그린 〈사시수수도〉를 제작했다. 병사들 대부분이 글자를 몰랐기에 누구나 쉽게 그림으로 익힐 수 있도록 한 것이다.

: 세조의 강무 :

세조는 강무를 짐승을 잡는 단순한 놀이가 아니라 정무의 연장선상으로 보았다. 강무를 할 때도 평소처럼 사관 두 명뿐만 아니라 승지들도 임금의 잘잘못을 포함해서 모든 일을 사실대로 기록하도록 했다. 세종의 기록 정신이 아들 세조에게도 이어진 것이다.

세조는 활 솜씨가 대단했던가 보다. 『세조실록』 총서에서 수양대군 시절 강무에 참석한 기록을 보면, 너무나 탁월한 솜씨여서 솔직히 믿기가 힘들 정도이다.

"사슴을 향해서 쏜 7발이 모두 그 목을 관통했다."

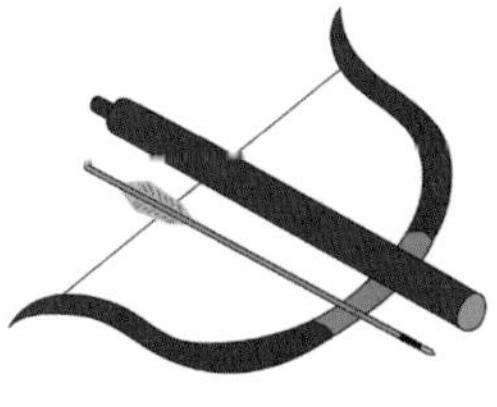

편전 | 살대의 길이가 1척 2촌(약 36cm)이고 화살촉은 쇠로 만들었는데, 통아라는 대나무 대롱에 넣어서 한꺼번에 여러 발을 쏠 수 있었다.

“한 개의 편전으로 6마리를 죽인 것이 두 번이었고, 5마리를 죽인 것이 서너 번이었다.”

“어제의 강무에서 잡은 것이 68마리인데 미처 헤아리지 못한 것도 있다.”

강무에 참여한 야인 동나송개는 수양대군에게 “만일 우리 땅에 계셨더라면 진실로 ‘바투’였을 것입니다”라고 칭송했다고 한다. 바투는 칭기즈칸의 손자로서 킵차크 칸국의 건국자이다. 동나송개가 수양대군의 활을 당겨보았으나 당길 수 없었다고 한다. 세조는 명궁수였지만, 왕위에 오른 후 강무를 할 때 활을 잡지 않았다. 대신 장수들의 군사 지휘를 냉정하게 살피고 평가했다.

세조 7년, 경기 개성부, 충청도, 전라도, 경상도의 기병 8,840명, 보병 800명을 동원해 대대적인 강무를 열었다. 움직이는 짐승을 잡아야 하니, 기병이 보병보다 많았다.

세조는 좌찬성부총리급 황수신을 임시직책 지웅사로 삼아 강무를 책임지게 하고, 그 아래 화천군 권공을 좌상대장, 판한성부사 김사우를 우상대장으로 하고, 부장급 24명, 통장급 96명을 장수로 임명해 부대를 편성했다. 강무는 사냥을 통해서 조직체계를 세우고 명령에 따라 전투와 진법을 익히는 기회였다. 또한 좌우로 나누어 짐승을 잡은 마릿수로 승패를 가려 경쟁심을 부추겼다.

강무는 주로 너른 들판이 펼쳐져 있는 나라 소유의 목장 녹양평경기도 양주에서 했다. 녹양평 목장에는 호랑이가 침입해서 말에게 상처를 입혔다는 기록도 있다.

부대 간의 지휘는 5가지 색깔의 깃발과 북을 울려 군대를 지휘하는 형명으로 했다. 깃발에는 휘와 기가 있는데, 휘로 위에서 명령을 내리고, 아래에서는 기로 그 명령을 따랐다. 깃발에는 부대를 상징하는 동물과 이름을 써넣었다.

첫날 사냥으로 잡은 짐승은 33마리였다. 일부를 종묘와 제향 등을 관장하는 봉상시로 보내고 조상의 신위에 올리게 했다. 이를 '천신'이라고 한다. 세조는 세자예종가 여우를 잡자 매우 기뻐했는데 아들을 강하게 키우고 싶은 아버지의 모습이 엿보인다.

교룡기 | 왕이 거둥할 때 행렬 앞에 세우던 기로, 왕이 군대를 사열할 때나 병영을 지휘할 때도 썼다.

세조는 대오가 흐트러진 모습을 보고 장수들을 불러 질타하기도 했다.

"강무는 편안히 노는 사냥이 아니다. 병법을 교련하고 열병하는 것이다. 장수들이 병사들을 교련할 때의 군율을 어기고 있다. 병사들이 잘못된 군율을 진짜 군율로 여기지 않겠는가? 만일 급작스러운 사태가 일어난다면, 도대체 이런 군사를 어디에 쓸 수 있겠는가!"

세조는 대군 시절 문종의 명으로 『병요』를 편찬했고, 경연에서도 다른 임금과 달리 군사에 관한 것을 논할 만큼 병법에 큰 관심과 해박한 지식을 갖고 있었다. 강무의 수준이 눈에 차지 않았던 것이다. 강무는 며칠간 이어졌는데 왕의 질타를 받아 자즘 나아졌다.

⁝ 강무에도 예가 있다 ⁝

조선은 사냥할 때도 예를 중시했다. 태종 때 예조에서 사냥하는 수수법을 올렸다. 수수법은 표식과 깃발을 세우고 짐승을 몰이하는 군사의 배치, 임금과 대군, 병사들이 화살을 쏘는 순서를 정한 것이다. 사냥에서 금해야 하는 행동도 있었다.

"여러 짐승들을 서로 따라다니면서 모두 죽여서는 안 되고, 한 번 화살에 맞은 짐승을 다시 쏘지 않으며, 짐승의 얼굴을 쏘지 않고, 털을 깎지 않으며, 표식 밖으로 나간 짐승은 쫓지 않는다."

사냥의 예를 지키지 않는 것을 '포진천물'이라고 한다. 연못을 포위해서 새끼와 알을 통째로 잡거나, 둥지를 뒤엎거나, 뱃속의 새끼를 죽이는 것 등을 말한다. 사냥은 짐승의 생명을 뺏는 일이긴 했지만, 예를 통해서 생명의 소중함을 일깨웠다.

강무에서 사냥의 예를 지키지 않아 물러난 장수도 있었다. 활 쏘는 부대의 사대장 봉석주는 임금이 쏘는 지역인 위내에 들어가서 짐승을 쏘았다가 사대장직에서 쫓겨났다.

"강무에도 예가 있다. 봉석주는 남보다 재주가 있으나 자주 금령을 어긴다. 이것은 지혜가 있으면 남에게 거만한 것과 같다."

강무 때는 왕이 궁궐을 여러 날 비우기 때문에 궁궐도 조직체계를 세워서 지켜야 했다. 세조는 병조판서 한명회를 수대장으로 삼아서 궁궐 방어의 전권을 위임했다.

: 신하들이 강무를 싫어한 이유 :

조선 초기의 왕들은 일 년에 두 번이라는 원칙을 깨고 자주 강무를 열었다. 신하들은 강무를 싫어했다. 군사들의 말이 백성들의 농사를 망칠 수 있다는 이유로 강무 횟수나 날짜를 줄이고자 했다. 이러한 주장은 타당성이 있어 보이지만 실은 속사정이 있었다.

세조가 문무백관들에게 내린 강무 지침을 보면, 신하들은 하루 전부터 강무장에서 노숙해야 했고 행군을 했으며 갑옷을 입고 활시위를 당겨야 했다. 문인들에게는 쉬운 일이 아니었다. 또한 하루에 두 번 진을 옮기는 훈련을 했고, 왕이 명령을 수시로 내렸기에 늘 긴장해야 했다.

이뿐만 아니다. 왕의 최측근 승지조차도 강무를 태만히 했다는 이유로 쫓겨나기도 했다. 한번은 강무에서 포위망을 좁혔으나 짐승들이 상당히 빠져나갔다. 세조는 몰이꾼 대장인 잡류장 은천군 이찬을 불러 그 이유를 추궁했다.

"신은 혼신을 다하였습니다. 그러나 재상과 승지들이 따르지 않으니 어떻게 합니까? 승지들은 모여 앉아 술을 마시고, 짐승몰이를 태만하게 해서 대오가 정비되지 못하였습니다."

이찬은 태종의 서자 경녕군 이비의 아들로 종친이기에 재상과 승지들을 거론할 수 있었다. 세조는 현장에 있던 승지 5명을 불러서 서열대로 그 이유를 물었다. 좌승지 윤흠, 우승지 윤잠, 좌부승지 이계손은 부인했다.

"그런 일이 없습니다."

그보다 아래 서열인 우부승지 최선복은 실토했다.

"동부승지 김수녕이 먼저 말을 꺼내 같이 의논해 음식을 먹었습니다."

"너희들은 어째서 바로 아뢰지 않았는가!"

세조는 잘못을 부인한 승지 셋에게 크게 화를 냈다.

"승지는 나의 측근이다. 작은 허물을 덮어주니 믿고 해이하게 구

는구나. 이런 폐단을 없애야겠다. 반드시 어질고 착한 이를 골라서 써야겠다."

세조는 다음 날 바로 중전의 조카인 좌승지 윤흠을 포함한 5명을 모두 교체한다. 강무를 군사훈련이나 실전처럼 엄격하게 실시했음을 알 수 있다.

조선 초기에는 강무를 열지 않으려는 신하들의 그럴듯한 구실이 거의 통하지 않았다. 하지만 조선 중후기로 넘어가면서는 강무를 거의 하지 않았다. 그 대신 대가를 혹독하게 치러야 했다. 선조 때는 강무를 거의 하지 않았고, 임진왜란을 겪고 병자호란의 치욕을 당하는 사이에도 강무를 한 기록을 찾아볼 수 없다. 조선왕조실록에서 선조 때의 이런 상황을 보면, 이순신 장군의 철저한 대비 정신이 더욱 위대하게 느껴진다.

총대장 신숙주, 여진족을 정벌하다

세조는 군사훈련만 한 것이 아니라 신숙주를 총대장으로 해서 여진족을 정벌했다. 이것을 북쪽을 정벌한다고 해서 '북정'이라고 한다.

경복궁에서 왕의 연침인 강녕전과 바로 이어져 있는 곳이 교태전이다. 교태전은 왕비를 중심으로 하는 공간으로 세종 때 지었다. 아쉽게도 세종은 교태전이라는 이름의 의미를 설명하지 않았기에 한문과 주역을 동원해서 설명할 수밖에 없다. 다음은 필자의 개인 생각임을 밝힌다. 교태전交泰殿의 교交는 '사귀다, 주고받다, 교차하다'의 뜻이고, 태泰는 '크다, 통하다, 편안하다'라는 뜻이 있고 주역의 64괘의 하나이다. 태泰의 괘䷊는 위에는 땅인 '곤☷'이 있고, 아래는 하늘인 '건☰'이 있다. 위의 땅은 '음'으로 이루어져 아래로 내려가고, 아래의 하늘은 '양'으로 이루어져 위로 오른다. 즉, 교태交泰는 하늘

경복궁 교태전 | 왕비의 공간이다. 교태전은 세종 22년(1440년)에 건설됐다. 현재의 건물은 1990년에 정면 9칸, 측면 5칸으로 중건했다. 조선왕조실록에서 교태전의 기록은 세조 때 집중돼 있다. 세조는 교태전에서 신하들과 정사를 논하거나 술자리를 베풀었다. 당시 왕비의 공간 교태전은 금남의 공간이 아니었다.

과 땅의 기운이 어울려 천지가 조화롭고 태평해지며, 음양이 화합하여 훌륭한 세자의 탄생을 기원한다는 의미도 담고 있다. '아양을 부리다'라는 뜻의 교태嬌態와 발음은 같지만, 뜻은 전혀 다르다. 교태전에 대해 얘기하는 이유는 세조가 바로 이곳에서 '북정'을 결심했기 때문이다.

세조 6년 7월, 왕이 좌의정 신숙주와 예조판서 홍윤성을 교태전으로 은밀히 불렀다. 그리고 신숙주의 손을 잡고 교태전 남쪽 난간을 조용히 걸으면서 북정 계획을 설명했다. 이후 왕은 신숙주를 강원·함길도 도체찰사정1품 정승이 겸직하던 전시 군사·행정 사령탑 선위사宣慰使로, 홍윤성을 부사로 임명했다. 선위는 '베풀고 위로한다'는 뜻인데, 선위사라는 직책을 붙인 것은 적을 속이기 위한 책략이었다.

세조는 동북면 군사업무를 신숙주에게 맡기고 전권을 위임했다.

동북면은 함길도함경도로 세종 때 6진이 설치됐다. 이후 조선은 주로 여진족의 귀화를 받아들이는 유화책을 썼는데, 세조 초기에도 마찬가지였다. 그러나 여진족은 간헐적으로 침범해왔다.

세조 4년, 조선은 모련위 여진족 낭발아한과 그의 부족 16명의 목을 베었다. 낭발아한에게 2품 벼슬을 내리는 등 유화책을 썼지만, 감사하기는커녕 악의적인 소문을 퍼트리고 아들과 모반까지 했기 때문이다. 명나라 또한 여진족을 회유하기 위해 낭발아한에게 도독첨사라는 벼슬을 내린 터였다.

세조 6년 5월, 여진족이 우리 땅에 침입해 백성 19명을 잡아가고 8명을 죽이고 가축을 약탈했다. 여진족은 2년 전의 낭발아한 사건을 명나라 사신에게 계속 호소하면서 우리 땅을 침입할 생각을 엿보였다. 명나라는 낭발아한이 죽은 2년 후까지 그의 편을 들었다. 명나라는 조선과 모련위 여진족의 화해라는 명분을 내세웠지만, 조선은 받아들일 수 없었다. 세조는 백성의 생명과 재산을 지켜야 했고, 중국 사신의 낭발아한 편들기가 지나치다고 보고 북정을 결심한 것이다.

: 신숙주의 북정 중지 불가론 :

신숙주는 신위사로 임명받은 당일, 종사관과 군관을 임명하고 바로 현지로 출발했다. 신숙주는 현지로 떠나면서 파악한 정보를 왕에게 중간보고를 했고, 왕도 조치사항을 내려보내면서 계속 소통했다. 여기서 명나라 사신이 걸림돌이 됐다. 우리가 치고자 한 곳에 명나라 사신이 머물러 있었다. 왕은 외교관계를 고려하지 않을 수 없었기에 일단 한성의 군사 파견을 중지했다.

그러나 신숙주는 정벌을 중지할 수 없는 네 가지 불가론을 내세웠다. 함길도 백성들은 여진족에 대한 복수를 벼르고 있는데 거병을 중지하면 군사들의 사기가 꺾일 것이며, 모련위 여진족에게 약탈의 죄를 묻지 않으면 우리를 얕잡아볼 것이고, 적의 잦은 침입은 우리 병사들을 지치게 할 것이며, 평소 여진족들이 우리 땅에 사니 우리 백성이나 다름없다고 주장했으면서 오히려 우리를 고소했으니 그냥 두면 명나라 사신도 우리를 우습게 여길 것이라고 했다.

세조는 신숙주의 판단에 맡겼다. 결국 명나라 사신은 조선과 여진족을 화해시킨다는 목적을 이루지 못한 채 돌아갔고, 신숙주는 약 한 달 후 군사를 일으켰다. 보병과 기병 9,200명을 5개 방향으로 나눈 후, 동시다발적으로 두만강 일대의 적진을 공격했다. 불을 지르고 화살을 퍼붓는 전투는 약 1주일간 계속되었다. 적 430명을 죽였고 900여 구역의 집을 불태워 없애버렸으며 1천여 마리의 소와 말을 죽이거나 사로잡았다. 우리의 피해는 거의 없었다. 세조 6년 경진년의 일로 이를 '경진북정'이라고 한다.

세조는 종묘에 승전을 고하고 전국에 사면령을 내렸다. 신숙주에게 어찰을 써서 치하하고, 우리가 대군을 철수하면 적의 방비가 소홀해질 수 있으니, 이때를 틈타 민첩한 기병으로 다시 적을 유린할 방법도 고민하라고 덧붙였다. 아예 적의 뿌리를 뽑고자 한 것이다.

앞서 세조가 교태전에서 북벌 결심을 털어놓던 날, 신숙주는 술에 취해서 농담을 했다.

"담장 아래 심은 박이 덩굴이 져서 박이 열리지 않겠습니다."

세조는 어찰의 끝부분에 신숙주가 그때 한 농담에 화답하는 말을

덧붙였다.

"경이 나를 보고 웃었지만, 나의 박瓢이 열렸다. 쪼개어 술잔을 만들겠다."

신숙주의 예상과 달리 박이 열렸으므로, 그 박으로 술잔을 만들어 함께 술을 마시자는 정감어린 말이었다. 전쟁에서 승리했으니 이렇듯 즐거운 여담을 할 수 있었다. 지금은 교태전 뜰에 박 같은 것을 재배하지 않지만, 세조 때는 교태전 담장 아래 박이 열렸다는 것을 알 수 있다. 정희왕후의 명으로 심어 관리했을 것이다.

세조는 1년 후 신숙주에게 소주 5병과 청동으로 만든 술잔화종을 선물했다. 술잔 겉면에는 덩굴에 박이 매달린 그림이 그려져 있고, 안쪽에는 왕이 친히 지은 시가 새겨져 있었다고 한다.

"경이 비록 나를 보고 웃었으나
나의 박이 이미 익었으니
쪼개어 잔을 만든다."

세조는 신숙주에게 지극한 정을 보여준 것이다. 신숙주 가문에서 현재 이 술잔을 보관하고 있는지 궁금하다.

세조는 모련위 여진족 정벌에 대한 내용을 기록한 『북정록』을 남겼다. 세조 7년, 이조참판 이극감에게 교정을 맡겼고, 모련위 정벌을 지휘한 신숙주, 홍윤성 등이 다시 교정했다. 세조 13년, 대사헌 양성지, 사간 박안성 등이 조선왕조실록과 다른 문적에서 『북정록』을 쓰는 데 참고할 만한 내용을 표시하게 한 뒤, 이듬해에 전 영의정 조석문, 호조판서 노사신에게 명해서 『북정록』을 편찬했다.

: 건주위를 정벌하다 :

세조 13년, 서북쪽 평안도 파저강 부근의 여진족 잔존세력인 건주위도 정벌했다. 총대장은 강순, 좌상대장은 어유소, 우상대장은 남이였다. 태종 때부터 골치 아픈 존재였던 건주위 추장 이만주의 세력은 이때 완전히 무너졌다.

세조는 후일 우의정으로 승진한 강순에게 물었다.

"경이 건주위를 정벌할 때 나무를 쪼개서 글을 썼다고 들었다. 그러한가?"

강순은 나무의 하얀 부분에 이렇게 썼다고 답했다.

'조선대장 강순이 정병 1만 명을 거느리고 건주위를 공격하다.'

세조는 '공격하다'보다는 '멸滅하다'라고 했으면 더욱 통쾌했을 것이라고 화답했다.

세종은 4군 6진을 개척해서 북방의 국경을 확보했고, 세조는 두 번의 북정으로 함경도와 평안도 일대의 여진족을 크게 무너뜨렸다. 성종 때까지 잔존세력이 있었으나 더 이상 위협적인 존재는 아니었다. 여진족은 귀화 등 공존의 길을 모색할 수밖에 없었다.

조선은 여진족을 보통 '야인' 혹은 '오랑캐'라고 했다. 그러나 그 내부를 들여다보면, 여진족에는 올량합, 올적합, 알타리, 홀라온, 사롱합, 내이거, 모도호 등 여러 부족들이 있었다. 자기들끼리 싸우기도 했고, 조선에 우호적이었다가 돌변해 약탈하기도 했다. 행동을 종잡을 수 없었고, 언어가 다르며, 문서에 기록된 것이 없어 실체를 파악하기 힘들었다. 명나라도 건주위, 모련위 등을 설치해서 여진족에게 벼슬을 내리는 등 유화책을 썼으나, 한편으로는 조선이 그들을 정벌하는 것을 인정했다. 세종 대에서 세조 대까지, 여진족에 대한 정벌과 회유를 반복한 것도 이러한 이유 때문이다. 세조는 취각령을 통해서 국가 비상훈련을 하고, 강무를 통해서 자주 실전처럼 군사훈련을 해서 결국 북정을 성공시켰다.

'메기 효과'라는 것이 있다. 미꾸라지 무리에 천적 메기를 넣으면 미꾸라지의 활동성이 높아진다. 조선 전기에는 왜구와 여진족이 바로 메기와 같은 역할을 했다. 왜구와 여진족들로부터 생명과 재산을 지키기 위해서는 강해져야 했고, 새롭게 세운 나라를 굳건히 해야 했다. 현실의 필요성과 강한 의지가 맞물려서 군사훈련을 소홀히 하지 않았던 것이다.

거꾸로 본다면, 위협이 없이 지속되는 평화 시기에는 군사훈련을 소홀히 할 위험이 도사리고 있는 셈이다. 나라 그리고 백성의 생명과 재산을 지키기 위해 늘 긴장의 끈을 풀어서는 안 되는 이유이다.

저는 고려 태조 왕건의 31대 후손입니다. 조선의 건국과정에서 왕 씨는 죽임을 당했고, 그렇지 않으면 목숨을 부지하기 위해 성을 바꿔야 했다는 얘기를 들으며 자랐습니다. 제가 자란 동네나 초등학교, 고등학교에서 왕 씨는 저뿐이었습니다. 어릴 때 들은 조상의 비참한 죽음을 떠올리면서 조선 건국세력에 대한 분노와 저항심을 갖게 된 것은 인지상정일지도 모릅니다.

조선왕조실록을 펼치면서 가장 먼저 왕 씨를 어떻게 죽였는지를 살펴봤습니다. 특히 왕 씨들이 죽임을 당한 조선 초기의 실록을 자세히 들여다봤습니다. '성씨를 지키고 목숨을 버릴 것인가? 생명을 지키기 위해서 성을 바꿀 것인가?' 왕 씨라는 이유만으로 살해되는 끔찍한 모습이 상상되고, 생사를 넘나들며 고뇌하는 조상의 이야기에 가슴이 아프기도 했습니다. 그럴수록 더더욱 조선왕조실록을 처음부터 끝까지 읽고 싶다는 생각이 들었습니다.

그런데 조선왕조실록은 읽으면 읽을수록 흥미진진해 시간 가는 줄도 모를 정도였습니다. 사적 감정을 배제하고 원전을 철저하고 정확하게 이해하려고 노력하게 됐습니다. 역사의 진실을 찾아가는 여정에서 개인적 분노와 저항심은 차츰 무너졌습니다. 다큐멘터리

PD로서 객관적 사실을 통해서 진실을 찾아내려는 직업적 소명이 꿈틀거렸던 것이지요.

"임금이 두려워할 것은 하늘과 사관의 붓이다."

"사관은 부월형벌이나 고문도구이 앞에 있더라도 이를 피하지 않고 써야 한다."

"임금의 말과 행동, 정사의 이익과 손해, 풍속의 아름다움과 추함, 벼슬아치와 선비의 옳고 그름을 모두 기록해서 후세에 전하는 것이 사관의 임무다."

"나라는 멸망해도 역사만은 보존되어야 하는 것이 고금의 지론이다."

조선왕조실록에 기록된 역사와 사관에 대한 표현입니다.

제가 이 책을 세상에 낼 수 있는 것은 조선시대의 역사를 치열하게 기록한 사관들 덕분입니다. 나라의 흥망성쇠, 임금의 잘잘못, 벼슬아치의 옳고 그름, 백성의 희로애락 등을 가감 없이 기록한 정신을 보면서 그 만분의 일이라도 세상에 알리고 싶다는 간절한 소망을 갖게 되었습니다. 사관이 후세에 전달하고자 한 정신을 조금이라도 소홀히 하지 않기 위해 조선왕조실록을 읽고 또 읽었습니다. 그 기록을 분류하고 축약해서 전달하는 지난한 과정도 거쳐야 했습니다.

그럼에도 불구하고 미흡한 부분이 있다면 그것은 오로지 저의 부족한 능력 탓입니다. 앞으로도 계속 더욱 치열하게 고민하고 자료를 꼼꼼히 챙기고 정리해서 사필사관의 글 쓰는 법에 부끄러움이 없는 책을 만들어 가겠습니다.

저의 이러한 의지를 행동으로 옮겨서 더욱 쉽고 편하게 읽을 수 있는 책으로 만들어준 스마트북스 대표와 직원분들에게도 감사를 드립니다. 날것의 원고를 반듯한 책으로 완성한 것은 출판사의 몫과 능력이기 때문입니다. 또한 책의 최초 독자로서 조언을 해준 가족 최미희, 세영, 신영의 이름도 기록하고 싶습니다. 가족은 늘 서로에게 힘이 되는 응원군이기 때문입니다. 감사합니다.

왕현철 드림